普天之下・盡是好書
普天出版家族
Popular Press Family
凌雲 文創
A-Plus Creative Company

清朝，距離我們最近、最受爭議的王朝。
前期，鐵騎入關，揚州七日、嘉定三屠，漢人抗爭歷經三朝方才平息。
而到後期，外敵入侵、喪權辱國，將近代中國帶進一個多世紀的屈辱黑暗期。

清朝，滿是秘聞的傳奇時代。
太后下嫁、順治出家、雍正被刺、乾隆身世，四大無解謎案，至今仍為坊間津津樂道。
到底，這是個怎樣的王朝？你，真的認識清朝嗎？
歷史並不總是沉重，往事並非遙不可及。

清朝其實很有趣全集

In fect, Qing is Interesting

全新精修典藏版

爭議四起、秘聞遍佈，還原最有趣的大清王朝

且聽霧滿攔江娓娓道來、細細點評，揭開兩百餘年雲煙，
重點重現十二位統治者的風光與哀愁，
還原一個最趣味的大清王朝。

霧滿攔江——著

◆出版序◆

你所不知道的趣味清朝

·陳奕君

霧滿攔江能寫史，更能將經濟、厚黑、管理學等觀點融入其中，加之自身的廣泛閱歷，使得他的作品更真實、更全面，也更加的顛覆且辛辣。

說起清朝，你首先想到的是什麼？

是男人的剃半頭、大辮子？是充滿屈辱的鴉片戰爭、八國聯軍？還是引人猜疑的慈禧太后、乾隆皇帝？又或者，是早年初入關時的屠城、文字獄？

由於距今最近、資料最多，也由於發生於十九世紀末、二十世紀初的一連串劇烈動盪，歷史書籍中對於清朝的介紹，幾乎可說歷朝歷代中最詳盡的。我們知道這是一個由滿人建立起來的王朝，知道它在後期是如何積弱不振，任由世界列強欺凌，更知道，這便是中國的最後一個封建王朝。

但，這不是全部的清朝。必定有些什麼，是當年的史官無法寫下的，是正經八百的史書不會告訴後世的。

《清朝其實很有趣》就要來揭開這層蒙在正史之上的神秘面紗，帶我們從另一個角度認識這個末代王朝。

清朝，距離我們最近、最受爭議的王朝。前期，鐵騎入關，揚州七日、嘉定三屠，漢人抗爭歷經三朝方才平息。而到後期，外敵入侵、喪權辱國，將近代中國帶進一個多世紀的屈辱黑暗期。

清朝，是一個滿是秘聞的傳奇時代。太后下嫁、順治出家、雍正被刺、乾隆身世，四大無解謎案，至今仍爲坊間津津樂道。

到底，這是個怎樣的王朝？

歷史並不總是沉重，往事並非遙不可及。且聽霧滿攔江娓娓道來、細細點評，揭開兩百餘年雲煙，重點重現十二位統治者的風光與哀愁，還原一個最趣味的大清王朝。

霧滿攔江，本名崔金生，乃中國大陸經濟學泰斗吳敬璉的關門弟子。作爲筆耕多年的知名自由撰稿人、「天涯」論壇十大名人之一，對於他的評價，「能文能武、能雅能俗」該是最中肯的了。

能寫史，更能將經濟、厚黑、管理學等觀點融入其中，加之自身的廣泛閱歷，這使得他的作品更真實、更全面，也更加的顛覆且辛辣。

顛覆性觀點、諧趣性文字，調和出令人愉悅的筆觸。再透過現實的比興、調侃的借喻、娛樂的推導，解讀深埋在正史底下的空白片段，發掘出一件件引人疑惑的謎團的面相，讀後有若醍醐灌頂，酣唱淋漓。

將枯燥乏味的歷史變成趣味橫生的讀物，揭開最真實的清朝面貌——是的，清朝其實真的很有趣。

【出版序】你所不知道的趣味清朝 ●陳奕君

序章 一個王朝的傳奇開場

喜蘭姑娘又吩咐廚房為衛士們燉一鍋豬肉燉粉條。趁著大家可勁地吃，疏忽了防範，悄悄打開馬廊，放了一匹快馬出來，讓小皮子騎上去，逃之夭夭了。

第1卷 野豬皮的發家秘密

老子說，治大國如烹小鮮。野豬皮這個流浪乞兒，恰恰有「烹小鮮」的能力，中國菜譜上那道著名的「回鍋肉」，就是他的個人專利發明。

第2卷 最成功的演員皇帝

為了救被老虎裝進食盒裡的普通侍衛，居然敢虎口奪食，撲過去把老虎嚇得逃之夭夭……這些記載，正組成了奪取最高權力的政治輿論力量。

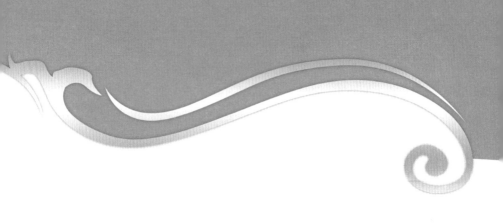

第3卷

小皇帝的欲海人生

宮裡的女人們，對於小順治來說，僅僅是簡單的洩欲工具，味道上自然也就差了許多。董鄂妃不然，她是自己親弟弟的愛妃……這個挑戰不錯，難度夠高！

第4卷

哥玩的不是皇權，是寂寞

帝王之術，最高境界就是不斷製造麻煩，然後解決掉這些麻煩，你製造的麻煩越多，你的名聲就越好。

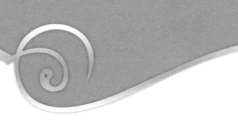

第5卷 諜影幢幢的密探時代

為什麼刑部的官員們不能察知到如此之多的細節，偏偏他雍正坐屋子裡，僅僅拿眼睛一瞧，就什麼都知道了？密探！只能是密探！

第6卷 說不清身世的奇怪皇帝

乾隆這廝硬是有本事，別人只能在一個地方出生，他老人家可好，同時於承德避暑山莊和北京雍和宮兩地出生！佩服，佩服，不服不行啊！

第7卷 不嘉也不慶的窩囊人生

單以帝王史上的名氣論，如果說，乾隆是喜瑪拉雅山頂的一棵大樹，那麼，他的繼任者嘉慶，就是馬里亞納海溝底部的一隻小蝦米。

第8卷

閉著眼睛看世界

捷報頻傳，不斷地從一個勝利走向另一個勝利。最鼓舞人心的戰報，當屬寧波方面的中國守軍，他們發佈戰報說：英國女皇的妹妹被逮到了！

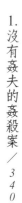

第9卷

被奪去的骨頭

送進宮裡的衣服，清一色是開襠褲，咸豐本人，似乎並不樂意陪洪秀全玩。他啊，更喜歡和女生們玩。

第10卷

人格萎縮要人命

少年人的學習與人格成長，有一個循序漸進的過程。甚至連最起碼的政治鬥爭經驗也欠奉，如何處理得了國家大事？

第11卷

皇帝的「弒父情結」

光緒皇帝與康有為合謀密砍慈禧老太太，正是他潛意識中的弒父情結在起作用。正是因為他渴望著成為一代帝君，才琢磨砍人這門功課。

第12卷

末代皇帝的三起與三落

原子彈丟下兩天之後，蘇聯人氣勢洶洶地衝入中國東北。當時的溥儀，肯定有一種如釋重負的感覺。丫的！傀儡這種日子，人不人鬼不鬼，現在終於結束了……

序 章

一個王朝的傳奇開場

喜蘭姑娘又吩咐廚房為衛士們燉一鍋豬肉燉粉條。趁著大家可勁地吃，疏忽了防範，悄悄打開馬廊，放了一匹快馬出來，讓小皮子騎上去，逃之夭夭了。

1 無燈之祭

夜色越重，幾乎看不到人影了。所有人緩步退出，只留下童子薩滿和女薩滿。房間裡完全沒有燈，窗戶用黑色的帷幔嚴嚴實實遮起……

很久以前，每年秋季，東北人都要隆重地祭神。

祭神當日，晚上不掌燈火，全家老小在主祭人帶領之下，按大小輩序跪地，向著西牆處一只烏色的木匣，畢恭畢敬地行大禮。隨後，會有人將一隻最肥最肥的豬牽進來，由薩滿祭師念祝詞，把酒澆在豬頭上。

澆酒時，如果豬耳朵動彈，薩滿祭師就會高興地宣佈：「神已領祭！」

一聽這話，闔家老小必定紅光滿面，喜氣洋洋，向烏色神匣繼續行大禮。

稍後，倒楣的豬會在鍋裡被煮到透爛，熟豬頭上纏一根香噴噴的血腸，插一把雪亮的刀，供到神案上。然後換上一個年幼的童子祭師，身穿彩裙，手執鼓，莊嚴入場，外面的成年祭師擊響隆隆鼓聲。闔家人步入神堂，聽祭師念誦祝辭，女薩滿翩翩起舞。

逐漸的，夜色越重，幾乎看不到人影了。所有人緩步退出，只留下童子薩滿和女薩滿。房間裡完全沒有燈，窗戶用黑色的帷幔嚴嚴實實遮起。

女薩滿向神靈請安，取下插在豬腦袋上的刀，請神靈慢用。等一會兒，估計神靈吃得差不多了，便高聲吩咐：「掌燈！」

聽到這句話，全家人才能再次進屋，點上燈火，撤下窗戶上的帷幔，排隊領取豬頭肉。吃的時候不允許擺炕桌，飯桌已被神靈佔用。

這番祭祀儀式是滿族人特有的風俗，之所以不能掌燈，是因為這位神靈本身是赤身裸體的，唯有熄燈，才肯現身出來吃東西。

滿族人所供奉的這位神靈，究竟乃何許神祇？

有人說：此神是佛頭媽媽。也有人說：此神是歪理媽媽。

還有人說：此神是完立媽媽。更有人說：此神是汪立媽媽。

另外有人說：此神是赫托里媽媽。

總之，這神靈是位媽媽，應該是能肯定的，可到底是什麼媽媽啊？

這，就要從大明天子的一個怪夢說起了……

2 大明天子的怪夢

龍頭人的腳下，竟然踩踏著北斗七星，星辰熠熠生輝，華光流溢。皇帝正看得目瞪口呆之際，就聽耳邊又一聲喝：「看清楚了就給朕滾蛋！」

話說萬曆年間，有一夜，大明王朝的天子正在龍床上安睡，忽聽乾字門一開，一個人走了進來。

這是一個絕頂奇怪的人，身上穿著龍袍，卻長著龍腦袋，龍頭上頂著兩隻角，長長的嘴上飄著觸鬚，行走之間也是龍行虎步，威態十足。

皇帝見了此人，心中大喜：莫非海龍王給朕獻寶來了？

正要詢問龍頭人帶來了何種寶物，不曾想，那人見了龍床上安臥的皇帝，登時大怒，喝斥道：「爾何物也，竟敢於朕的龍榻上高臥？還敢對朕子的妃子動手動腳！褻瀆了朕的妃子，爾可知罪？」

皇帝更怒，跳起來吼道：「瞎說！朕才是皇上！朕想對誰動手動腳，就對誰動手動腳，你管得著嗎？」

那龍頭人聽了皇帝的吼叫，哈哈大笑起來，還邊笑邊說：「你難道還不知道？你們老朱家早已下崗了，被辭退了，現在的皇帝，是朕！不信，你瞧……」說著，高高抬起了右腳掌。

皇帝看得明明白白，龍頭人的腳下，竟然踩踏著北斗七星，星辰煜煜生輝，華光流溢。正看得目瞪口呆之際，就聽耳邊又一聲喝：「看清楚了沒有？看清楚了就給朕滾蛋，別惹朕生氣！」

「胡說八道，應該滾開的是你！」皇帝怒不可遏，跳起來向龍頭人撲去，卻被對方側身一閃，照著屁股就是一腳。撲通一聲，被踹得一跤跌出門去，摔得全身骨頭疼。

猛地眼一睜，醒轉過來，原來是一場夢，自己被愛妃一腳從龍床踹到了地上。

皇帝氣急敗壞地爬起來，先將睡得迷迷瞪瞪的妃子一頓暴打，然後衝出門去，召大臣入宮解夢。

大臣們來了，聽了皇帝的敘述，半晌無語，後來才道：「陛下，這個夢已經說得明明白白的了，只怕這大明天下，有麻煩了。」

「有什麼麻煩？」皇帝相當惱火。

大臣們回答：「又有眞龍天子出世了，這說明咱們大明啊，準備完蛋了……」

「胡說！」皇帝急了，「朕養你們是幹什麼的？不能白吃飯啊！快點告訴朕，此人長什麼模樣？莫非眞長了一顆龍頭？」

「龍頭倒還不至於。」一位大臣說：「就算是眞龍天子來到世間，你也辨認不出。不過，此人既然腳踏罡斗，右腳掌心上，該有七顆紅痣。」

「那麼，此人在什麼地方？」皇帝又問。

「聽陛下說，龍頭人打乾字門入內，乾是東北，所以新出世的眞命天子，應該就在東北。」

「東北……」皇帝沉吟著，「現在是誰在負責東北方面的工作？」

「是遼東總兵李成梁。」

「傳旨！命李成梁立即找到那個右腳心長了七顆紅痣的人，把那人的腦袋連同右腳一併剁下，給朕送來！」

3 捉住一個小皮子

李成粱仔細再一瞧，頓時大喜過望。小皮子的右腳心，真有七顆鮮紅鮮紅的痣，呈北斗七星的模樣排列著，當即就勢捉住那腳，將他按倒在地。

卻說，自從遼東總兵李成粱接到聖旨，就犯起了愁。

皇帝命他找到一個右腳心長了七顆紅痣的人，還要把人家的腦袋和右腳剁下來，送往京師。這活可眞是太難幹了，要是臉上長了痣還容易，一看就清楚。可是紅痣偏偏長在腳心上……難不成他堂堂的遼東總兵，還要把每一個東北人的腳丫子看遍？這未免也太變態了！

正在發愁之際，侍童小皮子拎著壺進來，給他上茶，「總兵大人，還沒睡啊？」

「愁啊！都快要愁死了，哪有心思睡覺？」

「啥事讓大人愁成這樣？」

「其實也沒啥事，就是皇帝讓我找到一個右腳心長七顆紅痣的人，卻不知是男是女，也不知是老是少。難道我得蹲在大街上，扒開每個人的鞋襪，把腳丫子看個清楚？」

小皮子聽著，哈哈大笑起來，「總兵大人，這皇帝可眞有意思！他爲啥要找這麼一個人？」

李成梁的眼珠轉了轉，回答道：「我聽皇帝說，那個右腳心長了七顆紅痣的人，是他失散了的親弟弟，要不就是失散了的親妹妹。」

小皮子再一次大笑，「不可能！皇帝肯定是在開玩笑，這不可能！」

李成梁聽出有戲，眨眨眼，「你怎麼知道不可能？」

「因爲……」小皮子回答道：「我自己有爹有媽，跟皇帝一點關係也沒有，絕對不是他的親弟弟。」

李成梁的眼皮眨得更厲害了，「我是在說一個右腳心長了七顆紅痣的人，這跟你有什麼關係？」

小皮子毫無警覺，笑嘻嘻地道：「總兵大人，我的右腳心就長了七顆紅痣啊！皇帝說的那個人，多半就是我。」

這回，換作李成梁哈哈大笑起來，「小皮子，你就瞎扯吧你！右腳心長了七顆紅痣，誰信啊？」

小皮子急了，「眞的，總兵大人，不信你看……」說著話，脫了右腳上的鞋，把腳丫子高高抬起來。

李成梁湊近那隻腳，一瞧之下，急忙掩住鼻子，「小皮子，你這腳足有半年沒洗過了吧？這味薰得……哪是七顆紅痣？我數來數去，才不過六顆啊！」

「噢！是兩年沒洗腳，泥太厚，把痣蓋住了。」小皮子臉不紅不白，拿手往右腳心一摳，摳出一塊泥，「總兵大人你再看看，是不是七顆了？」

李成梁仔細再一瞧，頓時大喜過望。小皮子的右腳心，真有七顆鮮紅鮮紅的痣，呈北斗七星的模樣排列著，當即在大笑聲中就勢捉住那腳，用力一扭，將他按倒在地。「來人啊！與我將這廝的腦袋和右腳砍下來，不得有誤！」

一群衛士聞聲衝了進來，見狀大驚，「總兵大人，這不是小皮子嗎？他是你的侍童，爲啥要砍他的右腳和腦袋？」

「這是聖旨！懂嗎？聖旨！」李成梁怒吼道：「難道你們敢違抗？」

「不敢不敢……」衛士們一湧而上，將小皮子揪起來，拖出門去。

李成梁長長地呼出一口氣，這事，搞定。

4 善良的喜蘭姑娘

簡單地把事情一講，李成粱沉聲吩咐動手。衛兵舉起大斧，惡狠狠地對準小皮子的脖子便要剁，喜蘭猛地急叫一聲：「慢著！」

好端端的，大禍從天降，小皮子連哭帶喊，抵死不依。可是全都沒用，他被衛士們強拖了出去，按倒在地，就要砍頭剁腳。

「救命啊！快來人救命啊！」小皮子扯開嗓門喊著，突然看到前面不遠處走來一個人影，頓時就像是見了救星，更拚命地嚎叫起來：「夫人！好心的夫人！快來救救我！」就見一抹風姿綽約的纖細人影走了過來，說話如銀鈴一樣好聽，「哎喲！這不是小皮子嗎？你又惹什麼禍了？」

「夫人，我沒有惹禍，是總兵大人他……他發神經……」小皮子已經哭得上氣不接下氣，連話也說不清楚了。

「胡說！總兵大人什麼時候發過神經？是你一天到晚亂惹禍。」那女人說著，抬起頭來，一張俏麗的臉，一對水汪汪的大眼睛，分明還透著幾分稚氣，年齡與小皮子差不了多少，都是十六、七歲的模樣。她就是遼東總兵李成梁的愛妾喜蘭。

這是一個心地善良的姑娘，又因彼此年齡相若，每次小皮子惹了禍，都是她幫忙說情。方才正是聽到鬼哭狼嚎之聲，急忙跑來解圍，「小皮子，你快點認錯吧！認了錯，總兵大人就放了你了。」

「我認錯，我認錯！都是我的錯，這事都怪我……」

喜蘭姑娘滿意地點頭道：「既然已經認錯，你們就放了他吧！」

「這個……」

衛士們你看看我，我看看你，正在猶豫不決的當口，後面傳來一個威嚴的聲音：「不能放！誰敢放了他，滿門抄斬！」

喜蘭呆了一呆，「爲啥呢？」

李成梁板著臉，「不爲啥。」

喜蘭又問：「既然不爲啥，爲啥要殺小皮子？」

李成梁有點煩，「不爲啥那啥……哎！跟妳說話眞費勁！就這麼跟妳說吧，想要小皮子命的，是皇上。現在明白了吧？」

喜蘭追問不休，「皇上爲啥要殺小皮子？」

「因爲……」

李成梁壓低聲音簡單地把事情經過一講，喜蘭立刻變了臉色，知道這世上沒人再能救得了小皮子了，誰叫他腳心上恰好長了七顆紅痣呢？

就聽李成梁沉聲吩咐道：「動手！」

衛兵舉起大斧，惡狠狠地對準小皮子的脖子便要剁，喜蘭猛地急叫一聲：「慢著！」

李成梁火大了，「又啥事呀？」

就聽喜蘭正色說道：「就算是一個十惡不赦的死囚，臨死之前，也是要讓人家吃頓飽飯的。現在小皮子什麼錯也沒有，就因爲腳上長了七顆紅痣，皇上便要殺他。這當小皮子命裡該著，也得讓他吃頓飽飯啊！總兵大人，您說，是不是？」

「這個……吃頓飽飯，也不是不行……」李成梁沉吟著：「好！就讓廚房做點小皮子愛吃的端上來，吃完了快點上路。」

吩咐了廚房做飯，李成梁回到房間，提筆給皇上寫奏章：啓奏陛下，微臣赤膽忠心，不避刀矢，費盡周折，幾歷生死，終於擒獲了斗膽在腳心長出七顆紅痣的逆賊。微臣對陛下的忠心，十足眞金，如假包換……

正寫著，忽然哐噹一聲，一個衛士頭前腳後地栽了進來，「總兵大人，不好！小皮子他他他……他逃走了！」

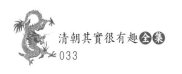

5 萬曆媽媽

喜蘭被剝得一絲不掛，吊在樹上，用皮鞭活活抽死。後來，逃走的小皮子稱汗為王，回想起她不惜一死救自己的往事，敕封她為「萬曆媽媽」。

猶如平地驚雷，李成梁怒不可遏，狂跳起身，「你們這麼多人，難道還看不住他？」

「是……夫人……放走了他……」那衛士顫抖著回答。

「喜蘭？」李成梁頓時沉下了臉。

原來，就在他以爲萬事大吉，提筆寫奏章同時，喜蘭姑娘又吩咐廚房爲衛士們燉一鍋豬肉燉粉條。趁著大家可勁地吃，疏忽了防範，悄悄打開馬廊，放了一匹快馬出來，讓小皮子騎上去，逃之夭夭了。

聽了這件事，就見李成梁的那張臉，瞬間變得有若半年沒沾過水的抹布，聲音是前所未有的陰森恐怖，「來人！與我把喜蘭扒光了衣服，拿皮鞭抽死！」

衛士嚇了一大跳，「總兵大人，不帶這麼狠的吧？她好歹也是您的夫人啊！」

下一瞬，李成梁臉上爬滿了老淚，「正因爲她是我的愛妾，我才要下此毒手，否則，我們李家肯定得被押赴京師，滿門抄斬……」

就這樣，善良的喜蘭姑娘被剝得一絲不掛，吊在樹上，用皮鞭活活抽死。

後來，逃走的小皮子稱汗爲王，回想起喜蘭姑娘不惜一死救自己的往事，敕封她爲「萬曆媽媽」，令族人每年祭祀。因爲萬曆媽媽是被裸身打死的，成神以後，仍然沒得衣服穿，所以後人祭祀，一定不能掌起燈火。

再後來，小皮子的後人，果然奪取了大明的江山。

說來說去，這個小皮子，實乃何許人也？

小皮子，全名叫野豬皮。在滿語中，就念做——努爾哈赤。

滿族人對萬曆媽媽的祭祀，構成這個民族特有的習俗之一。可惜的是，這個故事，因著傳奇色彩過於濃郁，一直受到史學家們的排斥。

其實，換個角度想，天命汗清太祖努爾哈赤，也就是野豬皮其人，以十三副鎧甲起家，最終開創大清王朝的不世基業，他的個人起家經歷，遠比任何傳說都更富傳奇性。

第 1 卷

野豬皮的發家秘密

老子說，治大國如烹小鮮。野豬皮這個流浪乞兒，恰恰有「烹小鮮」的能力，中國菜譜上那道著名的「回鍋肉」，就是他的個人專利發明。

1 一起認識野豬皮

野豬皮為何能保持常勝?還有，最令人玩味的，為什麼他的親弟弟會組成反大哥集團，親兒子組成反老爹集團，愛妃則成為反老公集團的首犯?

創帝王基業，必須要有帝王的心智。萬曆媽媽成爲滿族人的信仰，正證明了努爾哈赤其人具有了不得的帝王智慧。

努爾哈赤是個什麼樣的人呢?爲何偏偏是他，具有這種帝王的智慧與才能?

先從他的個人簡歷說起：

・姓名：愛新覺羅・野豬皮

・出生年：一五五九年

・籍貫：遼寧省新賓滿族自治縣永陵鎮老城村

•生肖：羊
•星座：處女座
•血型：O型
•身高：一百七十九公分
•體重：六十八公斤
•職業：皇帝
•特長：殺人、放火、打江山
•社會關係：
父親：愛新覺羅．塔克世
母親：喜塔拉氏
大弟弟：愛新覺羅．小野豬（滿語發音：舒爾哈齊）
小弟弟：愛新覺羅．豹子皮（滿語發音：雅爾哈齊）

接下來，大致地看一下他這一生的重大歷程：

十歲：生母死。
十二歲：被繼母排擠，遭父親逐出家門，淪為流浪兒。

十六歲：為明軍所俘，後被遼東總兵李成梁收為養子。

十九歲：從部隊復員轉業，結婚娶妻，自立門戶，打獵為生。

二十四歲：參加愛新覺羅氏家族大聚會，突遭明軍李成梁部襲擊，祖父及父親雙雙殞難，再次成為俘虜。隨後以明朝誤殺其父的賠償金，拉起第一支人馬，總計十三副鎧甲，兵員總數八十一人。

二十七歲：擊敗尼堪外蘭部，擁有數百副鎧甲、上千人口及上萬頭牲口，以及幾座城池。

二十九歲：統一建州女真族部落。

三十四歲：擊敗扈倫部落的九部聯軍，繳獲戰馬三千匹、鎧甲一千副。

四十歲：殲滅哈達部落。

四十八歲：於圖們江之烏碣岩擊敗烏拉部。

四十九歲：粉碎以弟弟小野豬為首的反大哥集團。

五十歲：征服東海的瓦爾喀部，攻佔窩集部的瑚葉部。

五十三歲：粉碎以大兒子褚英為首的反老爹集團，褚英於兩年後被處死。

五十六歲：統一女真各部落。擁有精兵六、七萬人，勢力範圍東至遼寧，西至蒙古，北抵嫩江，南到鴨綠江。於遼寧省新賓縣永陵鎮稱大汗。所謂大汗，就是大佬的意思。

五十八歲：正式宣佈與明王朝的腐朽統治決裂，向撫順關發起進攻，總兵李永芳舉城投降。

五十九歲：明王朝拼湊了十萬大軍，號稱四十七萬人，瘋狂進犯赫圖阿拉解放區，雙方激戰於薩爾滸。在努爾哈赤的英明領導下，來犯之敵灰飛煙滅，取得了第一次反圍剿的勝利。

六十三歲：奪取遼東重要城市瀋陽和遼陽，實行土地改革。

六十七歲：遷都至瀋陽，改瀋陽為盛京。

六十八歲：在解放寧遠的戰役中身患癰疽，不治身亡。隨後，以愛妃阿巴亥為首的反老公集團被粉碎，阿巴亥遭弓弦勒死，隨之下葬。

細數野豬皮的一生，堪稱大器晚成。他直到二十四歲才決定起兵征戰，而登基稱汗的時候，已是快六十歲的人了。這般老邁年紀還不肯退休，天天四處殺人放火，真是精神可嘉。更令人欽佩的是，他參與過的征戰，大戰凡十二場，小戰無計其數，少有失敗。

野豬皮爲何能保持常勝？還有還有，最令人玩味的，爲什麼他的親弟弟會組成反大哥集團，親兒子組成反老爹集團，愛妃則成爲反老公集團的首犯？

這究竟是因他做人失敗，導致衆叛親離，還是他的帝王智慧過於深奧高遠，搞得弟弟兒子老婆都無法跟上形勢？

這些問題的答案，恰是野豬皮獲得成功的根本所在。

2 就是這樣才成功

真正的軍事戰爭，只有在有著絕對必勝的把握的前提之下，才可以進行。努爾哈赤之所以近乎百戰百勝，正因著從不迷信軍事冒險主義。

蓋非常之人，必成非常之事。努爾哈赤以一介流浪乞兒起家，轉瞬間橫掃東北，席捲四方，奠定了大清併吞天下的根基，這與他過人的帝王智慧是分不開的。

什麼叫帝王智慧？帝王智慧與民眾智慧，又有什麼區別呢？

那是努爾哈赤還沒有一統東北的時候，各方部落對其虎視眈眈，諜影幢幢，連睡覺都睡不踏實。

一天夜裡，他正在炕上打盹，忽然被門外的異響驚醒，當下一聲不也吭，操起鋼刀，悄無聲息地摸出門去。藉著朦朧的月光一看，前面有一條人影，手執明亮亮的利刃，緊貼著牆根，正挨間屋子地探頭探腦，似在尋找什麼。

努爾哈赤也不吭氣，躡手躡腳走過去，舉起手中的刀，用刀背吭哧一聲，拍在那夜行人的脊背上。哎喲一聲，那傢伙立刻臉朝下栽倒在地。

緊接著，就聽努爾哈赤放開喉嚨，大呼小叫起來：「有賊！快來捉賊啊！」可想而知，他那大嗓門，頓時吵得四下裡一片喧嘩，女人哭孩子叫，說不出的混亂。

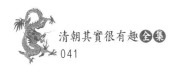

護衛聽到喊聲，急忙奔過來，仔細一看，說：「老大，這不像是賊，分明是敵人派來的奸細。」

他卻喝斥道：「胡說！你當我不認得奸細長什麼模樣？這傢伙明擺著的，十足十的偷牛賊。」

護衛待要分辯，努爾哈赤已先喝令將那夜行人揪起來，厲聲質問道：「你老實交代，半夜三更，鬼鬼祟祟的，是不是看中了我家的牛肥，想要偷走？」

「這個……」

那奸細還在猶豫，就聽又一聲大吼：「你招還是不招？到底是不是偷牛賊？如果敢不招，大刑伺候！」

他被嚇得一個激靈，急忙就坡下驢，「招！招！全都招！我真不該見財起意的，我就是個偷牛賊。」

「看看！」努爾哈赤得意洋洋地轉頭對護衛道：「我早就說過的，這傢伙肯定是個偷牛賊。」

「不！我看這傢伙就不是偷牛賊，分明是避重就輕，肯定是個奸細來著！」

護衛心裡真是說不出的彆扭，極力地提醒，卻被努爾哈赤一瞪眼，「別打岔，看我好好教訓教訓他。」

就見他指著奸細的鼻子，竟是苦口婆心，諄諄教導起來，「小夥子，不是我說你，你看你有手也有腳，幹點什麼吃不上飯，怎麼可以做賊呢？做賊這種事啊，聽起來好像是不勞而獲，占盡了別人的便宜，可天底下的人哪一個比你傻？哪來的便宜讓你占？越是想佔便宜，付出的代價就越多，等到吃大虧的時候，後悔就晚了……」

如此這般，這般如此，將那名奸細狠狠地教育了一番，直教育得那傢伙涕泗交加，淚流滿面，發誓要痛改前非，再也不幹偷牛盜驢的營生，努爾哈赤才盡了興，拿來幾錠銀子，放他走路。

見奸細抓起銀子，飛也似地逃了，護衛再也忍不住，大叫道：「你看你看！這傢伙身手好得很，哪裡是什麼偷牛賊？分明就是個奸細！」

「還用你說？」努爾哈赤冷笑道：「當我沒見過偷牛賊長什麼模樣啊？自打瞧見那鬼鬼祟祟的背影，我就知道這傢伙是個奸細，如假包換。」

護衛聽得糊塗了，一個勁地眨眼睛、揉鼻子，「明明知道是奸細，那怎麼還硬說他是偷牛賊？」

努爾哈赤大笑，「我問你，現在咱們部落的勢力，能不能夠稱雄遼東？」

那護衛連連搖頭，「差得遠呢！就咱們這十幾個人、七八條槍，隨便哪個部落一出兵，立馬就能把咱們給滅了。」

「你明白就好。我們實力不濟，勢力不足，眼下最重要的就是韜光養晦，養精蓄銳，千萬別豎敵，別引起其他部落的注意。明明知道剛才那傢伙是奸細，還硬說他是偷牛賊，就是因爲一旦說破他是奸細，就等於和對方把底牌掀開，再也沒有迴旋餘地了。進一步想，如果說破剛才那傢伙是奸細，萬一他出言威脅，又該怎麼辦？殺了他嗎？這不是正好給了對方進兵消滅我們的藉口？可若任由對方污辱，不敢吭聲，以後恐怕更抬不起頭來了……所以呢，今天這事只能這樣。只要事情不說破，就仍然有著迴旋餘地。」

只要事情不說破，就仍然有著迴旋餘地——如果說，在努爾哈赤這裡，眞有什麼過人的帝王智慧，估計就凝結在這句話中。

《孫子兵法》中說：古之善勝者，勝於易勝者也。

這句話的意思是，眞正的軍事戰爭，只有在有著絕對必勝的把握的前提之下，才可以進行。努爾哈赤之所以近乎百戰百勝，正因著從不迷信軍事冒險主義。

3 大規模殺人合法化

「死一個人，是場悲劇。死一百萬人，是一個數字。」殺一個人和殺一百萬個人，正是莽夫與帝王的區別。

常有人說富貴險中求，這恰恰是最無知的愚氓之論。政治也好，戰爭也好，都有一個內在的隱性規律。戰爭，打的其實是資源的轉換。無論是多麼強勢的暴力集團，總有勢力衰退的那一天。再弱小的組織，只要遵循規律的發展，仍能慢慢地變得強大。

在弱小的時候，絕不茂然挑戰強勢的力量，以免陷自己於被動。

在強大的時候，絕不放過摧毀弱小勢力的機會，以免養虎貽患。

這，就是努爾哈赤的必勝之術。

努爾哈赤其人，打小過著流浪乞兒的生活，被苦難磨礪得非常機警，武器從不離手，就連去洗手間都要拖槍帶刀攜弓箭。

說起早年間東北的洗手間，那堪稱人世間最容易應付的土木工程，無非是在家門口附近掘一個土坑，坑上搭兩塊木板，講究的再搭一個木棚子，不講究的，乾脆就這麼席天幕地，大有君子坦蕩蕩的味道。

努爾哈赤去的這個洗手間，就是一個席天幕地的坦蕩之所在。

他如廁的時候，還有一個良好的習慣，必定將長弓拿在手上，搭箭上弦，引而不發。這種姿式，有助於順利解決生理問題。

那天夜裡，努爾哈赤就是這麼蹲在土坑上，張弓搭箭，協助腹肌用力。正在痛快之餘，眼角一掃，忽然看到一條黑影，悄無聲息地潛伏而來。心念一轉，不慌不忙，一面發出更巨大的用力聲，就好像完全沉浸於解放的快感之中，一面調整手中的弓箭，對準黑影，嗖的就是一箭射出。

黑暗之中，傳來響亮的慘嚎。

努爾哈赤不緊不慢地提起綿褲，走過去一瞧，真有一個刺客，正趴在雪地裡，腳踝被一箭貫穿。這時候，他的兩個弟弟聽到了動靜，也急忙趕來，揪起那倒楣蛋一問，此人名字叫伊素，此來正是爲了刺殺努爾哈赤。

「幹掉這傢伙！」小野豬和豹子皮一聽都火了，「這傢伙太缺德了，趁人上廁所的時候搞暗殺，幸虧大哥你有提防，否則可得死在糞坑裡了，傳出去名聲多臭啊！」

「是啊是啊！」努爾哈赤笑眯眯地道：「這個人……放他走。」

放他走？兩個弟弟大吃一驚，「大哥，他可是來殺你的啊！你怎麼能夠放他走呢？」

「這你們就不懂了。這個人，殺不得。」

「爲什麼？」小野豬忿忿不平。

「殺這個人容易，可是別忘了，他還有家人，有部落的。今天你殺了他，他的家人和部落成員會絡繹不絕地趕來找我們報仇，到時候是殺不勝殺啊！人家在暗處，咱們在明處，萬一什麼時候讓人得了手，那可划不來。」

小野豬聽了不服，抗辯道：「照你這麼個說法，咱們乾脆放下兵刃，當和尙算了！現在我們四處征戰，哪天不是殺得血流成河？難道那些人就不會報復了？」

「那不一樣！行軍作戰，對方是父子兄弟上陣，一家人，一族人，甚至整個部落都在一起，一旦擊敗了他們，就等於征服整個部落。而且，戰爭的殺戮非常血腥殘忍，足以讓人心有餘悸，產生出強烈的恐懼，再也興不起反抗的意念。現在的狀況不同，此人是個單獨的刺客，無論你用何種方式殺害他，非但不會在他的家人心中引發恐懼，反而會激發起仇恨。仇恨之心既生，想再以恐懼懾服，可就難了。像這種刺客，與其殺掉結怨於人，後患無窮，倒不如放走。」

早年蘇聯的獨裁者史達林說過一句話：「死一個人，是場悲劇。死一百萬人，是一個數字。」

殺一個人和殺一百萬個人，正是莽夫與帝王的區別。

莽夫會追求一時的殺戮快感，殺死一個無力反抗的人，日後爲此付出代價。帝王則不同，有能耐將大規模的殺人「合法化」，讓廣大民衆內心產生強烈的恐懼與畏懼，掃除後患，闢平稱王之路。

將大規模殺人合法化，白話一點解釋，就是理直氣壯、名正言順發動戰爭的魄力。大凡開國傳世的帝王，都有這麼一套天賦。

偷牛賊與這個上洗手間的故事，載之於《開國方略》之中，篇幅雖短小，卻凝煉了努爾哈赤的帝王智慧。這種帝王策術，說透了也非常簡單：

第一：善於發動大規模戰爭的能力。

第二：韜光養晦，擊弱避強的能力。

此外還有第三條——治大國如烹小鮮的能力。

4 專利所有，仿冒必究

古勒城被攻下，野豬皮的祖父覺昌安、父親塔克世，一股腦地都被明軍砍得肢體不全，死於非命。這下子，野豬皮可得理了……

老子說，治大國如烹小鮮。意思是說，治理國家，跟在廚房裡炒菜是同一個道理。炒菜這種活，看起來很簡單，過程卻是極爲細膩複雜，火候刀工，放鹽加醋，哪怕有一個小小的環節出紕漏，菜看著還是那道菜，吃在嘴裡的味道，卻可能判若雲泥。

令人驚訝的是，野豬皮這個流浪乞兒，恰恰有「烹小鮮」的能力，中國菜譜上那道著名的「回鍋肉」，就是他的個人專利發明。而在發明出這道菜譜時，他只不過是遼東總兵李成梁戰俘營中的一名小俘虜。

史學家堅信，努爾哈赤是以他父親遺留下來的十三副鎧甲爲本錢，開創了大清帝國的基業。錯了！大家都錯了！他開基創業的資本，其實與那幾副鎧甲沒有多少關係。最珍貴的資本，就是一道回鍋肉。

說來有趣，不管漢人、滿人，只要是中國人，必定對吃有相當的講究，所以中華料理在整個世界上大大有名，中國的廚師多如過江之鯽，數也數不過來。但是，還有更多的人，終其一生在廚房裡忙忙碌碌，煙薰火燎，弄得狼狽不堪，偏偏炒出來的菜，總跟開水煮過的木頭沒兩樣。

相較之下，努爾哈赤在戰俘營中的生活，可以說是相當的窘迫。身處那種環境之下，卻有心思琢磨回鍋肉的做法，間接也表明出了他的淡定與從容。

淡定從容的人，總是有著機會的。

他的機會，在二十四歲那一年來到。

那一年，女真阿台部落大舉向明軍發動進攻，惹火了遼東總兵李成梁，決意狂攻阿台的老巢古勒城，徹底消滅匪幫。

這場戰役，表面上看起來跟野豬皮沒什麼關係，但大家都是女真人，婚姻嫁娶，沾親帶故，阿台的妻子，說起來正是野豬皮的姐姐。為了把這個倒楣丫頭救出來，野豬皮的祖父覺昌安和父親塔克世一同進城，表面上的理由是要去勸阿台投降——估計李成梁不會信，只要此人不是太缺心眼。

接下來，不幸的事情發生。兩人進城後不久，古勒城被攻下。野豬皮的祖父覺昌安、父親塔克世，還有那位一不留神嫁給了阿台的姐姐，一股腦地都被明軍砍得肢體不全，死於非命。

這下子野豬皮可得理了，他捶胸頓足，悲痛欲絕，仰天長慟，壯懷激烈，質問大明各級領導：「你們是領導還是土匪？是領導就要講道理，是不是？你們憑啥殺咱祖父？殺咱爹？給我一個理由先！」

大家評評理，這事，能怪大明各級領導嗎？

古勒城已經成爲了兩軍交戰的戰場，殺聲連天，炮矢橫飛，你祖父和你爹去哪兒旅遊不好，偏偏要跑到那種地方湊熱鬧。生死陣前，血肉相搏，講究的就是一個各安天命。除非不哭著喊著非要往戰場上湊，去了就得認命！

本來是很簡單的道理，可是大明領導幹部腦子進水，硬是想不起這層來，於是努爾哈赤越發得理，越發糾纏不休，非要人家給他個說法不可。雙方糾纏到最後，明朝官員承認了錯誤，歸還了野豬皮的祖父及父親的屍體，此外還做出國家賠償，賠付敕書三十道、馬三十匹。

這是野豬皮取得的一場關鍵勝利，成功撈到人生的第一桶金。不再是戰俘的他，即將走出廚房，把烹小鮮的經驗及技巧，進一步推廣到戰場與談判桌上。

5 偷牛賊戰役

尼堪外蘭屬於親明分子，總是幫著大明王朝修理女真人，鐵定不討兄弟們喜歡。

努爾哈赤選擇他作為對手，立即贏得所有兄弟的交口稱讚。

努爾哈赤的出手第一戰，是有名的「偷牛賊戰役」。接下來，讓我們將這個過程大概地講解一下。

二十四歲那一年，他欺負大明官員腦子不好使，迫使大明王朝因爲他祖父及父親的死，支付大筆賠償，終於有了能力組建屬於自己的暴力團夥。

但在招兵買馬之前，有一個重要的問題得解決：招了兵，買了馬，用來幹啥呢？

不消說，當然是用來打仗了。

可是，跟誰打？跟大明王朝打嗎？

別傻了，那叫找死。

《孫子兵法》云：善勝者，勝於易勝者也。打仗，首先要挑選有著百分之百必勝把握的對象。若是沒有，哪怕勝率是九十九%，也不要打。不打則已，打了就一定要贏。而且還要師出有名，贏得冠冕堂皇，贏得堂堂正正，贏得以有道伐無道，不能讓大家都說自己是土匪。

贏，屬於技巧問題，算作帝王策術中的「偷牛賊策略」。贏出名目來，讓人民群衆交口稱讚自己是正義之師，這就是帝王策術的「洗手間智慧」，屬於發動大規模戰爭的能力。

恰巧，這兩個能力，野豬皮全都具備。於是，他精心選擇了一個名叫吃人蠻子的倒楣蛋，做爲對手。

吃人蠻子，滿語的發音爲「尼堪外蘭」。

這個尼堪外蘭，屬於女真族部落中的親明分子，也就是親近大明的那一派。可想而知，這老兄總是幫著大明王朝修理女眞人，鐵定不討女眞兄弟們喜歡。努爾哈赤選擇他作爲對手，立即贏得所有兄弟的交口稱讚。

打人，總要有個理由。

征討食人蠻子，需要尋一個冠冕堂皇的理由，幸好這世界上什麼都缺，就是不缺少打人的理由。討伐尼堪外蘭的理由馬上就出來了——替父報仇。

也就是說，雖然是明軍殺了努爾哈赤的祖父和父親，他卻在討到國賠之後，將過錯推到食人蠻子的腦袋上。對此，大明王朝自然樂得袖手旁觀，女真各部則抱持著隔岸觀火的態度。

就這樣，發動戰爭的基本條件全都具備，接下來，就是帝王策術的最後一步：將戰爭規模擴大化。

如何才能夠將戰爭規模擴大呢？

最好最好的方式，就是對手一直存在，始終未能消滅。所以，野豬皮針對於尼堪外蘭的戰爭，一打就是整整三年。

這是一場頂奇怪的三年戰爭。尼堪外蘭雖然實力比初出廚房的努爾哈赤強大，但因爲是「親明派」，在遼東地區很難找到盟友。而且，野豬皮在開啓戰端之前，事先聯結了來自蘇克蘇滸部的三個對尼堪外蘭切齒痛恨的城主：薩爾滸城主諾米納、嘉木瑚城主噶哈善哈思虎、沾河城主常書。

爲了避免這三位城主哪位突然抽冷子在背後捅一刀，努爾哈赤還把自己的妹妹嫁給了嘉木瑚城主噶哈善哈思虎。這樣大家就是一家人了，哪怕以後眞打起仗，也不好意思忽然照大舅哥的腦殼砍過去，是吧？

由此可知，努爾哈赤在聯軍方面，已經達到了《孫子兵法》所要求的「勝之易勝者也」的程度。

放眼戰場，被聯軍的優勢兵力一衝擊，食人蠻子尼堪外蘭頓時潰不成軍。奇怪的是，那食人蠻子偏偏命大得很，老是逮不到。

沒辦法，野豬皮只好在後面不停地追，追了整整三年。人家逃到哪裡，他就追到哪裡，反正也沒有哪個大的部落願意收留尼堪外蘭，只能往消息不靈光的小部落那裡暫避風頭，這就給了野豬皮擴大戰爭規模的理由。

尼堪外蘭在前面逃，野豬皮在後面追，雙方逃啊逃，追啊追。越是追，野豬皮的實力越強大，吞併的小部落越多……發展到最後，大明王朝實在是看不下去了，乾脆親自動手把尼堪外蘭逮到，送了過來。

這回，你野豬皮該消停了吧？

不行！還要繼續折騰下去！但是努爾哈赤知道，他需要新的戰爭理由。

6 少不得的女人和鹽

蒙哥軲轆急匆匆趕到，與野豬皮會合。到了地方，老哥倆坐下來喝酒。沒過多久，一個美貌的小女孩怯生生、羞答答地走出來，替他們上酒。

如果你問一個廚師，烹小鮮時，最重要的是什麼？那廚師一定思考半個月，然後鄭重地告訴你：「烹小鮮時，最重要的是放鹽。」

如果你問努爾哈赤，想發動戰爭，併吞天下，最好的藉口是什麼？他一定會脫口而出：「女人。」

吃菜離不了鹽。火候可以欠缺，刀工可以馬虎，唯獨放鹽，能對菜的味道實行一票否決制。放對了，再爛的菜也可能吃得噴香。若放多或是放少，這道菜就徹底報廢了。

同理，女人是這個世界最關鍵、最核心、最重要，甚至有可能是唯一永恆的風景線，因爲她們能牽動男性的原始本能。任何時候，提起「女人」兩字，總能看到四周男士們的眼睛刷地一亮，屢試不爽。

沒錯，這就是野豬皮的另一秘密。

爲什麼把腦筋動到女人身上，野豬皮也是有苦衷的。

自從走出廚房，白手起家，他首先依靠「偷牛賊策略」發動針對於尼堪外蘭的三年戰爭，又依靠「洗手間智慧」故意放縱尼堪外蘭逃跑，不停擴大戰爭。可恨大明王朝半途添亂，逮到尼堪外蘭，送了回來，這就讓他再也不好意思打著「替父報仇」的旗號，到處亂跑亂折騰了。

替父報仇，堂堂正正，現在理由沒有了，豈不是難爲人嗎？

這時候，遼東的扈倫各部落，有烏拉部、哈達部、葉赫部、輝發部，明朝人稱之爲海西諸部。諸部之間，親明派是哈達部，酋長蒙哥軲轆天天拿眼睛盯著其他部落，哪裡一有個風吹草動，立即飛跑去向大明政府打小報告。

這麼說起來，這個蒙哥軲轆，相當於又一個尼堪外蘭。

看蒙哥軲轆吃裡扒外，葉赫部落憤憤不平，決定找個機會幹掉他。

機會很快就來了，葉赫部藉口哈達部不夠哥們意思，不由分說，驅兵而入，就要消滅哈達部。

蒙哥軲轆聞訊，急忙向大明王朝求救：「看在大明的份上，拉兄弟一把吧！」

誰知人家回覆說：「大明王朝講究不干涉別人家的主權，誰愛殺誰就殺誰，我們不管這事，你們全都死了才好呢！」

蒙哥軲轆非常驚恐，曰：「不是這樣吧？我好歹也是親明派。」

大明官員回答：「你自己愛親明，關我屁事？」

蒙哥軲轆急了，「拜託，那讓我入關吧！我可以替大明防守邊疆，也好逃避葉赫部落的政治迫害。」

大明官員還是拒絕，「想得美，你做好準備和葉赫部落死磕吧！」

遇到這樣陰陽怪氣的大明王朝，蒙哥軲轆沒轍了，現在才後悔自己無緣無故亂親明。沒辦法，恰好努爾哈赤最近聲名大振，於是病急亂投醫，向他求援：「野豬皮兄弟，幫點小忙，幫我幹掉葉赫部吧！」

野豬皮欣然回答：「小意思，你過來，咱們哥們兒商量商量。」

蒙哥軲轆哪敢有意見？急匆匆趕到，與野豬皮會合。

到了地方，老哥倆坐下來喝酒。沒過多久，一個美貌的小女孩怯生生、羞答答地走出來，替他們上酒。

瞧見那小女生，他的眼睛頓時就直了，「好粉嫩耶……」

野豬皮笑瞇瞇地問：「喜歡嗎？這是我的女兒。」

蒙哥軲轆眨了眨眼睛，轉口說道：「我有一個提案，咱們能不能達成一個共識，先聯姻如何？」

「聯姻好啊！你想娶我的哪一個女兒？」

「我這人比較實在，不挑不揀，揀近不挑遠……就她吧！」

「好！那你就是我的寶貝女婿了。」就聽野豬皮爽快地吩咐道：「來人，送我的寶貝女兒和女婿進洞房！」

這就進洞房了？未免太快了吧！

等進了洞房，裡邊突然鑽出來一個成年的美貌女人，上前一把摟住蒙哥帖轆的脖子，「老公，人家好喜歡你！」

蒙哥帖轆大駭，「才這麼會兒工夫，妳就長這麼大了？」

「嗯，你笑話人家，討厭！」那女人緊貼著他的耳朵，呵著氣說：「女人成熟些才好，知道疼男人。」

蒙哥帖轆酒喝得太多，立腳不穩，再加上那女人太過於狐媚，就是清醒的時候也抵擋不住，更何況都到這節骨眼上了……

就這樣，他被女人放翻在火炕上，只聽嘁哩喀嚓，稀哩嘩啦，兩人正折騰著，忽然門一開，野豬皮大步走了進來。「好你個混球！膽子可真不小，連你媽都敢上，真是太變態了！」

「我媽？」蒙哥帖轆困惑了，「我媽長得不是這模樣啊！」

「你媽長得確實不是這模樣。可這是我的愛妾，而你是我的女婿！你們倆這麼一個搞法，豈不是欺負你爸，占你媽的便宜？變態色魔，人神共憤……」

據《山中聞見錄》記載，哈達部落酋長蒙哥軲轆，被努爾哈赤「陰縱其妾與通，徐以私外母名殺之」。哈達部落的人馬裝備，隨後盡數落入努爾哈赤之手。

下一個，就該葉赫部倒楣了。

理由，仍然是女人。

7 戰爭的主旋律

野豬皮回到軍中，吩咐殺牛宰驢，齊聚三軍。就在大家狂吃海塞得高興的時候，他卻落下了絕望的淚水，「你們吃吧！下一頓，還不知去哪裡呢！」

卻說野豬皮巧施妙計，一口吞掉了哈達部，讓葉赫部落看得大驚失色。酋長於是派人來聯繫，「野豬皮，你很厲害，很能打，我非常喜歡。我有一個小女兒，以後長大了就嫁給你吧！」

野豬皮聽了有點鬱悶，「我的年紀已經不小，等你女兒長大，只怕都是老頭了。那時走也走不動，爬也爬不贏，再把她嫁給我，有什麼用？」

葉赫部落回說：「沒辦法，兄弟，你再著急，也得等我女兒長大。」

野豬皮急了，「你家裡不還是有大女兒嗎？爲什麼不肯嫁給我？」

對方又回曰：「我家大女兒……不好意思，她已經嫁給蒙古部落了。別急，再耐心等一等，說不定你活得年頭比較長，等我女兒長大了，你還硬朗著呢！」

有關葉赫家的這個女兒，歷史學上有一個標準而規範的稱謂，謂之曰「葉赫老女」，就是葉赫家那個最乖巧的小女兒的意思。正是這位小美人，扮演了貫串整個遼東戰場風雲的主旋律。

話說野豬皮回到軍中，吩咐殺牛宰驢，齊聚三軍。就在大家狂吃海塞得高興的時候，他卻落下了絕望的淚水，「老少爺們啊，兄弟們啊，你們吃吧！吃吧！多吃點。等吃完了這頓，下一頓，還不知去哪裡呢！」

衆人大惑，「啥事呀？連飯都不讓人吃了？」

「是這麼回事……」野豬皮解釋道：「你們都聽說了吧？葉赫部想把他們家的老女嫁給我，可聽說那女孩現在才五、六歲，我就算是變態吧，也不至於變態到這種地步，所以嚴辭拒絕。可是沒用，人家太熱情，熱情到了……到了不答應都不行的程度。你們說，究竟該不該答應？」

應該？不應該？大家都張著嘴，不知如何回答是好。

野豬皮一抹悲憤的淚，「我是不想答應的，怎麼能娶一個那麼小的小女生呢？更何況家裡女人紮堆，許多老婆連我自己都不認識。可若不答應，豈不是駁了葉赫部落的面子？現在咱們遼東，勢力最大的就要數著他們了，肯定會趁機破壞和平，發起戰爭。爲

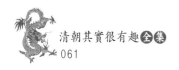

了和平，為了部落人民未來幸福的生活，我被迫……答應了下來……」

搞什麼？已經答應了你還說什麼呢？在場人一聽都意興闌珊，「喝酒！喝酒……」

拿起酒杯，卻見野豬皮騰的一聲站了起來，戟指遠方，朗聲道：「為了遼東的和平，為了部落的幸福安寧，我委屈自己答應了葉赫部。可是你們猜，結果怎麼著了？」

「還沒完啊？怎麼著了？」

「就在我答應之後，葉赫部落居然轉手將老女嫁給了蒙古部落！這分明是一個圈套，故意讓我求婚，然後再當眾撕掉我的臉皮。被人家這樣羞辱，你們說，還有什麼臉面活下去？我不活了，你們誰也別拉著我，誰拉著我我就跟誰急……反正我再活下去，你們也是跟著我一塊丟人……」

眼見得野豬皮尋死覓活，在場人只好放下酒碗，過來勸慰：「大汗，別生氣了，氣壞了身體不值得。那什麼，葉赫部落這麼羞辱咱們，咱們就跟他沒完！」

「怎麼個沒完法？」野豬皮淌著眼淚問。

「打！」

九綜山戰役，由此引爆。

8 都是女人惹的禍

「七大恨」在歷史上赫赫有名，許多歷史學家都弄不清楚它究竟是什麼？野豬皮活得這麼滋潤，天天殺人放火，搶男霸女，他還有什麼恨呢？

九綜山戰役爆發於一五九三年六月。

是役，扈倫四部糾集了蒙古三部、長白兩部，總計九個部落，拼湊了三萬人馬，氣勢洶洶地向努爾哈赤殺來。

得知這個消息，努爾哈赤急得茶不思，飯不想，猶如熱鍋上的螞蟻一樣團團亂轉。忽然聽到九部聯軍已到九綜山，居然哈哈大笑兩聲，一頭栽倒在炕上，呼呼大睡起來。

寵妃富察氏急忙推醒他，「老公，老公，你不是嚇得神經了吧？」

「開玩笑！跟妳實說了吧！我本來是有點害怕，怕九部落聯軍不敢來，他們不來，我拿什麼理由去打？現在他們自己跑來了，這正好，沙鍋裡搗蒜，一錘子統統幹掉。」

野豬皮何以有如此把握？

替他想想吧！爲了訓練戰士，曾經以追殺食人蠻子爲名整整征戰三年，早已訓練出了一支得心應手的部隊。九部聯軍不過是九夥游擊隊拼湊起來的雜牌武裝，豈是對手？

果然，九部聯軍氣勢洶洶地趕到，首先狂攻札喀關。炮矢橫飛，殺聲震天，一連打了兩天，關卡卻紋絲不動。

不動？那算了。於是撤軍，繞道黑濟格城——打不過就走，連個像樣的戰略都沒有，這也能叫做實力？

到了黑濟格城，發現野豬皮的大軍正佈置在古勒山上，九部聯軍發聲喊，向著古勒山坡上衝殺過來。

野豬皮哈哈一笑：「兄弟們，準備死翹翹了！滾木擂石，你們這些原始人見過沒有？給老子狠狠地打！」

轟的一聲，滾木擂石俱下，當場將葉赫部落酋長那林軲轆的弟弟不宰的戰馬掀翻。不宰砰的一聲被拋到地上，連滾帶爬地想再找到戰馬，卻被野豬皮方的一個勇士，名叫吳談的，撲將上來，直接就是一刀。不宰就這樣被宰，一命嗚呼。

不宰是死了，可聯軍這邊還有三萬多人呢！繼續打！

繼續打沒多久，就聽一聲淒厲悠長的痛哭，從戰場中慢悠悠地飄蕩出來，聲音說不出的悲愴，說不盡的蒼涼，說不明白的悽惶。大家目瞪口呆，全都住了手，東尋西找，想看看是誰在哭。

找到了，原來是葉赫部落的酋長那林帖轆在哭。這邊正打著熱鬧，那林帖轆身爲主帥，卻像娘們一樣的不負責任亂哭，自然是有原因的。

原來，這位酋長乃是性情中人，家族兄弟情深，手足情篤。本來以爲，九部聯軍，說出來氣勢洶洶，要多嚇人就有多嚇人，野豬皮那廝聽了，肯定要嚇得哭爹喊娘，到處逃竄——以前的戰爭，不都是這麼打的嗎？大家都是原始人，玩什麼滾木擂石呢？正因爲心理上沒有任何防備，眼見得親兄弟慘死，整個人一下子崩潰了。

崩潰了就好辦，要的就是讓你崩潰！

野豬皮精神抖擻，揮師猛進，九部落聯兵被那林帖轆哭得心驚肉跳，軍無戰心，兔子一樣滿山遍野亂跑。勝與負，自是毫無懸念。

摧毀九部落聯軍的反抗，野豬皮在遼東地區確立了無與倫比的軍事實力。此後不久，正式與大明王朝決裂，發佈著名的「七大恨」文書。

「七大恨」在歷史上赫赫有名，同樣有名的是，許多歷史學家都弄不清楚它究竟是什麼？野豬皮活得這麼滋潤，天天殺人放火，搶男霸女，他還有什麼恨呢？

事實上，由於七大恨太過於蹩腳，明顯瞎胡鬧，連後來的滿清皇帝們自己都不好意思拿它說事。

所謂的七大恨，聽來數量不少，其實不過是車軲轆話，繞過來，繞過去，統共只有兩大恨。

頭一恨，恨大明王朝殺了祖父和父親。

第二恨：葉赫部落不把老女嫁過來，這事肯定是明朝在背後搗鬼。

其餘五恨，均是第二恨的換句話說。

也就是說，葉赫老女的事情遠遠還沒完。一個無辜的漂亮女人，再度成爲藉口，引爆了鼎鼎大名的薩爾滸戰役。

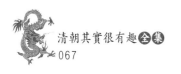

9 想輸都沒辦法的一場大戰

明軍總指揮下達的命令莫名其妙。總說攻酉南面，或是攻酉北面，可連一個偵察兵也沒有派出，如何知道哪裡是酉的南面，哪裡又是酉的北面？

史學家們總是聲稱，薩爾滸戰役是明亡清興關鍵的一戰。正是這場戰役，導致了大明王朝從此改攻勢爲守勢，漸被滿清呑併。

實際上，這個薩爾滸戰役，最多不過是「揭蓋子」之戰。什麼叫揭蓋子呢？意思是說，大明王朝已經朽爛到家了，就算是世上沒有野豬皮，也會有其他皮跑出來，彌補大明王朝覆滅留下來的權力眞空。

且說野豬皮發佈了七大恨之後，就氣勢洶洶地向撫順關進兵。行軍途中，給大明撫順關總兵李永芳寫了封信，信上說：我最愁的就是家裡的孫女兒太多，特別是那個最最

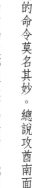

最最美貌的小孫女兒……如果你李永芳願意當我的孫女婿，就算幫了我野豬皮一個了不得的大忙……

撫順總兵李永芳一聽有美貌的小女生，我不入地獄，誰入地獄呢？當下毫不猶豫，立即投降。

聞知大明撫順關總兵被野豬皮的孫女勾走，大明王朝很生氣，派了不懂軍事的楊鎬，手持尚方寶劍，帶十萬人馬，再加上葉赫部落和朝鮮兩支友軍，號稱四十七萬人，要一舉端掉匪幫。

明軍一伙來了十多萬，饒是野豬皮天賦異秉，勤於房事，那孫女也是大大不夠用的。沒辦法，只能打了。

薩爾滸戰役，聽起來氣勢洶洶，實際上與九綜山戰役沒有多大的本質區別。努爾哈赤面對的是一群狗屁軍事不懂的原始人，這一仗要想不贏，還真不是太容易。

明軍雖然人數比野豬皮這邊多，但是戰鬥力奇差。最糟糕的是總指揮楊鎬不懂軍事，將這十多萬人分成了四部分，由四員猛將帶領，兵分四路，大家各走各的，彼此之間既沒有聯繫，也沒有主次，任何一隊人馬都不知道別人在什麼地方，在幹什麼，只能閉著眼睛瞎走。

不僅如此，總指揮楊鎬下達的命令，也是莫名其妙。總說攻酋南面，或是攻酋北面，可是他連一個偵察兵也沒有派出，壓根不曉得野豬皮在哪裡，又如何知道哪裡是酋的南面，哪裡又是酋的北面？

沒辦法，閉著眼睛瞎走吧！好在每一支隊伍都有幾萬人，人多勢多，說不定走著走著，就把野豬皮嚇投降了。

抱著這種不切實際的幻想，明軍西路軍主力杜松部，首先率領三萬人到達薩爾滸，正好遇到野豬皮的六萬主力部隊。三萬人打六萬人，又是沒有準備，能怎麼打？一點懸念也沒有，西路軍頃刻之間就被連鍋端了，總兵杜松戰死，全軍覆沒。

野豬皮乘勝北上，直搗明軍北路軍。

北路軍由總兵馬林帶領，此外還有葉赫部落的友軍，全部兵員也不過兩萬多人，如何會是六萬大軍的對手？

眨眼工夫，北路軍也灰飛煙滅，倒是總兵馬林腿長，逃之夭夭。

野豬皮再率六萬大軍，繞道直撲明軍的北路軍。

明軍的北路軍，由總兵劉綎率領三萬來人，再加上朝鮮的鳥槍隊。因為沒有偵察兵，沒有通訊員，劉綎壓根不知道西、北兩路軍已經不存在了，還閉著眼睛一路往前。走啊走，走啊走，忽然看到前方冒出黑壓壓一片女真士兵，心頭大喜，揮舞大刀就衝了上去。

向前一衝，就見六萬伏兵齊出。可憐那點明軍，被人家倆打一、仨打一，嘁哩喀嚓，嘰哩軲轆，仍是統統擺平。猛將劉大刀死於亂箭之下，後面的朝鮮鳥槍隊忙不迭地舉手投降。

明軍還剩下最後一路，南路軍。

這支部隊正在荒郊野嶺四處亂走，既沒個目標，也沒個方向，突然聽說另三路人馬已經盡數被野豬皮殲滅，腳底抹油，掉頭狂逃，得以倖免。

就爲了一個葉赫老女，明軍搭上近十萬條人的性命，想想眞是不值。

此戰而後，大明王朝徹底喪失在遼東的影響力，一任野豬皮攻城掠地，夯實未來大清帝國的基業。至於那可憐的葉赫部，自然難逃滅亡命運。

10 那些個反野豬皮的集團

滿洲八旗是花費心血精造出來的軍隊，豈容分離主義分子為所欲為？於是他溫柔地請二弟赴宴喝酒，就在酒桌上逮了起來，關進一個石匣中。

薩爾滸戰役那一年，野豬皮已經五十九歲了，到了退休的年齡，怎麼說也是頭老野豬了。而他吵著鬧著非要娶人家葉赫老女的時候，其實只有三十四歲。五十八歲時發佈七大恨，居然還能咬牙切齒地提起這事，中間都相隔二十四年了！以這麼個理由發動戰爭，藉口的牽強程度，堪稱登峰造極。

對於他的部屬來說，老大掌握著生殺予奪的權力，隨他弄出什麼離奇的藉口來，都是無法反抗的。

但是，野豬皮的家人不然。

以舒爾哈齊爲首的反大哥集團，和以褚英爲首的反老爹集團，算得上是大清史上比較鬧心的疑案。很多史學家翻遍了資料，仍是搞不懂一團和氣的野豬家庭裡，怎麼會鬧出這麼兩夥分裂力量？

實際上，我們可以說，兩大反野豬皮集團的出現，是因為野豬皮的家人，沒有眞正意識到他老兄的野心之強大。

就先以小野豬來說，替可憐的老兄想一想吧！

有一天，他正在和老哥喝酒，兩人都是花白的鬍子，一大把年紀，黃土沒了半截腰，連孫女兒們都嫁人生娃娃了。這時，他聽大哥說道：「二弟啊，你還記得二十四年前嗎？那時候你還年輕，大哥我瞧上一個漂亮姑娘，可是人家說啥也不嫁給我。二弟，要不橫豎咱們也沒事可幹，乾脆拎刀子把那丫頭他全家都殺了吧！」

聽聽這個理由，此人的腦子還正常嗎？小野豬估計當場只想吐血。

野豬皮就是這樣一種人，居然能夠以二十多年前的一件小事為藉口，弄出七大恨來，掀起滿天的腥風血雨。我們如今讀歷史是看熱鬧，很難發現這個藉口有什麼不妥當之處，發現了也不會眞覺得有什麼。可舒爾哈齊不同啊！天天和這種人待在一起，該有多難忍受呢？所以，他果斷地提出分家另過的要求，眞的是受不了了！

然而滿洲八旗是野豬皮花費心血，精心打造出來的軍隊，豈容分離主義分子在眼皮底下為所欲為？於是他溫柔地請二弟赴宴喝酒，就在酒桌上逮了起來，關進一個石匣中，讓小野豬認眞反省自己的過錯。

此後，凡是建議分家的分裂主義分子，統統遭到酷刑處死。

說到底，小野豬落得這樣一個下場，主要是跟不上飛速發展的大好形勢，還想著吃老本就好。更要命的是，他沒弄清楚分家就意味著分裂軍隊，犯下嚴重的政治錯誤。

至於野豬皮的長子褚英，與小野豬恰恰相反。

小野豬沒有跟上形勢的發展，褚英卻是跑得太快，跑到了形勢的前面。兩人一前一後，相互之間距離甚遠，但是錯誤的本質等同——沒有意識到在這個特殊的家庭裡，家事往往就意味著重要的政治活動，家庭矛盾則意味著殘酷而血腥的政治鬥爭。

褚英身爲長子，最早跟著老爹屁股後面殺人放火，身經百戰，漸漸在軍隊中形成了特有的威信和地位，追隨者越來越多，漸成與老爹分庭抗禮之勢。處在這樣的情勢下，哪怕腦中沒有跟老爹過不去的想法，遇到事情，也難免要爲自己的追隨者想一想。這一想，就遠離了野豬皮的正確領導，走到了斜路上去。

形勢比人強，半點不由人，當褚英利益集團形成之時，也就是野豬皮集團面臨著重大威脅的時刻。

褚英集團在利益分配上，本能地對野豬皮的親隨部屬進行強力打壓，引起了野豬皮親信們的強烈不滿。野豬皮當時面臨的情境是，若不打掉褚英利益集團，不但他的追隨者離心離德，星零四散，一旦褚英利益集團公然發難，恐怕連他自己都有性命之憂。

或許他會相信兒子，但不會相信自己的政敵。

別無選擇，只能果斷出手，彈指間，以褚英為首的反老爹集團灰飛煙滅。

這兩場殘酷的政治鬥爭，就是大人物必須要付出的代價。大人物要做的是大的事業，大的事業必然會牽連著太多人的利益，一旦發生利益衝突，絕非道一聲歉就能夠化解得了。

這個道理，野豬皮自是悟得透透，所以留下遺言，吩咐實行八和碩貝勒共議制，藉此維繫愛新覺羅家族的團結，繼續搶奪大明江山，併吞中土。可他萬萬沒有想到，自己的屍骨仍未寒，宮中已經掀起了驚天的汗位爭奪戰……

第 2 卷

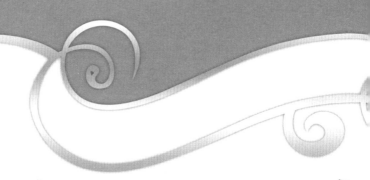

最成功的演員皇帝

為了救被老虎裝進食盒裡的普通侍衛，居然敢虎口奪食，撲過去把老虎嚇得逃之夭夭……這些記載，正組成了奪取最高權力的政治輿論力量。

1 宮中的婚外情緣

據說，絕世美女阿巴亥巨討厭努爾哈赤這老頭，就琢磨搞點婚外情啥的，可是他把宮裡的女人像看賊一樣看得死死的，該如何搞呢？

滿清的第二屆皇帝，乃太宗皇太極。

他是努爾哈赤的第八個兒子，居然能夠登基稱帝，堪稱滿清歷史上的極懸疑。排在他前面的，有一堆氣勢洶洶大哥，排在他後面的，有一堆怒氣沖沖的老弟，皇老八上不著天，下不著地，憑什麼能當上愛新覺羅世家的大掌櫃？

事實上，老八皇太極並沒有被列入接班人的名單，傳說努爾哈赤臨死之前有遺命，將大汗之位傳於精靈古怪的多爾袞。更確切的消息則說，努爾哈赤死前，留下來的遺囑是實行八和碩貝勒共議制，總之沒皇太極什麼事。

分析起來，說努爾哈赤想將汗位傳給多爾袞，這個說法也非捕風捉影，是有依據的。

這依據就是，多爾袞和阿濟格、多鐸同爲一母所生，生母爲阿巴亥。此兄弟三人，各掌八旗中的一旗兵力。

阿巴亥的大兒子阿濟格，掌握鑲紅旗。阿巴亥的二兒子多爾袞，掌握正白旗。阿巴亥的三兒子多鐸，掌握鑲白旗。此外，尚有五旗人馬，正紅旗掌握在大貝勒代善的手中，鑲藍旗掌握在二貝勒阿敏的手中，正藍旗掌握在三貝勒莽古爾泰的手中。皇太極是四貝勒，掌握了正黃與鑲黃兩旗的人馬。

可以說，努爾哈赤死後，滿清陣營之中，最有權力的人，就是阿巴亥了。如果哪一天她生氣了，一揮手就是三旗人馬出動，別人要想和她對抗，不等締結盟約，團結起來，已經被打得七零八落……如果這種格局的形成，不曾考慮到權力的交接，恐怕就是努爾哈赤腦子有毛病了。

努爾哈赤腦子有毛病嗎？當然沒有。他就算不是個智商絕頂的天才，好歹建立起了一個帝國的雛形，這種人腦子還出毛病，這世上能再找到正常人嗎？

所以，這種權力交接態勢，擺明了是爲阿巴亥準備的。

奇怪的是，阿巴亥和努爾哈赤的感情並不好。史載，這小丫頭十二歲那年被族人當成禮物，送給了老爺爺努爾哈赤。努爾哈赤不說關心愛護下三代，卻拿了這小丫頭幸御，結果連生出阿濟格、多爾袞和多鐸這麼三個大胖小子。此後的事態越發撲朔迷離，據說，絕世美女阿巴亥巨討厭努爾哈赤這老頭，就琢磨搞點婚外情啥的，可是他把宮裡的女人像看賊一樣看得死死的，婚外情又該如何一個搞法呢？

卻說那阿巴亥走出門來，仔細一琢磨，發現這婚外情，只能是自力更生，土法上馬，就近取材了。於是，她向老頭丈夫的年輕兒子們發出了熾熱的愛情火花。

雖說阿巴亥這麼個搞法，有點太超前、太開放、太……另類，可她和努爾哈赤這老頭之間的年齡差距實在是太大了。不說努爾哈赤，單說大貝勒代善，就足足比她大出了七歲。看看這年齡差距，我們也就完全能夠理解阿巴亥的選擇了。

不幸的是，如此美好的事兒，居然露了馬腳。小福晉德因澤腳不沾地飛跑了去向努爾哈赤報告：「報告首長，你老婆出宮偷情去了，不知是去了大貝勒的家，還是去了四貝勒的家！偷情耶！好令人興奮……」

有人舉報，努爾哈赤就不能再裝聾作啞了，於是他嚴肅地批評了阿巴亥：「怎麼可以這麼搞呢？家裡已經夠亂的了，妳還嫌不夠亂啊？再搞就更亂了！不能亂，要求穩定……」諸如此類，這事就算過去了。

上了年紀的老頭，對年輕貌美的妻子的寵愛與放縱，那是沒有限度的，這可說是很普遍的一條規律了。

老夫少妻，力不從心哪！

2

愛情與陰謀

女人啊，用來維護權力的手段，翻遍古今中外所有的歷史，就一個字兒——情！除了這玩意兒，別的東西，男人都不認啊。

阿巴亥雖然掌握了三旗的人馬，可未佔到絕對優勢。一旦四大貝勒聯合起來，以五旗對付三旗，她就沒咒念了。

如此可怕的事情，居然還眞的發生了。

努爾哈赤剛蹬腿，四大貝勒就進了阿巴亥的宮室，強烈要求她立即自盡。阿巴亥如何肯依？擺事實講道理，與四大貝勒據理力爭，力爭的結果，是她自縊了——另一種說法是四大貝勒掐住她的胳膊、按住她的腿，用弓弦活活勒死了她。

一代絕色美女，就此香消玉殞，化爲塵香一夢。

這四大貝勒，就是先前已經提到的大貝勒代善、二貝勒阿敏、三貝勒莽古爾泰，以及四貝勒皇太極。

看看這四個傢伙，回頭想想，是否明白了阿巴亥勇敢向他們求愛的眞正原因了？

不求不行啊！求愛他們還要宰了，妳不求愛，只怕刀子下得更快。

對於這種男人，惹不起也躲不起。不求愛，還能有什麼好辦法？

史書上說，老汗王的妃子阿巴亥，曾經秘密派人給大貝勒代善、四貝勒皇太極送食盒……還曾有幾次，她秘密出宮，不知與哪個幸運的傢伙幽會……

很清楚的一件事情是，阿巴亥情攻的第一個目標，該是四貝勒皇太極，因爲這廝掌握著正黃和鑲黃兩旗的人馬。如果將他斬於裙下，她就等於握有五旗了，完全可以一腳踢開礙事的貝勒們，遂心由意地去追求眞正的愛情。

就算拿不下四貝勒皇太極，拿下大貝勒代善也湊乎，那樣的話，好歹也有四旗人馬在手，同樣是要風得風，要雨得雨，要愛情就有愛情。

女人啊，用來維護權力的手段，翻遍古今中外所有的歷史，就一個字兒——情！

除了這玩意兒，別的東西，男人都不認啊。

阿巴亥也是沒法子，眞的好可憐。更可憐的是，情攻手段沒有奏效。幾次秘密出宮與人幽會，幽會完了，到了有事的時候，那廝提上褲子卻不說幫忙，眞不是個東西！

沒辦法，這時候抱怨是沒有用的。打掉阿巴亥利益集團，就意味著向權力巔峰更邁進一大步，在這一點上，皇太極是很容易說服大貝勒代善、三貝勒莽古爾泰的。

至於大貝勒代善，這個傢伙是出了名的大滑頭。早年間，褚英利益集團與努爾哈赤利益集團發生衝突，結果褚英被老爹毫不客氣地宰掉，代善晉級成為大貝勒，這就表明了他的不好對付。

所以，在皇太極、阿敏、莽古爾泰這四旗人馬，與阿巴亥的三旗人馬對恃之時，大貝勒代善就成了一支具決定性的關鍵力量。

讓我們來分析一下他的選擇：如果站在阿巴亥一邊，恰好將兩方陣營的對抗形成完美的均衡，各是四旗人馬，眞要是打起來，勝負比較難說。但考慮到阿巴亥的三個兒子年紀都不大，阿濟格剛剛二十二歲、多爾袞才十五歲，多鐸這廝年齡更小，才十三歲。萬一臨到兩軍對陣，大貝勒代善要一個人對付二貝勒阿敏、三貝勒莽古爾泰和四貝勒皇太極，此役定然有輸無贏，不好玩。

如果站在三大貝勒陣營裡呢？這樣一來，他就是貝勒中的老大，說話是算數的，而且以已方五旗的實力，可以輕而易舉地拿下阿巴亥，不會有什麼懸念。

就這樣，四大貝勒輕易結成了統一聯盟，接下來便有了連袂進宮，強迫阿巴亥自殺的事件發生。

宮廷鬥爭中，唯一考量的是權力，從來沒有愛情的位置。

這，就是美女阿巴亥的悲劇之所在。

3 一個「黑五類」貝勒

早年努爾哈赤起名字的時候，用的並非皇太極這三個氣勢很足的字，而是黃台吉。可想而知，這孩子出生的時候，分明是不受重視。

打掉阿巴亥利益集團，這對於皇太極來說，只是第一步。此時，他距離皇權的位置，比前三個貝勒都要遠。

論資排輩，大貝勒是代善，二貝勒是阿敏，三貝勒是莽古爾泰。皇太極剛剛排到老四，如何跨越這三個人的頭頂，直躍到龍椅之上？這絕對是高難度的挑戰。

他究竟是如何做到的呢？

來看看《滿洲秘檔》中的記載：

天聰六年正月。初，上自即位以來，歷五年凡國人朝見，上與三大貝勒，俱南面同坐受。自是年更定，上始南面獨坐，八旗貝勒率各該旗大臣等叩拜，不論甲喇，唯以年齒長者先叩拜。

這裡說的是，自打四大貝勒打掉了美女阿巴亥利益集團之後，這哥們四個就平起平坐，實行的是集體領導制。但在五年以後，皇太極成功推翻了這個不成氣候的領導班子，改由他一個人唱主角。

這就出現了一個嚴肅的問題：集體領導，意味著權力一掰若干份，人手一份。有誰要想實現自己的「英明領導」，不帶大家一起玩，首先得把權力收回來。這可相當不容易，想想，哪怕想從一個小朋友手中搶到一塊餅，人家都會跟你捨命相搏，更何況想搶的是權力？

要知道，爲了手中這點權力，幾人付出了多麼慘重的代價！單以大貝勒代善來說，他犧牲了自己的豔福，和弟弟們一起眼看著美貌絕倫的阿巴亥慘死於眼前……費了這麼大功夫，突然有誰想從你手裡把權力拿走，你樂意不樂意？

不會有人答應的，絕對不會。

但，這事還是發生了，歷史上好端端地記載著呢！

清太宗皇太極，他到底是怎麼幹成的呢？

首先，還是要從他的個人簡歷上一窺端倪：

• 姓名：愛新覺羅．皇太極

• 曾用名：愛新覺羅．黃台吉
• 出生年月日：一五九二年十一月二十八日
• 出生地：遼寧省新賓滿族自治縣永陵鎮老城村
• 屬相：龍
• 星座：射手座
• 血型：A型
• 身高：一百七十四公分
• 體重：五十一公斤
• 職業：皇帝
• 特長：瞎掰，富有創意
• 社會關係：
父親：愛新覺羅．努爾哈赤
母親：葉赫那拉氏
擁有同父異母兄弟十五人，表哥表弟一百三十人

再者，看一看他的心路歷程吧！

七歲：成為愛新覺羅大家族的管家婆。

二十歲：光榮入伍參軍，參與剿滅東海女真烏拉部落的戰鬥。

二十四歲：晉級成為八大旗主（貝勒）之一，主掌正黃旗。

二十六歲：參加了撫順關解放戰役。

二十七歲：薩爾滸戰役爆發，大明偽政權派出了四十七萬偽軍，兵分四路，直取赫圖阿拉。皇太極率旗下人馬參加了這次戰役，盡殲大明偽軍四路人馬中的三路，立下赫赫功勳。

三十四歲：參加了寧遠解放戰役。在這場戰爭中，老汗王努爾哈赤殞命。隨後團結大貝勒代善、二貝勒阿敏，三貝勒莽古爾泰，打掉了後宮大福晉阿巴亥為首的「反老公集團」，撥正了大清航船前進的方向，與三大貝勒同登大寶，實行集體領導制。

三十五歲：派二貝勒阿敏率領志願軍進入朝鮮，將朝鮮人民從水深火熱中解放出來。發動寧遠戰役，給大明守將袁崇煥以重創。

三十七歲：率領野戰軍繞道喜峰口，直逼北京，發起北京戰役，嚴重打擊了大明偽政權的囂張氣焰。

三十八歲，堅持不懈地與極左勢力鬥爭，打掉了以二貝勒阿敏為首的「反四貝勒集團」，再次撥正了大清航船前進的方向。

三十九歲：堅持不懈地與極右勢力鬥爭，打掉了以三貝勒莽古爾泰為首的「反四貝勒集團」，第三度指明了大清航船前進的方向。

四十三歲：堅持不懈地與軍事綏靖主義鬥爭，打掉了以大貝勒代善為首的「反四貝勒集團」，確定了無可動搖的領導地位。其後，堅持不懈地與軍事冒險主義鬥爭，打掉了以阿巴亥長子阿濟格為首的「反四貝勒集團」。

四十四歲：親率志願軍，雄赳赳、氣昂昂地跨過鴨綠江，再一次解放朝鮮。

四十七歲：創造性地發明了一個全新的文字組合：「滿洲」，獲得歷史創意獎。

四十八歲：又創造出「大清」這一全新的文字組合，獲得歷史創意的最高榮譽獎。

五十二歲：因腦溢血突發，卒。

透過這份個人簡歷，不難發現，皇太極這輩子活得可真是不輕鬆，不斷地與各家貝勒拚命，不停地消滅他們。此外，原來皇太極並不叫皇太極……不對！他就是叫皇太極……也不對……確切地說，他的名字發音是發作皇太極，但早年努爾哈赤起名字的時候，用的並非這三個氣勢很足的字，而是黃台吉。

黃台吉這個名字，是滿族人最常用的起名方法。台吉就是大胖小子的意思，再在前面隨便添一個顏色，譬如紅台吉、綠台吉、黑台吉、花台吉……總之，這個名字與「皇」無干，更與「太極」無涉。

可想而知，這孩子出生的時候，分明是不受重視。看名字起的，太漫不經心了。

這又是什麼原因呢？看看皇太極的生母是誰就曉得了——葉赫那拉氏。哈哈哈！原來生下皇太極的女子，便是努爾哈赤的死對頭葉赫部落的女人，又稱孟古格格。孟古格格有一個表哥，名叫不宰，曾經參加九部聯盟討伐野豬皮的戰役，卻不幸地在九綜山犧牲。

犧牲就犧牲了吧！可你猜努爾哈赤幹了什麼？

他命人將不宰的屍體撕成兩半，一半自己留了下來，另一半還給了葉赫部。努爾哈赤到底是個野蠻人，留下人家一半屍體幹什麼？煮著吃嗎？不管怎麼說，葉赫部與努爾哈赤從此成了血海深仇，偏偏打也打不贏，後來被迫將孟古格格送給了他。

如此說起來，皇太極這廝，不過是摟草打兔子，捎帶腳的戰利品而已。或者說，皇太極這個倒楣孩子，打一生下來就背負著沉重的歷史包袱，政治上不夠清白，血統上不夠純正。

史書上說：皇太極這可憐孩子，在生活中遭遇到了許多艱難和困苦……能不苦嗎？出身不好，在愛新覺羅大家庭裡，他是道道地地的黑五類。這個黑五類能夠讓自己吃飽長大，就已經是不菲的人生成就了，居然還能夠晉級爲貝勒，繼而推翻集體領導制，改由他一人說了算，不能不讓人感到驚訝與敬佩。

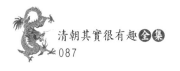

4 我要讀書

皇太極一發奮讀書，讓他直如羊群裡的駱駝，立即於愛新覺羅這家原始人中脫穎而出。史書上說，這孩子年滿七歲時，已經負責替努爾哈赤打理家政了。

我們不知道皇太極這孩子打小都受過什麼苦，遭過什麼罪，但不難想見，遭受饑餓威脅的可能性不是太大。最大的人生痛苦，該始自於自己出身不正帶來的精神屈辱。

這種屈辱恰恰也帶來了奮鬥的動力……不能再這樣下去了，到了自己這一輩，就已經是黑五類了，如果不能混上個皇帝當當，等到自己的下一輩，就是狗崽子了，再往後就是垃圾堆……再往後……這樣的政治背景，還有以後嗎？

要奮鬥！要成功！皇太極當時就這麼琢磨著。

可是，這個鬥，又該如何一個奮法呢？

萬一奮錯了，折騰到最後，鐵定是竹籃打水，一場空忙。

如何才能夠避免把鬥奮錯，弄得無功可成？

於是他仰天長嘯，發出了一聲怒吼：「我要讀書！」

皇太極開始了讀書。

這一發奮讀書，讓他直如羊群裡的駱駝，立即於愛新覺羅這家原始人中脫穎而出。史書上說，這孩子極有出息，不僅精通滿文，還能閱讀漢文，年滿七歲時，已經負責替努爾哈赤打理家政了。

皇太極固然是聰明過人，但才七歲就在家族中顯露頭角，顯然跟愛新覺羅這一家人太原始、太不愛讀書有相當大的關係。

《滿洲秘檔》記載，成功將三個哥哥從皇位上硬推下去，改集團領導爲首長負責制之後，皇太極做的頭一樁事，就是掀起聲勢浩大的讀書運動：

天聰五年十一月，上諭金、漢、蒙古官員知悉：「儒書一節，深明道理。朕聞各官多有不願子弟讀書，以為我國歷來取勝，何用書為。然昨年灤州失守，二王不救，其遵化、遷安、永平棄城，皆由不讀書、不曉義理之故也。昨我兵圍困大暘河三月有餘，城內官兵食人死守，及救兵殺盡，復城已拔，而錦州、松山，仍守不棄，皆因讀書通曉盡忠守節之道。爾金、漢等官，但有子八歲以上，十五歲以下，俱令報名讀書，不許姑息容隱。如有愛惜不令讀書者，其父兄亦不許披甲隨征，可與子弟一同在家閑處，特諭。」

看看這皇太極，他甚至明確規定，不愛讀書的子弟們，家長一併要受到責罰，不允許上戰場打架搶錢，統統在家裡待著。

待著幹什麼？那肯定是服苦役了。別人上戰場廝殺，你就因爲不讀書，只能在家裡吃現成的，多鬱悶啊！

由此可見，這皇太極眞的是一個讀書人。大凡喜歡讀書的皇帝，都愛找人瞎辯論，朝中自然會擠滿了愛讀書的儒生大臣。而像秦始皇那樣的人，鐵定不喜歡讀書，所以焚書坑儒。

那麼，讀來讀去，都讀出了些什麼門道呢？皇太極在書中發現了一個天大的秘密，正是這個秘密，讓他得以問鼎天下，獨登大寶。

5 人生就是一場戲

皇太極沉下了一張臉，「若因攻城之戰傷害到部屬，我寧可選擇不攻。一萬座城池也比不了忠勇猛將更值錢。這城，就留給崇禎吧！」

書中到底藏著什麼秘密呢？

皇太極發現的這個秘密，說出來可謂石破天驚，可要概括起來，也就只是簡單的一句話：人生就是一場戲。

人生就是一場戲？這句話聽起來，好像一點也不陌生。憑著七個字就能當上皇帝，是不是有點瞎掰啊？不是瞎掰。用腦子仔細地想一想，你必定會發現，這句話裡邊，潛藏著極深極深的大智慧。

事情，且從皇太極三十七歲的那一年說起。

當時還沒有打掉三個貝勒的「反四貝勒集團」，愛新覺羅家族內部的政治鬥爭可說是險象環生。但在這麼複雜的政治局勢之下，他老人家也沒有撂挑子，而是勇敢地承擔起人生重擔，親自率領野戰軍，不辭辛苦地繞道喜峰口，跑到北京城效區，去找大明崇禎皇帝的麻煩。

大軍一路，所向披靡，入洪山口，克遵化城，遂由薊州進逼燕京。到了燕京城外，大隊人馬駐營於城北土城關之東，後來不曉何故，又搬家去了南海子。

這當口，部屬們紛紛求見，要求領兵攻城。

皇太極親切地問：「哦，你們要攻城……有信心沒有？」

大家齊齊回答：「有。」

「有信心就好。」皇太極點頭：「不過，攻這座城池，我們會不會損傷人馬？」

眾人仍是齊齊回答：「有奮鬥，就會有犧牲。」

「那你們家裡的老婆孩子，都安頓好了沒有？」皇太極問。

「這個……」部下們眼珠一轉，又齊齊答道：「某等只知有國，不知有家，老婆孩子的事……這個……就託付給組織了……」

皇太極站了起來，沉下了一張臉，「開什麼玩笑？兄弟我受命於天，攻城必克，可若因攻城之戰傷害到部屬，我寧可選擇不攻城。實話跟你們說了吧！在我眼睛裡，即使是一萬座城池，也比不了你們這些忠勇猛將更值錢。我決定，這城，咱們不攻了，就留給崇禎吧！」

史書上說，他慷慨激昂地說完這番話之後，「遂止弗攻」。然後史官評價說：「嗚呼！噫吁嘻！嗚呦……聖人智勇天賜，猶審幾遵養如此，唐之太宗、宋之太祖，瞠乎後矣……」

史官這麼瞎掰，蒙得了別人，卻蒙不了我們。先不要說皇太極的文治武功，與唐太宗、宋太祖根本就不在一個檔次上——差得太遠了！單只說他不攻打城池一事，真是擔心部屬的傷亡嗎？

沒那事！攻城或是不攻城，純粹基於戰略的全盤考慮。對於一個軍事指揮官來說，如果這座城池應該攻打，哪怕是部屬死光死絕了，也是要攻的。反之，如果這座城完全沒有必要攻，那指揮官就算是吃得再飽，也撐不到攻城這份上來。

這座城，到底是該攻還是不該攻呢？

故事還沒完……

天聰己巳，文皇帝欲伐明，先與明巡撫袁崇煥書，申講和議。崇煥信其言，故對莊烈帝有「五載復遼」之語，實受文皇紿也。帝乃因其不備，假科爾沁部道，自喜峰口洪山入，明人震驚，薊遼總督劉策潛逃。帝率八旗勁旅抵燕，圍之匝月，諸將爭請攻城，帝笑曰：「城中癡兒，取之若反掌耳。但其疆圉尚強，非旦夕可潰者，得之易，守之難，不若簡兵練旅以待天命可也。」因解圍向房山，謁金太祖陵返，下遵化四城，振旅而歸。

偉哉帝言，雖周武觀兵孟津何以異哉？明人罔知深謀，如姚希孟輩，反謂本朝夙無大志，真蠡測之見。

這裡說的還是這件事，要攻的，還是同一座城。

但這回，皇太極給出了完全不同的解釋。

「兄弟們，我實話跟你們說了吧！這座城啊，裡邊都是些超級大傻瓜，傻透了，傻得沒邊沒沿了！我們要拿下這座城，真是太容易了。可是拿下這座城幹啥呢？要知道，如今的大明，四方疆域仍然穩固，名臣宿將在所多有，絕不是你拿下人家一座城池，就能徹底解決問題的。再者，真要拿下這座城，糧草的問題如何解決？到時候四面八方的勤王大軍絡繹不絕開來，拿什麼來守住這座孤城？與其攻打一座根本不可能守得住的城，還不如留下城裡的大傻瓜，讓他們死磕去吧！等他們自己把自己搞得七七八八了，咱們再來收拾局面。」

這才是皇太極不肯攻城的真正原因。不是不想攻，而是攻下來也沒什麼好玩的，不如不攻。不攻也就算了，偏偏還跟部屬們瞎扯，說什麼愛惜部將的忠勇，擔心部屬的傷亡……說得像是真的一樣。這，就是書本教給他的大絕招！

6

我不是皇帝，我是影帝

皇太極發出了一聲英勇正義的吶喊，勇猛地撲過去。老虎分明是被這隻過於彪悍的靈長類食物嚇壞了，竟然跳起來，遠遠地躲開。

或許有人會認爲，皇太極聲稱擔心部屬傷亡的說法，只是出自本能的虛僞，目的是收買人心。這固然不錯，但要知道，皇太極此人對於收買人心，有著相當嚴重的嗜好。

《滿洲秘檔》中有一段記載，說的是皇太極四十歲的那一年，他老兄帶了扈從，親自去費德里山打獵的事情。

當時的情形是這樣，他自己引弓搭箭，全神戒備地走在前面，到處尋找目標。手下一名侍衛名叫詹士謝圖，距離他二十步左右的距離，騎在一匹馬上，也在東張西望。

忽然，詹士謝圖的眼睛，與從樹林中投來的另一道目光溫柔地相遇。

那是一隻兇猛的老虎。

詹士謝圖剛剛認出這是一隻老虎，還沒來得及打招呼，就聽嗖的一聲，也不知誰這麼缺德，猛地一箭射了過來。老虎登時大怒，咆哮一聲，淩空一躍撲來。詹士謝圖既然身爲御前侍衛，那身手自是相當不凡，高叫一聲：「來得好……嗎呀！」已被撲下馬去，按倒在地。

有可能詹士謝圖大聲呼喊救命，也有可能他咬緊牙關，不屈不撓地與老虎展開自由搏擊。到底是哪一種可能？書上沒有記載，因爲不重要。重要的是皇太極，他是理所當然的主角，聚光燈要打在他的身上才對。詹士謝圖，充其量是個跑龍套的匪兵甲。

書上說：「上大呼，直前虎卻……」這個意思是說，皇太極發現詹士謝圖被老虎按倒在地，當即發出了一聲英勇正義的吶喊：「呔！兀那花尾巴大狸貓，不得傷我的侍衛……」並勇猛地撲過去，打算揪住老虎的花皮蓋，打這傢伙個半死。

老虎分明是被這隻過於彪悍的靈長類食物嚇壞了，竟然跳起來，遠遠地躲開。不幸的是，這隻老虎最終未能躲得過去，「詹士謝圖幸未大傷，虎爲御前衆侍衛射死。」

這又是一段皇太極勤政愛民、愛兵如子的歷史性記載，儘管裡邊的破綻極多，比如一隻老虎會不會被一個疾衝過來的大活人嚇得掉頭飛逃？要逃到多遠，才能夠任由侍衛們引弓搭箭一通亂射，並保證不會射到皇太極的屁股上？這些問題已經無法追究了，我們要追究的是，皇太極何以喜歡讓史官給他記錄這些不著邊際的糗事？

說這些記載不著邊際，那是有緣故的。《滿洲秘檔》中，類似的怪異記載很多，而

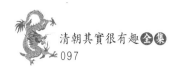

且多不可信。

比如說，曾經有一年，有一個捕鳥人，逮到了一隻稀有的銅嘴雀，就把這隻倒楣的鳥裝進籠子裡，興高采烈地給皇太極送去。皇太極卻說：「這隻鳥兒啊，叫得是挺好聽，可以讓人耳朵一新。不過呢，有一個教訓大家可別忘了，玩物這東西，可是喪志的。這隻鳥拿回去，以後誰再逮到這東西，別再給我送來了，我不要。」

是否感到有點熟悉？這段記載，十足十地抄了唐太宗玩鳥的故事。

大唐年間，唐太宗就喜歡玩鳥，可是名臣魏徵專一跟他過不去。有一次，唐太宗正玩著鳥，魏徵偏偏來了，他心裡發慌，害怕被發現，就急忙將鳥藏在了衣服裡。不料魏徵早就發現了，偏偏裝出不知道的樣子，故意一番東拉西扯。等他扯得開心過癮了，走掉之後，唐太宗再瞧瞧自己的鳥……死鳥一隻啦！

這段記載，突出的是名臣魏徵的形象，明顯有著抹黑英明領袖唐太宗的意圖。等到了皇太極這裡，他就不會允許這樣的事情發生了，他要將聚光燈全部打在自己身上，只讓觀眾看到他自己的光輝形象。

這個小故事，讓我們發現一件史實：皇太極本人，是一個成功的演員，甚至可說，是一個演技逼近於完美的影帝。

7 讓大家都變成傻子

皇太極成為了那個演戲的瘋子。而他的四個政治對手，情不自已地被他的精湛表演迷惑，硬生生地被拖入了戲中，結果把自己搞成了傻子。

皇太極的皇帝之位，是他用成功的人生表演換來的。

一個眞正成功的演員，不唯讓自己入戲，還要讓觀衆入戲。「演戲的是瘋子，看戲的是傻子」——一句至理明言，涵蓋了他的秘傳帝王術。

演戲的是瘋子，這就是說，一個演員在出演角色的時候，必須要投入，要入戲，要眞正想像自己是戲中人，體驗並感受到戲中人的悲情與歡笑，演到歡樂時得心花怒放，演到悲痛時則要淚流滿面，這個是基本功。

看戲的是傻子——觀衆在鑼鼓開場之前還是有理智的，可若演員演技好、水平高，能硬生生地將他們拖入到劇情之中，爲劇中人的情感控制。這樣一來，觀衆可能表現得比演員還要亢奮，人家都已經卸妝拿錢走人，帶女朋友去酒樓飯局了，他們還在這裡悲歡動情，難以自抑……

要讓觀眾放棄對自我的抵制能力，演員的表演功力高低是關鍵。

皇太極，恰恰有著極高的表演才能，所以成爲了那個演戲的瘋子。而他的四個政治對手，努爾哈赤的大福晉阿巴亥、大貝勒代善、二貝勒阿敏及三貝勒莽古爾泰，最初只是看戲的觀眾，卻情不自已地被他的精湛表演迷惑，硬生生地被拖入了戲中，結果把自己搞成了傻子，失去了皇位，甚至生命。

把皇太極的表演藝術說透了，不過是八個字：以德服人，請君入甕。

先說什麼叫以德服人。看看皇太極的在史書的記載，忽一會兒爲了愛惜將士們的性命，居然連對方的城池都要放棄，忽一會兒爲了救被老虎裝進食盒裡的普通侍衛，居然敢虎口奪食，撲過去把老虎嚇得逃之夭夭……這些記載，正組成了奪取最高權力的政治輿論力量。

可以確信，皇太極此人，應該在很小很小的時候，就確定了以德服人的基本策術。這從他僅僅七歲就出任愛新覺羅家族的家務總管一事上，便能夠看得出來。

要知道，早在努爾哈赤以十三副鎧甲起兵之時，就確定了多生猛生快生的生育政策。爲了讓愛新覺羅家族的人口實現超常規的迅猛增長，他自己生育了十六個兒子，雅爾哈齊生了十一個兒子，舒爾哈齊生了十二個兒子……丫頭片子不算，到了皇太極出任八和碩貝勒議制時代的四大巨頭之一時，已經擁有了競爭對手一百四十五人。

再看這一家子，女人多半是硬搶來的，皇太極的生母孟古格格，就是努爾哈赤從葉赫部落強索來的。可想而知，這樣的家庭，其內部矛盾該有多麼的複雜，其親屬關係又該有多麼的混亂。就算把《紅檔夢》中的鳳姐調到愛新覺羅家裡來打理家務，鐵定也得搞到吐血。

推究起來，皇太極七歲時幫老爹努爾哈赤打理家務，不過就是拿個筆、拿張紙，記一下該給哪個媽多分塊肘子內，該給哪個娘多分兩塊銀子。可這種活幹得久了，自然會對家裡複雜的社會關係一目了然。

女人都是搶來的，嫁給努爾哈赤這老頭，誰樂意？大福晉阿巴亥勇敢向兒子們求愛的事情，應該不是孤立的個案，而是當時家族文化造就的一種有機組成。偏偏她被人給捅出來，背後是不是又有什麼原因呢？

有史家斷定，小福晉德因澤正氣凜然，出面檢舉大福晉阿巴亥與大貝勒代善的私情，是皇太極在幕後指使的。他的目的，就是想通過這一手，一次性地清理掉倆政敵。

姑且不論皇太極是不是幕後指使人，但以他管理家政時候的觀察與瞭解，以及通過自己在家中設置的眼線得來的情報，我們可以百分之百地確認：假設大貝勒代善和阿巴亥真有一腿，絕對瞞不過他的眼睛。

不唯是瞞不過皇太極的眼睛，恐怕家裡的每一個人都心知肚明，之所以沒人吭聲，是因事不關己，再就是自己的屁股底下也不乾淨。表面上道貌岸然，實則一肚皮齷齪事。《紅樓夢》中的柳香蓮曾經評價賈府說：「這個賈府啊，除了門前的兩個石獅子還算乾淨之外，都他媽的髒透了！」這句話，適用於任何一個規模過於龐大的群生性家族，更適用於努爾哈赤這一家。

如此一分析便明白了，當皇太極發現自己處身於貌似賈府的這麼一窩怪人中，瞬間就做出了最正確的決定。

他決定出演——尤三姐。

8 反串尤三姐

皇太極要演的是尤三姐，不是告密的傻大姐。他心裡很清楚，這些齷齪事，自己知道，老爹也知道。如此情況下，告密有啥好處？

當時，努爾哈赤一家子就是這個樣子的，女人都是搶來的，而且個頂個的都是年紀輕輕的美女。努爾哈赤縱然再有本事，奈不得家裡的女人太多，而且爲了逃避爭寵，只能把主要精力放在戰場上，放在殺人放火上。

一家子女人怎麼辦？

沒別的辦法，只能就地取材，各取所需了。

我們可以肯定，如阿巴亥那樣與代善之間的不倫私情，在努爾哈赤家是一種潮流，一種時尚，一種人人趨之若騖的優雅品味。這事不唯皇太極知道，就連努爾哈赤本人，心裡也是明鏡似的。

也所以，努爾哈赤才會在阿巴亥與代善的事發之後，非但不予追究，反而寵愛阿巴亥如舊。甚至能夠想像出來，這一對老夫少妻在私房裡爭吵時的情景：

阿巴亥哭著說：「怪你！怪你怪你都怪你！你要是天天陪在我身邊，我至於讓代善那個豬頭占到便宜嗎？」

努爾哈赤鐵定是這樣回的：「別哭了，妳一哭，臉上的妝就亂了……就算怪我好了，以後我多陪陪妳……」

就這樣，阿巴亥在事發後受寵如故，掌握了三旗的人馬。

那麼，檢舉阿巴亥與代善私情的幕後主使人，是不是皇太極呢？

不是，絕對不是！

爲什麼這樣說？

因爲皇太極要演的是尤三姐，不是告密的傻大姐。他心裡很清楚，這些齷齪事，自己知道，老爹也知道。明明知道卻裝聾作啞，是因爲努爾哈赤忙於殺人放火，不能天天陪在阿巴亥身邊，心裡有愧，不好追究她豐富情感與心靈的過失……如此情況下，告密有啥好處？只能讓努爾哈赤恨死你。

皇太極是讀書之人，讀書最大的好處，就是讓人明理。明什麼理呢？就是明白歷史上大凡亂揭別人心裡傷疤的人，鐵定都沒一個好下場。魯迅筆下的阿Q都不允許別人說癩、說亮，更何況努爾哈赤？

情況就是這樣，這一家子的齷齪事，大家心裡都清楚，但都要裝出不知道的樣子，裝得越像就越成功。人生就是一場戲，就看每一個演員的表演功力了。

皇太極是這齣戲中唯一獨善其身的人，絕不會挑開膿包和傷疤。一面讓別人痛苦，一面也讓自己付出失敗的沉重代價，如此吃力不討好的事，他才不幹！

他不幹，有人幹，至少舉報阿巴亥的小福晉德因澤幹了。可是，她又爲什麼幹出這種事來呢？

這個……恐怕她也不是不知道，這種事誰說出來誰倒楣，德因澤後來的下場如何呢？照樣失寵，努爾哈赤更起勁地和阿巴亥膩在一起，根本不理她這個槌子。之所以憤然舉報，也無關於純情，畢竟再怎麼純情的女人，跌進這一大窩子怪人中間，都不可能不變質。德因澤不過是一個變質的純情女，明擺著的，她是在後宮帥哥爭奪戰中被阿巴亥得了頭籌，獨自享受了大貝勒代善，氣憤不過，這才站出來舉報。

皇太極，卻成爲八卦事件的唯一受益者。

阿巴亥將大貝勒代善放倒於裙下之時，肯定也捎帶腳地向皇太極拋出了繡球，一個也不能少，帥哥她都要。但因著皇太極給自己定的角色是尤三姐，是貞烈不屈的，必定要拒絕。

這一次拒絕，是他人生的一次長線投資。就短期來看，拒絕爲他帶來的損失是巨大的，不唯失去了與絕世美女阿巴亥的纏綿機會，也因著公然拒絕，一下子成爲了刺蝟堆裡的兔子，太惹眼了，鐵定飽受眾妃子們的攻訐。萬一搞得不好，被誰設個圈套，或者是在努爾哈赤那裡下點眼藥，怕就死定了。

所以啦！他要讀書。

要讀書，而且就蹲在努爾哈赤的屁股後面讀書，這讓別人想栽贓都找不到機會，最多說他是個書呆子。

讀書啊，正是人生避禍的一大法門，這就跟現在的領導幹部們的療養、出國考察一個道理，遇到麻煩事就療養去，出國考察去……萬一事情搞砸了，反正自己不在場，不必負責任，就不至於被追究。皇太極當時沒有療養院可以躲，也沒有哪個國家允許他這個野蠻人到處亂竄，自然只能選擇讀書。

讀書的功效，就是大貝勒代善和阿巴亥的私情曝光，他則由於勇拒不倫之戀，成了愛新覺羅家族的先進模範。

以德服人這齣戲，皇太極成功地演好了。下一場，輪到請君入甕了。

9 如何讓觀眾入戲？

有代善在，皇太極是沒說話地方的，更何況人家旁邊還有二貝勒阿敏、三貝勒莽古爾泰呢！不行啊，這麼多的領導擠在一起，乾脆我提個好建議吧……

要想請君入甕，就得繼續以德服人。

這話是什麼意思呢？

意思就是將自己的道德標準和行爲準則推而廣之，應用到政敵身上。說得更明白，就是要讓觀眾入戲，全都成爲看戲的傻子。

先說皇太極的幾個對手。頭一個是阿巴亥，可由於她的絕世美貌，儘管和大貝勒代善的事發，仍成功地取得了老頭努爾哈赤的原諒，有驚無險地過關。

阿巴亥過了關，大貝勒代善可就慘了。

這又是個什麼道理呢？

努爾哈赤總得找個人洩火啊！本來阿巴亥是當事人，修理她是恰如其分的，但是他捨不得。美貌女人若是偷情，丈夫最最痛恨的，從來都是姦夫，而不是自己的老婆。

大貝勒代善本來是有望承襲汗位的，就因著這件事，努爾哈赤恨透了他。老爹還活著，臭小子就敢這麼個搞法，要是老爹死了，那還了得？

假設代善是一個狠人，遇到這種事，非但不會出局，反而會果斷出手，幹掉老爹。歷史上的例子多了去了，等事情成功了，誰又敢說什麼？

可惜代善的性格過於寬柔，只能是一個絕對標準的大哥，不會是帝王，不可能成爲對老爹舉起刀子的人。誰也幫不了他嘍！大貝勒由此出局。

出局是出局了，但他仍然成爲新一屆領導班子的四大巨頭之一，至少有他在，皇太極是沒說話地方的，更何況，人家旁邊還有二貝勒阿敏、三貝勒莽古爾泰呢！

皇太極就想，不行啊，這麼多的領導擠在一起，這哪行啊？乾脆我提個好建議吧！什麼建議呢？

以德治國！

這個建議不是瞎提的，是皇太極人生經驗的總結，是他從書本提煉出來的智慧的濃縮。他死後謚爲文宗，「文」這個字可不是亂謚的，至少要有經天緯地之德才。

立志大力推廣仁政後，皇太極就說了：「大貝、二貝、三貝，我看咱們閑著也是閑著，要不就推廣仁政吧？」

大貝、二貝、三貝又能說什麼？難道他們還能抬槓說：「不行，我非要推廣惡政，推廣邪政！」就算心裡想，嘴上也不會說出來，老哥仨肯定都點頭說：「好好好！像咱們這麼善良正直的人，當然要推廣仁政。仁政這東西，咱們不推，還等誰來推？」

從此推廣仁政。

察覺到了嗎？大貝、二貝、三貝這老哥仨，不知不覺入戲了，可他們對於自己要演的人生角色，根本就沒有任何心理準備。

回頭看看皇太極的個人簡歷，我們不難發現，第一個把仁政這齣戲演砸了的，是二貝勒阿敏。阿敏是如何把戲演砸的呢？《清史稿》中有一段文字：

五月己丑，諭諸臣厚撫俘眾。壬辰，阿敏、碩託等棄永平四城歸。時明監軍道張春、錦州總兵祖大壽等合兵攻灤州。那穆泰、圖爾格、湯古代等出戰，屢敗明兵，然兵少，阿敏、碩託畏不往援，明兵用砲攻灤州，那穆泰等不能支，棄城奔永平。會天雨，我軍潰圍出，無馬被創者死四百餘人。阿敏、碩託聞之恐，遂殺降官白養粹等，盡屠城中士民，收其金幣，乘夜出冷口。察哈喇等亦棄遵化歸。上方命貝勒杜度趨永平協守，且敕阿敏善撫官民，無侵暴，將整兵親往。庚子，聞阿敏棄城，且大肆屠戮，乃止。

六月甲寅，收繫棄城諸將，數其罪。乙卯，御殿宣阿敏十六罪。眾議當誅。上不忍致法，幽之。碩託、湯古代、那穆泰、巴布泰、圖爾格等各奪爵、革職有差。諸將中有力戰殺敵者釋之。先是阿敏既屠永平官民，以其妻子分給士卒。上曰：「彼既屠我歸順良民，又奴其妻子耶！」命編為民戶，以房舍衣食給之。

我們看看二貝勒阿敏，這廝壓根就沒有入戲。大家都在行仁政，要愛民如子，要拿自己當救世主，當聖人，他卻拿自己當野蠻人呢！竟然盡殺降兵，血屠滿城！

話說回來，阿敏這麼個玩法，其實不是他的原創，早年間，努爾哈赤在世的時候，就是這麼個玩法。可歎他死腦筋守舊，沒有認清現實，轉不過彎，落得悲慘下場。

打掉以二貝勒阿敏為首的反四貝勒集團，是皇太極人生中決定性的戰役。這次戰役，表明了不唯他個人的表演出色，而且成功地帶領大家入了戲，所有的人都在遵守著全新的遊戲法則，唯獨阿敏抬槓鬧場，於是予以清除。

人生就是一場戲，如果你演得好，就能夠讓別人也入你的戲，讓別人遵守你的遊戲規則，從而掌握主控權。如果演得不好，或者是像二貝勒阿敏這樣，壓根就沒有表演意識，明明是在政治的大舞台上，還以為是在自己家的後院子裡呢！只懂由著性子瞎演，那你鐵定沒得混。

10 常委擴大會議

一旦觀眾成為了「看戲的傻子」，就對劇情有了決定性的影響。之所以現代人講究炒作，就是要替自己找幾個粉絲，找幾個支持者來，擴大影響。

阿敏的「反四貝勒集團」被定點清除，說起來是非常容易的，做起來卻是千難萬難。難在哪裡？領導班子的成員共有四個，打掉其中一個，大貝勒代善同意嗎？三貝勒莽古爾泰支持嗎？

他們都不支持，堅決表示反對。這三個貝勒抱在一起，還玩不過皇太極的心眼，要是少了一個，哪裡還有他們混的日子？三人心裡非常清楚這一點，所以我們才會在史書上看到這樣的記載：「衆議當誅」。

這個衆，會是誰呢？

衆，就是觀衆，就是群衆。

按理來說，有四巨頭在，群衆們是沒有發言權的，只需要聽領導的吩咐，該舉手時就舉手，該閉嘴時就閉嘴。群衆就是觀衆，觀衆就是看戲的，戲怎麼演，你怎麼看就是了，閑著沒事兒亂插什麼嘴？

可一旦觀衆入戲，看得癡迷，成爲了「看戲的傻子」，就對劇情有了決定性的影響。倘使一齣戲不受群衆歡迎，那演員就算是完蛋了。反之，一齣戲如果受到群衆追捧，演員必然大紅大紫。

之所以現代人做事的時候，講究炒作，就是要替自己找幾個粉絲，找幾個支持者來，以擴大影響。

皇太極的做法，用今天的話來解釋，就是在打掉二貝勒阿敏利益集團的決議，沒法於例行的常委會上通過時，乾脆破例召開了「常委擴大會議」，把觀衆群衆統統拉進劇情裡來。

古往今來的群衆觀衆，哪一個會不支持仁政？

在這個常委擴大會議上，擴大進來的群衆們提出了「當誅」的決定，一下子就將孤立無援的皇太極搞成了多數派。

這，就是二貝勒阿敏被清理出局的歷史眞相。

饒是這位二貝勒殺人的時候狠辣，又怎麼曉得這世上還有常委擴大會議這一說？莫名其妙地被定點清除，實屬活該又倒楣。

二貝勒阿敏被搞掉了，三貝勒莽古爾泰從此如坐針氈，明顯感覺到自己的末日來臨，他與皇太極的衝突也越來越激烈。忽然一日，皇太極又宣佈召開常委擴大會議，討論議題如下：三貝勒莽古爾泰忒不像話，和皇太極討論問題的時候，竟然拿刀子衝著人家比比劃劃……

常委擴大會議一致決定，幹掉三貝勒莽古爾泰。

現在，四巨頭只剩下兩巨頭了，風雨欲來，代善從頭頂直寒到腳心。

忽一日，皇太極又召集觀眾，主持並召開了常委擴大會議。大貝勒代善機智過人，立即在會議上勇做自我檢討，主動要求退出領導班子。皇太極很是詫異地看著他，本來打算好好收拾收拾的，真沒想到……好吧！於是簡單把大貝勒代善的錯誤批評一下，羅列四大罪狀，罰點小錢，轟出領導班子了事。

皇太極在三十四歲那年進入八和碩貝勒議制的領導班子，花費了五年的時間，終於打掉了三大貝勒的勢力，成功實現個人的領導夢想。

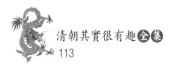

11 最成功的廣告策劃人

皇太極替自己起了一個帝號，叫寬溫仁體皇帝。把這個名字跟大明朝的崇禎丟在一起，老百姓會挑選哪一個呢？

打掉了三大貝勒的反動勢力之後，皇太極順利地實現了人生轉型，從一名優秀的人民表演藝術家，轉型爲中國歷史上的第一位廣告策劃人，而且還是歷史上最成功的廣告策劃人。

廣告者，吆喝也，策劃者，琢磨也。廣告策劃人，就是琢磨該如何吆喝的人。吆喝什麼呢？

簡單說，就是將自己的觀念出售給大眾，忽悠大眾都來買你的東西。如果你吆喝得成功，人生自然也就會成功。如果你吆喝不明白，無法把你的人生理念推銷出去，這輩子鐵定沒咒念。

說到賣吆喝，皇太極堪稱人類廣告史上的奇才，這傢伙老早就在書本中發現了另一個秘密：一句好的口號，勝過辛苦半輩子，說明白了就是幹得好不如說得好，一桶汗水不如一星口水。於是，將他的主要精力，轉到了精神文明建設方面來。

首先，他修改自己的名字，改黃台吉為皇太極。

雖然同音不同字，但前後兩個名字，相差不可以道里計。黃台吉實在是老土，而皇太極，說是人類歷史上最成功的標語口號也不過分，完全符合原始認知邏輯。其特點就是，只要聽上一次，往後一輩子也忘不了。

這樣的一句標語口號，在商業市場上的售價絕不會低於一千萬，許多企業花了一千萬，還不一定能夠買得到。

皇太極居然能夠琢磨出這麼一個名字，如何不讓人驚訝？

更讓人驚訝的是，他竟然能夠憑空杜撰出「滿洲」這麼一個不曾在文字史上存在過的名詞，這種創造甚至違背了人類的創造發明規律。按理說，任何創造發明都是依循舊有的觀念和邏輯的，偏偏他能夠打破傳統，另闢蹊徑，無中生有。這種人，不管活在任何時代，都能混得盆滿鉢滿。

皇太極的創造慾望是無窮無盡的，接在「滿洲」之後，他又更上一層樓，創造了「大清」，一個更加離奇的名字。

事實上，直到今天，還沒有哪個歷史學家能夠說得清楚，「大清」到底是怎麼琢磨出來的。而早先的努爾哈赤，幾乎憋破了腦袋，也只想到把自己率領的這一夥原始人命名爲沒啥創意的「大金」，史稱後金。

關於大清，歷史上還有一段傳說，說是努爾哈赤早年打天下的時候，曾經被人家打得拚了老命地跑路，當時他騎的馬，是一匹大青馬。跑啊跑，逃啊逃，最後生生把大青馬給累死了。他很傷感，就發誓道：「大青馬啊大青馬，你太夠哥們意思了，等我以後創建了國家，就叫大青！」

這個傳說，恰恰證明了皇太極的創造力的無拘無束，不拘一格，天馬行空，沒邊沒沿。現代社會的文明人，怕是很少有這等天才的能力了。

就這麼三個離奇古怪的新名詞創造出來，皇太極又依歸了傳統，再替自己起了一個帝號，叫寬溫仁體皇帝。到了這一步，全部的廣告策劃就算是完成了，把這個名字跟大明朝的崇禎丟在一起，老百姓會挑選哪一個呢？

猜都不用猜！崇禎的腦子，怎麼有辦法跟創意天才相比？

12 天才也抄襲

皇太極巧設離間計，幹掉大明帝國的忠臣良將袁崇煥的故事，明擺著是從《三國演義》中抄來的，出自三國周郎赤壁《蔣幹盜書》那一段。

人的創造能力，猶如泉水，是不會枯竭的。但是，人的創造力，也正猶如泉水，需要積累階段。如果過度開採使用，或是掠奪性開發使用，清泉多半會成爲死泉。

皇太極創造了皇太極這個名字，創造了滿洲這個稱呼，創造了大清這個標誌，這其中的任何一個創意，都是突破性的，堪稱驚天地、泣鬼神。但是這等頻繁的創造，饒是他天縱奇才，也需要休養生息。可他在新開創的大清國是不可替代的，大清要問鼎天下，蠶食中原，少了他，萬萬不成。

所以啦，皇太極只能咬緊牙關，硬著頭皮，強挺著堅持在創意的崗位上。

短時間內創造不出來更多的怪花樣了，怎麼辦呢？

還能怎麼辦？抄吧！於是史書上，出現了這麼一段故事：

本朝自攻撫順後，明人望風而潰，無敢攖其鋒者，唯明巡撫袁崇煥固守寧遠，攻之六月未下。高皇怫然曰：「何憨兒乃敢阻我兵力？」因罷兵歸。故文皇深蓄大仇，必欲甘心於袁。己巳冬，大兵既抵燕，崇煥千里入援，自恃功高。文皇乃擒明楊太監監於帳中，密箚鮑承先在帳外私語曰：「今日上退兵乃袁巡撫意，不日伊即輸誠矣。」復陰縱楊監歸。

明莊烈帝信其間，乃立磔崇煥。舉朝無以為枉者，殊不知中帝之間也。

這一段文字，就是歷史上相當有名的，皇太極巧設離間計，幹掉大明帝國的忠臣良將袁崇煥的事。可這麼一段經典故事，卻明擺著是從《三國演義》中抄來的，出自三國周郎赤壁《蔣幹盜書》那一段。

兩件事情，一個是小說家的演義，一個是史書上的記載。雖然在形式上一模一樣，沒任何區別，我們又憑什麼能斷言，史書上的記載，該是杜撰來的？

這是因爲，明清交戰的時代，電話還沒有發明出來，網路也沒有，崇禎想瞭解前線的情報，一半是依據一年半載前的資料，另一半則是十足十的瞎猜。既然是瞎猜，就有人會大膽瞎猜，拒絕求證——說明白了就是，不管前線的邊關守將是誰，每一天，京城裡都佈滿了他叛變投敵的消息。

這些消息，有的是敵人間諜爲了擾亂人心，故意散佈的；有的是朝中政敵爲了攻擊對手，故意傳播的；也有的是坊間百姓閑著沒事，自己瞎說亂猜的。如果全部足以取信，崇禎皇帝得殺多少人？然而，歷史上的崇禎，眞是對這些消息確信無疑，並依據傳言剿殺了忠於大明天下的重臣們。

史上有崇禎五十相之說，又有崇禎性情好猜疑之說，他憑什麼猜疑？就是因爲負面的消息太多，就是根據這些壓根靠不住的市井傳言，或殺或關，幹掉了足足四十多位重臣。

換句話說，等到皇太極琢磨設反間計的時候，崇禎的案頭上，有關袁崇煥謀反的內部報告，恐怕已堆成小山了。

可以確信的是，皇太極肯定往北京派出了大量的間諜，散佈關於寧遠守將袁崇煥謀反的假消息。但這些假消息到底能起多大作用？那可眞是天才知道。

不過，袁崇煥的確讓崇禎皇帝殺了，這又該怎麼說？

我們應當如此理解：替崇禎皇帝幹活的，袁崇煥絕不是第一個被冤殺的，也不是最後一個。崇禎皇帝天生有冤殺名臣的嗜好，這是大明王朝不敵大清帝國的一個主要原因。所以他殺掉袁崇煥，與其說是出自於皇太極的「計謀」，不如說是出自於大明王朝內部暗黑的政治鬥爭。皇太極授意史官把這件功勞記在自己的帳上，只不過是想突出他的個人業績而已，別無他意。

13

抄！再抄！

皇太極不知哪一天翻書翻到了這一頁，大喜過望，忙不迭地照抄照搬。於是忽有一日，他急召大臣上殿，硬說自己做了一個夢……

說到抄襲，皇太極不光抄襲名君的點子，就連最差勁的帝王的創意也照搬不誤。

努爾哈赤創建的這撥人叫「後金」。而在南宋時代，中國北方還有一個金國，曾有一個帝王海陵王完顏亮，此人荒淫無道，好大喜功，爲了挑起針對於南宋的戰爭，謊稱做了一個夢，夢見自己到了天庭，天庭上的神仙們授予了他宰治天下的權力……

皇太極不知哪一天翻書翻到了這一頁，大喜過望，明顯沒有繼續往後翻下去，因爲後面寫的是：老狼主完顏亮在侵宋時，於采石磯被宋人擊潰，隨後遭到部屬暗殺。

他只看到了前一段，便忙不迭地照抄照搬——多說一句，這世上，舉凡照抄照搬，都是看頭不看尾，顧頭不顧腚。

於是，忽有一日，他急召大臣上殿，硬說自己做了一個夢：

皇太極既臣服朝鮮，某夕，忽夢隨其父入明之宮中，見明主於袱內出絲穗，上飾珊瑚，意欲相授。

皇太極默思明帝所贈珍寶，何所不有，受此奚為。轉顧其人，非明主，乃金代神像。出書一冊曰：「是爾先代金國史書。」

皇太極受而讀之。文字不能盡辨，欲持以示人，忽覺。

次日晨，召其臣屬語之。臣屬曰：「先是皇上夢入朝鮮王宮內，將朝鮮王舉之而起，未幾，果臣服朝鮮。今又夢見明帝及金人，授以金史，是天意將以明之圖錄授皇上也。」

由是皇太極大喜。

看看這個夢，邏輯清晰，事件明確，正常人哪裡會做？

可皇太極非說他就是做了，誰又敢抬槓？

事實上，這個夢，不過是精神文明建設的一個重要環節，目的是鼓舞群衆，激勵群衆，讓大家充滿了信心地替他幹活，好把大明王朝快一點掀翻。

話再說回來，即使是眞的做過這個夢，那也是非常正常的。因爲他做事非常專注，非常專業，自打坐在龍椅上，就日思夜想，琢磨如何才能拿下大明朝。他曾經一口氣給大明的崇禎皇帝寫了八封信，勸說崇禎僞政權認清形勢，放棄與人民爲敵的立場。他也曾給大明的流寇李自成寫過幾封信，建議兩人聯手，共取大明天下，只是李自成跟他不

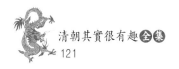

熟，沒有回信。

但這些書信都表明了這樣一件事：皇太極是一個認眞負責的人，天天琢磨拿下大明，日有所思，到了夜晚難免會有所夢，合情合理。

那麼，我們何以斷言說，皇太極這所有的表現，都只不過是在演戲？難道他本人就不能是一個至誠至眞，眞正地相信人性的光明一面，並在人生實踐中切實履行的人？

不妨認爲，此人乃是標準的大奸大僞，可是當奸僞到了極致，也就不奸不僞，貌似眞誠了。

14 平民思維與帝王智慧的分野

現在我們要說的是這樣的一個男人，他是道道地地的權力動物。親娘死了，一滴眼睛也不流，親爹死了，還是沒有眼淚。

我們用來證明皇太極大奸大僞的資料，和史家用來證明皇太極至誠至善的資料，其實是同一份。

史家閻崇年先生曾登上電視講清史，講到這樣一件事：

正當皇太極發起錦州戰役，將錦州圍困得水洩不通之時，後方傳來消息，說他最寵愛的妃子關雎宮宸妃海蘭珠病重，「是夜一鼓，盛京使至，奏宸妃疾篤，上即起營」。

聽到這個消息，皇太極立即撇開前線的軍務，趕緊回家照顧老婆，眞是一個不可多得的好男人啊！

不僅如此，後面還有。皇太極悲哀了七天，「上居御幄，飲食頓減，聖躬違和」，連聖躬都違和了，可見事情很嚴重。當時朝鮮的《沈館錄》對此也有記載：「汗大悲痛，歸路哭泣不止矣。」

不過，哭到這份上，皇太極也知道哭得太過火了，事後嚴肅地發表講話：「天生朕為撫世安民，豈為一婦人哉？朕不能自持，天地祖宗示譴也。」

這句話見之於《清史稿·后妃傳》，是什麼意思呢？

對這句話的白話文翻譯和心理解讀，標誌著平民思維與帝王智慧的分野。

平民思維，就是將這句話直譯過來，是皇太極在檢討自己，他說：「哎呀媽呀！我怎就傷心成這個樣子呢？我怎麼可以這樣不負責呢？要知道，我可是擔負著重大國家使命的重要人物啊！為了心愛的一個女子，把自己的身體傷害成這樣子，這是極端不負責任，是錯誤的，是應該做深刻而認真的檢討的。」

據此平民思維，我們就會認為皇太極是一位至情至性，富有責任心而且勇於擔當的好男人。但若細細琢磨一下他的後半句話，一下子就露了餡。

關鍵的後半句話是：「天地祖宗特示譴也。」

這半句話，實際上表明了皇太極心裡的天人交戰，他在考慮自己如此動情，別人會對此事持何種觀點與看法。而這些觀點和看法，主要如下：

噢！皇太極，你的一個心愛的妃子死了，你好傷心，傷心七天七夜，傷心得人不人，鬼不鬼，可真是個情種啊！你娘死的時候，你肯定更傷心吧？

查查史書，卻沒有關於皇太極在娘親死了之後悲痛的記錄。要知道，她娘親孟古格格是葉赫部落的女人，在愛新覺羅家族裡屬於黑五類。作爲黑五類子女，只有悶頭不吭幹活的義務，沒有抬頭亂說亂哭的權力。

那麼，娘親就算了，親爹努爾哈赤死了的時候，他應該傷心了吧？愛妃死要痛哭七天，親爹死了，應該哭幾天？

再查查史書，皇太極也沒有哭，應該說沒有時間哭。他當時正忙於說服大貝勒、二貝勒、三貝勒，組建五旗聯盟，打掉老爹的大福晉阿巴亥的利益集團。

你明白了嗎？現在我們要說的是這樣的一個男人，他是道道地地的權力動物。親娘死了，一滴眼睛也不流，親爹死了，還是沒有眼淚。等輪到一個女人的時候，眼淚終於噴湧而出。如果這時候他的眼淚是眞的，那只能說明他是一個絕頂自私的男人。一個絕頂自私的人跑來推廣仁政，這，靠得住嗎？

又倘使這眼淚是假的……

無論是眞是還是假，皇太極都是一個成功的演員，演好了人世間最難最難的一個角色，並從中獲得了生前的巨大利益，以及死後的不朽英名。

人生本是一場戲，演好你的人生角色，才不枉紛繁世界上走一遭，這就是皇太極的成功印證的最簡單道理。

第 3 卷

小皇帝的欲海人生

宮裡的女人們，對於小順治來說，僅僅是簡單的洩欲工具，味道上自然也就差了許多。董鄂妃不然，她是自己親弟弟的愛妃……這個挑戰不錯，難度夠高！

1 慾望強烈的高僧來也

董鄂妃不幸病死，順治如喪侶鴛鴦，鬱鬱寡歡。這件事被天天膩在宮中的傳教士湯若望知道了，笑曰：「順治是個『性欲本來就很強烈的皇帝』。」

大清國的第三屆皇帝，是皇太極的第九個兒子順治。由他而始，葉赫那拉氏一脈的血統，正式在愛新覺羅家晉級爲紅五類，這恐怕是老汗王努爾哈赤和葉赫部落死磕的時候，做夢也想不到的。

順治皇帝，最廣爲天下人知的，是他的一句名詩：我本西方一納子，黃袍換卻紫袈裟。當時，他最寵愛的董鄂妃不幸病死，他如喪侶鴛鴦，鬱鬱寡歡，吵著鬧著要去當和尚，為了表示他遁入空門的決心，故賦此詩。於是僧家大喜，廣開善門，授予了順治皇帝名譽和尚的光榮稱號。

後來，這件事被天天膩在宮中的傳教士湯若望知道了，洋鬼子撚著鬍髯，笑曰：「這個順治啊，是個『性欲本來就很強烈的皇帝』。」相關記載，見之於楊丙辰先生翻譯過來的《湯若望》一書。

也許正因爲性欲過於強烈，所以才會走極端，對空門禪宗感興趣。

那麼，這位性欲強大到難以自控，只好天天跟和尚們膩在一起以求消火的順治皇帝，又是如何成功登上帝位，把持權力的呢？

這就要從他的個人簡歷說起了：

- 姓名：愛新覺羅．福臨
- 出生年月日：一六三八年三月十五日
- 籍貫：遼寧省瀋陽市老皇宮永福宮
- 屬相：虎
- 星座：雙魚座
- 血型：B型
- 身高：一百七十五公分
- 體重：五十一公斤
- 職業：皇帝
- 特長：繪畫、打禪機、泡妞

• 社會關係：
父親：愛新覺羅·皇太極
母親：孝莊文皇后

平生經歷大事，表列如下：

六歲：經群眾投票選舉，出任大清國第三任皇帝，年號順治。
七歲：手下將流寇李自成逐出北京，搬家去了北京。攝政王多爾袞打掉了福臨大哥豪格的「反九弟弟集團」，同時也讓順治皇帝最美麗的嫂子，做了自己的二奶。
八歲：傳諭八旗全軍，說大臣們老是在朝堂上罵他小兔崽子，對此提出最強烈的抗議，但遭大臣駁回。
十三歲：攝政王多爾袞身亡，以其為首的「反皇帝集團」陰謀敗露，大快人心。
十四歲：打掉了以多爾袞的同母兄弟阿濟格為首的「反皇帝集團」，人心再度大快。娶姑表妹博爾濟吉特為妻，是為皇后。
十七歲：打掉了皇后博爾濟吉特為首的「反老公集團」，降皇后為靜妃，另娶同樣也叫博爾濟吉特的姪女為妻（幾乎他所有的美貌親戚，都叫博爾濟吉特），立之為后。
十九歲：打掉了以皇弟襄親王博穆博果爾為首的「反王妃集團」，並將博穆博果爾

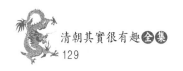

的愛妃董鄂妃接入宮中安慰。

二十一歲：與皇后博爾濟吉特為首的「反老公集團」進行堅持不懈的鬥爭，但因皇后的反老公集團勢力龐大，未能取得最後的勝利。

二十三歲：最寵愛的董鄂妃病死。

二十四歲：遭以太后為首的「反皇帝出家集團」極力阻撓，出家未果，悒鬱而卒。

看過這份個人簡歷，我們不難發現，雖然小順治福大命大，承襲了皇位，但是明擺著的，人家之所以把他放在皇位上，就是爲了玩他。要不然，也不會有那麼多的大臣敢在朝堂上戲弄他了。

從一開始，他就是個傀儡。

2 傀儡帝王的前生今世

帝王人選構成了空前的大懸疑。眼看著僵局無法化解，忽然之間，多爾袞腦瓜中如電光石火，靈機一閃，想出來一個奇特的怪主意。

小順治之所以成為傀儡皇帝，主要是因為他的親爹皇太極表演得太投入，連聲招呼也沒來得及打，說死就死掉了。皇太極猝死，清廷的高級領導們立即開始琢磨皇帝的人選。這些人一共有七位，分別是：

禮親王代善，努爾哈赤的第二個兒子，大清開國元勳。

鄭親王濟爾哈朗，努爾哈赤的弟弟舒爾哈齊的第六個兒子。

肅親王豪格，皇太極的大兒子。

睿親王多爾袞，努爾哈赤的第十四個兒子，生母阿巴亥。

英郡王阿濟格，努爾哈赤的第十二個兒子，生母阿巴亥。

豫親王多鐸，努爾哈赤的第十個兒子，生母阿巴亥。
穎郡王阿達禮，大貝勒兼禮親王代善的第三個兒子。
看都不用看，此時身死魂滅的美女阿巴亥，仍然在影響著帝國的進程。她的三個寶貝兒子，個頂個的都是掌握了實權的重要人物，這三兄弟往朝堂上一站，別人是沒辦法再混下去的。但是，皇太極苦心經營這麼多年，也說閑著。這些年來招兵買馬，擴充己方的實力，已經使得自己這支族系血脈的力量，與阿巴亥的勢力形成了新的平衡。
當時，朝中的勢力分佈，是這個樣子的：
支持多爾袞的，包括了他親兄弟多鐸和阿濟格，共有三旗人馬。
支持皇太極大兒子豪格的，共有兩旗人馬。
禮親王代善和他的兒子，掌握了正紅旗和鑲紅旗兩旗的人馬。
鄭親王濟爾哈朗，掌握了鑲藍旗人馬。
如此一來，多爾袞就在朝堂之上形成了絕對的優勢。最爲關鍵的，自然是禮親王代善和鄭親王濟爾哈朗的表態了，但這兩大滑頭一進會議室，就拿繩子把嘴巴紮了起來，堅決不表態，鬥爭形勢霎時間變得花樣紛呈，氣象萬千。
多爾袞希望「撥亂反正，正本清源」，也就是說，他堅決支持自己出任大清國第三屆帝王。可是皇太極家族系列的人馬，情知這樣的事一旦發生，就意味著自己的末日到來，堅決不肯退讓，不惜在會議室裡拔刀相向，哪怕拚了老命，也要力保豪格登基。

皇太極派系的人馬，強拉著豪格往龍椅上塞。可看著多爾袞那佈滿了殺機的嘴臉，豪格嚇得魂飛天外，堅決不敢，懼而固辭。

讓多爾袞當皇帝，豪格一夥兒會拚命。讓豪格當皇帝，多爾袞肯定會當場下刀子捅了他。帝王人選構成了一個空前的大懸疑。眼看著僵局無法化解，忽然之間，多爾袞腦瓜中如電光石火，靈機一閃，想出來一個奇特的怪主意。

他建議：「我就不做皇帝了，但是豪格也不能做皇帝。就讓皇太極的九兒子福臨當皇帝吧！這小傢伙白胖白胖的，吃奶的力氣賊大，把他媽的乳頭給吸得……總之，當皇帝正好。」

可是，福臨才六歲，根本不懂人事。這個沒關係，問題好解決。多爾袞又說了：「我就委屈一下自己，多受點累，馬馬虎虎當個攝政王，就這麼著吧！」

聽了這個決定，鄭親王濟爾哈朗勃然大怒，站了起來，正要發火，多爾袞急忙補充道：「對了，濟爾哈朗也是攝政王。我倆一塊攝政，大家沒意見吧？」

這一下，多爾袞這邊擁有了四旗人馬，比起豪格系，佔據了絕對的優勢。更兼福臨雖然只有六歲，可好歹也是皇太極親生的，讓皇太極方面的人馬無話可說。這個決議，獲得了議政王大臣們的一致通過。

福臨登基，年號順治。

3 寡人有疾，寡人好色

就在小順治十一歲的那一年，多爾袞將自己提撥為「皇父攝政王」，就差最後一步——親自登基了。可這個基，直到最終也沒有登成。

小福臨剛剛挪到龍椅上坐定，這時候，江湖之上，傳來了特大的消息：闖王李自成攻破北京城，崇禎皇帝自縊於煤山。

多爾袞聞之大喜，取消各級領導幹部的休假，組成大隊人馬，打著替崇禎皇帝報仇的怪誕旗號，浩浩蕩蕩開往中原撈地皮。

正行之間，大明山海關總兵吳三桂派人來求救，言稱李自成欺負他，搶了他的老婆陳圓圓，還抓了他爹，大板子夾腦殼的再教育；後又發兵二十萬人馬，不辭勞苦地趕到山海關，說要砍殺他來著。

吳三桂實在孤兵難立，獨力難持，請求友軍給予協助。

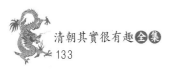

多爾袞更喜，趁機招降。吳三桂無路可走，只好歸降。四萬遼兵與多爾袞的十四萬清兵合夥，於山海關前將李自成一頓狂砍，砍得他掉頭逃回北京，先自登基做了大順皇帝，然後盡燒北京城，血屠居民百姓，棄城而走。

多爾袞打著為崇禎皇帝報仇的旗號，大搖大擺進了北京城。

這時候，多爾袞的人生成功之路，已經完全鋪平了。他只要佔據著北京城，繼續拿崇禎的屍體忽悠廣大人民群眾，將屁事也不懂的小順治扔在天寒地凍的東北，於中原地區折騰一番，當可以輕鬆打開個全新局面；弄個貨眞價實的皇帝來幹幹，易如反掌。

但是，多爾袞沒有這樣做，他幹了一件奇怪的事情：將小順治接到北京城，繼續頂著攝政王頭銜，殺人放火。

或許這麼個搞法也對，順治這小東西，雖然年齡小小，可好歹也是個皇帝，千萬不能讓他落入到別人的手裡。由自己看管控制著，應該是一個合理的選擇。

然而事態發展下去，卻是繼續讓人跌眼鏡。多爾袞非但沒能徹底將小順治的勢力集團解決掉，反而出其不意地死在了馬上，導致了阿巴亥殘存勢力徹底滅亡。

多爾袞到底是怎麼混的呢？

應該說，多爾袞還是盡了力的。首先，他廢除議政王大臣會議，這就等於解散了議會，以後大事小情，都由他說了算。對了，還有一個鄭親王濟爾哈朗，也是攝政王，兩人平級。於是，多爾袞指控濟爾哈朗的王府規格嚴重超標，罰款之餘，順便解除了攝政

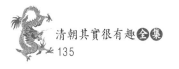

王職務。

接下來，多爾袞毫不客氣地向皇太極派系的人馬展開猛攻，小順治的親大哥豪格奉命去四川征討張獻忠，辛辛苦苦將目標殺掉之後，回來就被多爾袞幹掉了。有一種說法，豪格是發現漂亮老婆被多爾袞趁機霸佔，活活給氣死的。還有一種說法，說他是被弓弦勒死了。不管哪種說法對，人都是死。

就在小順治十一歲的那一年，多爾袞將自己提拔為「皇父攝政王」，不需要在小順治面前跪拜，想幹什麼就幹什麼，總之是大權獨攬，要風得風，要雨得雨，就差最後一步——打掉「反皇父集團」，親自登基了。

可這個基，直到最終也沒有登成，為什麼呢？

因為多爾袞有病。

什麼病？

寡人有疾，寡人好色！

4

一件無比嚴重的清宮疑案

小順治的媽媽，到底嫁沒嫁給多爾袞？一個清史學家如果不對這件事情明確表態，他就不是一個合格的清史學家，最多只是個清史愛好者。

說起多爾袞的「寡人之疾」，南明詩人張煌言有一首詩《建州宮詞》，單道這種疾病的好處：

上壽稱為合巹樽，慈寧宮裡爛盈門。
春官昨進新儀注，大禮恭逢太后婚。

這一首詩，說的是有一天，小順治正蹲在龍椅上撒尿和泥，忽然聽到門外鑼鼓喧天，急忙跑出去一看，原來是他的媽媽孝莊皇太后下嫁多爾袞，正在舉辦婚禮。一對新夫妻，兩件舊家具，總之很和諧。

這件事，就是赫赫有名的清宮三大疑案之一。不知有多少清史學家，就靠了琢磨這事吃飯。一個清史學家如果不對這件事情明確表態，就不是一個合格的清史學家，最多只是個清史愛好者。

小順治的媽媽，到底嫁沒嫁給多爾袞，這事眞的這麼嚴重嗎？嚴重！太嚴重了！這件事情的背後，關係到小順治如何保住了他的皇位，多爾袞爲啥沒有將他廢掉的歷史性解說，你說重要不重要？

就目前的史界來看，「嫁了派」佔據主要優勢，這倒不是嫁了才有好戲看，而是就連「沒嫁派」都不得不承認，小順治的生母孝莊，跟多爾袞這廝，多半有一腿。沒有一腿的可能性……太小太小啦！

爲什麼這樣說呢？

很簡單，勢力相迫。總之，就是答應也得答應，不答應也得答應，不然的話，要妳兒子好看！試想，孝莊有膽子不答應嗎？

話說孝莊，全名叫博爾濟吉特．布木布泰，原本是內蒙古自治區大草原上科爾沁貝勒寨桑的女兒。十三歲那一年，被她的哥哥吳克善送到了後金，嫁給當時剛剛滿二十四歲的皇太極。十三年後，生下了順治小皇帝福臨，六年後皇太極蒙主寵召，魂歸極樂，這時孝莊不過三十二歲。

這一年呢，多爾袞這廝，僅有三十三歲。

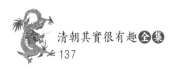

就是因為年齡如此之般配，「嫁了派」史家甚囂塵上。

更加要命的是，孝莊這丫頭生性頑皮機靈，既有前科，又有事實，讓「沒嫁派」憋悶於心，無辭以對。

先說前科。這個前科，就是皇太極在世的時候，曾經發動松山戰役，一口氣幹掉了大明王朝的十四萬人馬，連主將洪承疇都給逮了來。可洪承疇被俘之後，卻是鐵了心要一死以全名節，堅決不肯加盟大清帝國。

皇太極束手無策，拿他沒辦法。卻在這時，孝莊跑出來了，說：「還有這事嗎？聽說那個叫洪承疇的男人非常好色，我去瞧瞧！」

皇太極一下沒攔住，她已經易容為一個美貌丫鬟，打入了洪承疇的牢房，用纖纖素手端了一碗老參湯，餵給人家喝。喝到後來，洪承疇那廝渾身燥熱，欲瘋欲狂……沒奈何，只好投降了。

不投降還能怎麼辦？人參湯補得過了頭，洪承疇也是沒辦法啊！

用美色迷得大帥投誠，這是孝莊的「前科」，既然有了前科，就很難不成為「慣犯」。當皇太極在世的時候，每天蹲在屋子裡琢磨名詞創新，一會兒弄出來一個「滿洲」，一會兒弄出來一個「大清」，工作太忙，就顧不上家庭了，這邊孝莊就和小叔子多爾袞有了「事實」。

關於這個事實，是「沒嫁派」的學者們也不好否認的。比如《東華錄》中記載，多爾袞「親到皇宮內院」云云。據此，台灣小說家高陽先生琢磨說：「孝莊和多爾袞這倆活寶，有可能『相戀』。」

或許，有人要問了，爲什麼「沒嫁派」的史學家就不敢斷言說，孝莊和多爾袞沒有相戀呢？

很簡單，因爲多爾袞推舉了孝莊生下來的兒子當皇帝。如果這叔嫂二人之間的關係不是相互信任，他幹嘛不推舉比順治年齡更小的襄親王博穆博果爾當傀儡？

如此一分析，我們頓時恍然大悟。原來，順治皇帝時代的帝王權爭，同樣是激烈激盪，只不過，順治這小東西並非主戰場，主戰場在孝莊與多爾袞的床鋪上展開。

5 男人征服世界

只要雙方建立起利益同盟，當日後皇太極家族勢力遭到清算，至少可以為自己留一條後路，這應該是孝莊與多爾袞走到一起的第一個想法。

當此時，公衆的注意力都集中在議政王大臣會議上，萬萬沒有想到，這裡雖然劍拔弩張，殺機瀰漫，卻非主戰場。眞正的奪嫡之戰，於宮禁深處開打。

同所有的競爭對手一樣，孝莊早已意識到，一旦那不爭氣的老公皇太極死掉，最有權勢的人物，就是多爾袞了。或許正是這樣一個原因，讓其他的后妃們放棄了扶助自己兒子登上皇位的非非之念。但同樣是這樣一個原因，讓孝莊發現了絕好的機會。

要知道，多爾袞那廝自打娘親阿巴亥被四大貝勒聯手幹掉之後，就知道自己若想活命，非得依附皇太極不可，於是天天追在皇太極屁股後面獻殷勤，甚至還不辭辛苦地跑到蒙古，找來了遺失已久的傳國玉璽獻上去。皇太極大喜過望，一時放鬆了警惕，就讓這個野心狼鑽進了後宮。

多爾袞入後宮，少不得要放翻皇太極的幾個妃子，以報他媽的仇。而在過程中，可以想像得到，孝莊並不佔有多大的優勢。

皇太極的後宮中，單只是「博爾濟吉特」就足足有七個，一個是孝端皇后，博爾濟吉特．哲哲，第二個就是孝莊皇后了，博爾濟吉特．布木布泰，第三個是孝莊皇后的妹妹，第四個是最美貌的博爾濟吉特．海蘭珠，第五個是博爾濟吉特．娜木鍾，第六個是博爾濟吉特．巴特瑪，第七個比較搞怪一點，名字叫札魯特．博爾濟吉特。這麼多的博爾濟吉特，我們大概能夠猜想到皇太極為何要跑出家門去搞創新了，估計是逼的，老是認錯叫錯，太讓人窩火了啊！

除了這麼多的博爾濟吉特，還有相當數量的妃子，不叫博爾濟吉特，但那些名字更難記，有鈕祜祿氏，有烏拉那拉氏，有葉赫那拉氏，還有一個乾脆就叫那拉氏，此外還有奇壘氏、顏劄氏、伊爾根覺羅……最誇張的是還有兩個受寵的妃子，居然連史官都不曉得她們叫什麼，估計皇太極自己也沒記住。

可以想像，少年英雄多爾袞初入皇宮，掉進由一大堆博爾濟吉特和非博爾濟吉特組成的美女堆裡，就好比老鼠掉進米缸，樂都快要樂死了。這麼多的美貌女人也眼瞧著多爾袞，只恨不能將這廝一口吞了。

孝莊處在美女圈子裡，是不是佔據著絕對的優勢呢？

恰恰相反，佔據的是絕對的劣勢！要知道，當時孝莊已經是快要三十的人了，在這麼多的博爾濟吉特之中，至少一半比她年少；在這麼多的非博爾濟吉特之中，至少一半比她美貌。最美貌的當屬海蘭珠，因爲她的死，差一點沒讓皇太極也哭死。孝莊如果不是生了個男孩子，恐怕皇太極連她是哪一個都弄不清楚。

確實，孝莊不是最美貌，不是最年輕，卻是宮中最聰明，最有智慧的。或者說，年紀大的女人沒有她美貌，比她美貌的女人又不如她有智慧。

思考問題的角度一變，其實會發現處處皆機會。

她知道，一旦老公蹬了腿，眼前這個點頭哈腰的多爾袞，就是大清國最有權勢的男人，於是立即採取行動，接近這個男人，靠攏這個男人。至於在接近他、靠攏他之後要幹什麼呢？這事顧不上想，先靠近了再說。

只要雙方建立起利益同盟，當日後皇太極家族勢力遭到清算，至少可以爲自己留一條後路。這應該是孝莊與多爾袞走到一起的第一個想法。從更長遠的角度看，一旦多爾袞問鼎皇權之路受挫，千載難逢的機會就來了。

於多爾袞而言，他既然無法承襲帝位，自然只能在皇太極的兒子們中間挑一個湊數。橫豎要挑一個，有孝莊和他之間的「戀情」存在，挑了別的妃子的兒子，豈不是找抽？

就這樣，小順治在母親的苦心經營之下，傻兮兮地登上了皇位。

搞到最後，孝莊到底嫁沒嫁給多爾袞呢？

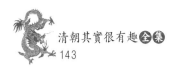

6 女人征服男人

多爾袞不可能缺女人，之所以和孝莊私通，那是一種刺激。這時候的他，是在跟皇帝的老媽睡覺，這種刺激上哪兒去找？

在有關孝莊皇后私人情感的事件上，「沒嫁派」史學家心眼不好，非逼著「嫁了派」史學家拿出史料來，這就明擺著是瞎胡鬧了。這種史料就算是有，順治皇帝又不傻，能留給你看嗎？明明知道史料絕不可能有，卻非掐著「嫁了派」的脖子不放，「沒嫁派」的史學家們，未免有點不太厚道。

也就是說，甭管孝莊是嫁了多爾袞，還是沒嫁，這方面的資料，都是絕無可能找得到的。既然史料沒得有，憑什麼判斷孝莊是嫁還是沒嫁呢？

容易！只要弄清楚一件事，如果孝莊嫁給了多爾袞，她爲什麼要嫁？如果她沒有嫁給多爾袞，又是爲什麼不嫁？把問題分析明白，歷史也就清楚了。

先說孝莊爲什麼要跟多爾袞這廝相好，難道是他太帥？

權力是男性的青春劑，是男人的增帥丸，是男人的美容寶，是男人的強腎丹。再不帥的男人，一旦有了權力，也會瞬間帥得呱呱叫。所以這多爾袞，帥是肯定帥的。但是，他的帥，只是孝莊需要的一部分，她更需要的是權力。只有權力，才能夠扶助她的寶貝兒子登上皇位。

這一步，很輕易地成功了。

接下來她就面臨著下一個問題：雖然小順治登基稱帝了，可是臣子們並不拿他當回事，經常在朝堂上喝斥，罵小皇帝是小兔崽子——稱上爲孺子。爲了這事，小順治大哭大鬧不依，還傳聖旨到處找人來說理，可根本沒用，因爲他只是個傀儡皇帝。掌握權力者，仍然是多爾袞。

孝莊皇后爲了兒子和自己性命的安危，有必要進一步地和多爾袞搞好關係。

有一本書，名叫《清朝野史大觀》，上面說，早在皇太極在世的時候，孝莊就與多爾袞明鋪暗蓋，有了姦情。等皇太極死後，兩人爲了重溫舊好，決定通過漢臣范文程說媒。於是范文程兩頭亂跑，說現在攝政王死了妻子，皇太后又是新寡，「皇上既視王若父，今不可使父母異居，宜請王與皇太后同宮」云云。後面又說，皇太后孝莊爲了維護兒子的皇位，下嫁攝政王多爾袞爲妻，以打消此人謀奪皇位的念頭。

很抱歉，這本書上的記載，純粹是缺乏生活經驗與政治謀略的小文人，坐在屋子裡瞎琢磨出來的。要知道，多爾袞這廝，雖然慾望超猛，但他不可能缺女人，之所以和孝莊私通，最初的起因是報復皇太極。你宰了我媽，我就睡你老婆，兩抵了！總算是弄了個心理平衡。再後來，兩人繼續明鋪暗蓋，那同樣是一種刺激。這時候的多爾袞，是在跟皇帝的老媽睡覺，這種刺激上哪兒去找？

無論是皇后還是皇太后，都是最適宜用來偷情的女人，眞要娶回家去，那倒未必需要。多爾袞需要的只是婚外情，不缺老婆。需要的只是刺激，不是家居生活。

這是問題的一個方面。這個方面表明了，就算是孝莊想嫁，多爾袞也未必樂意，他要的是一個皇后情人、皇太后情人，可不是什麼老婆。

再看問題的另一個方面：孝莊眞要是嫁了過去，又會怎麼樣？

那她可就慘嘍！

我們應該還記得，多爾袞曾搶了大姪子豪格的妻子當自己的小妾。一旦孝莊嫁過去，她就必須要跟「兒媳婦」展開競爭，無論是年齡還是美貌，都不可能占到優勢，搞到最後，說不定會被多爾袞拿大棒子轟出門去。

不嫁，她好歹是皇帝的媽媽，多爾袞對皇帝的媽媽是有慾望的。嫁了，她最多不過是一個過了氣的黃臉婆。多爾袞腦子又沒毛病，放著成堆的如花美眷，怎麼可能只對一個中年婦女有興趣？

如此一來，歷史就清楚了。

孝莊和多爾袞這倆活寶，應該是每天偷情，一邊偷一邊商量結婚的事兒，但實際上，多爾袞並不想娶孝莊，孝莊也不想嫁多爾袞，僅僅是通過談婚論嫁的協商手段，將雙方的私情維持下去，以免脆弱的利益同盟斷裂。

「嫁了派」的史學家堅稱孝莊嫁了多爾袞，卻拿不出證據來。「沒嫁派」的史學家堅信孝莊沒嫁多爾袞，也拿不出證據來。兩派其實都錯了，孝莊是嫁了，也是沒嫁，正確的說法是處於嫁與未嫁之間。

這種中間狀態最是刺激，不唯對當事人是一種快樂，對史學家們亦同。

7 兒子大了不由娘

順治生來幸福無比，但在他看來，這卻是極度乏味而無意義的人生。皇帝寶座是媽媽替他搞來的，老婆是媽媽替他娶來的，那麼「他」在哪裡？

男人征服世界，女人征服男人。這句話，用在孝莊與多爾袞兩人身上，再合適不過。多爾袞這廝負責打天下，奪取江山，孝莊則負責在床上擺平他，保住自己兒子的皇位。兩人的活都幹得不賴，堪稱一雙完美的合作典範。

於孝莊而言，她是既不能不嫁多爾袞，又不能真的嫁過去，只能保持這種微妙的中間平衡狀態。這其中，美貌與年齡只是問題的一個方面，最重要的，是女性充滿靈思慧黠的巧智。她最終贏了。

多爾袞又要操心天下大事，又要天天跟這女人鬥心眼，找刺激，結果刺激過度，撲楞楞一聲從馬上跌了下來，壯烈成仁。

從此，小順治的天下一掃而清，權力重歸於皇室，再也沒有什麼人能夠染指。然後，孝莊迎來了一個全新戰局，面對著一個意想不到的對手……

她的親生兒子，順治皇帝。

孩子長大了，總歸是要跟爹媽大鬧一場，即使不是大鬧，小吵小鬧總是難免。這是因爲孩子的人格在形成，他要獨立主宰一個屬於自己的世界，不肯再成爲父母的附庸。於小順治而言，這小傢伙生來幸福無比，六歲前有皇帝爹照顧，六歲後有太后媽媽照顧。與多爾袞的智力角逐，全然是孝莊太后一個人唱獨角戲，這種事小順治根本插不上手，就算有心，也是添亂。

征服一個男人，尤其是征服一個像多爾袞這樣手握強權，從來不缺女人的男人，難度是相當高的。孝莊定然付諸了全部的心智，於是把親哥哥的女兒博爾濟吉特嫁給了小順治當皇后，騰出手來，專心跟多爾袞玩遊戲。

但在順治看來，這卻是極度乏味而無意義的人生。皇帝寶座是媽媽替他搞來的，老婆是媽媽替他娶來的，那麼「他」在哪裡？他的尊嚴在哪裡？他的獨立人格，他的自由意志，這些怪東西，都在哪裡？

缺少了這些東西，小順治就稱不上一個男人，甚至連一個人都稱不上。人的天性是追求自由與自主的，對於由別人替自己構築好的安樂窩，自古以來幾乎就只有一種態度：

不承認！順治終於發出了怒吼：「這不是我想要的生活！」

叛逆的時代姍姍來遲，小順治十七歲那一年，做出了人生中的第一個決定：離婚，讓表妹皇后滾遠遠的去！

「爲啥呀？」可想而知，當孝莊太后聽到兒子的這個決定時，該是何等的吃驚，何等的詫異，「難道你表妹不漂亮？」

「不，表妹模樣還挺耐看的，而且心靈手巧。」小順治囁囁著回答：「容止足稱佳麗，亦極巧慧。」

「那爲啥不和你表妹好了呢？」孝莊更不明白了。

「因爲……她老是不讓我睡別的女人！」小順治悲憤地道。

乃處心弗端，且嫉刻甚，見貌少妍者，即憎惡，欲置之死。雖朕一舉動，靡不猜防，朕故別居，不與接見……這就是小順治在《孝獻端敬皇后行狀》中對表妹提出的控訴。

「你看你……」孝莊太后搖頭說：「既然你表妹不答應，爲了夫妻感情和諧，你就別再睡別的女人了！女人這東西，睡多了也不好。」

「不行！」小順治狂吼：「不讓老子睡別的女人，那老子還活個什麼勁？」

這話恰巧被天天在宮裡亂轉的洋鬼子湯若望聽到了，於是這洋鬼子嘎嘎怪笑著說：「這個小順治，眞是個原始人啊！他對肉感肉欲很癡迷，性欲是特別的發達……」

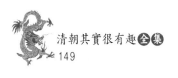

小順治的觀點，擱在現在的文明社會，哪個男人敢說出來，鐵定會被老婆把腦袋瓜打到開瓢。然而帝王思想本身就是一種極度扭曲的觀念，小順治本身的思維，更是扭曲得反常。他一生下來就是皇帝的兒子，屁事不懂就成了皇帝，除了在多爾袞時代，人格形成遭受到一定程度的「社會性矯正」之外，基本上來說，就好比大野地裡的雜草，全然是由著自己的性子成長，性裡出生，性裡成長，遂性所為，為所欲為。而這，其實正是帝王思想的核心要義。

小順治的思維被扭曲，那是因為帝制時代的國民心態，統統是扭曲的。至少在人民群衆看來就是如此：皇帝，就是想睡哪個女人，就睡哪個女人，連別人家的女人都不讓睡，還當皇帝幹什麼？

在一個扭曲的世界裡，正常的思維是沒有立足之地的。不得已，孝莊歎息了：「花喜鵲，尾巴長，兒子大了不要娘。既然你不樂意睡表妹，那娘再給你換一個，換你表妹的姪女如何？」

表妹的姪女？說明白了，不也是小順治的姪女兒嗎？

看看孝莊這腦子，我們也就不難明白小順治的腦子為何不正常了。

8 人生的第一條跑道

有沒有一個乾脆利索、一勞永逸的辦法，形成自己的獨立人格？正想之間，小順治的弟弟襄親王博穆博果爾，帶著愛妃董鄂氏跑來了。

很快的，倒楣皇后博爾濟吉特被廢黜，打入冷宮，時年十七歲，換了她的小姪女綽爾濟．博爾濟吉特跑進宮裡。愛新覺羅一家子的生活狀況，越發的混亂了。

廢黜表妹皇后的戰役，看起來是小順治贏了，可實際上他輸得極慘。

表面上，皇太后孝莊從諫如流，你要求廢皇后，哪咱們就廢皇后，可皇后廢了之後，皇后的姪女又成了皇后，連名字都叫博爾濟吉特。這是孝莊柔韌的政治手腕使之。女人，就是需要這種智慧，任何時候不跟男人爭，不跟男人鬥，退一步而繞回來，讓男人徹底答應自己的要求，還覺得特有面子。

很可惜，這一招，用在多爾袞身上是徹底奏效的，用在小順治身上，卻是開錯了藥方。為啥呢？

因為，多爾袞是一個人格已然成熟的成年人。中國的成年人是講究面子的，裡子可以不要，肚皮裡可以滿是草料，表面上卻絕不能讓別人小看。一旦有了面子，原則也就放棄了，女人要什麼就給什麼。看看多爾袞，連無限江山都給了孝莊，這就是男人。

小順治還不是男人，他是男孩。

男孩與男人的區別，在於獨立人格形成於否。

這時候的小順治，正透過向外界權威發起挑戰，以期形成自己的獨立人格。如果孝莊跟兒子大吵一架，事情反倒好辦，偏偏她選擇了以退為進。小順治面子是有了，但人格無法形成，自是更加的茫然，無法適應。

小順治這都十七歲了，還不讓人家形成獨立的人格，孝莊也太不懂青春期心理學了。

不管如何，人格總歸得形成，不形成，人就不能稱其為人。小順治別無選擇，只能向母親的威權發起新一輪的攻擊。

這一次，怎麼個攻擊法呢？

看著淘氣的小姪女皇后滿皇宮亂竄，小順治心裡那個窩火啊！再廢一次皇后？沒用的，老媽家裡有的是博爾濟吉特，你廢一個，她再給你送一個來，絕不會缺貨。

有沒有一個乾脆利索、一勞永逸的辦法，徹底解決掉這些博爾濟吉特，以便形成自

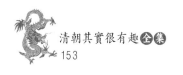

己的獨立人格？

正想之間，小順治的弟弟襄親王博穆博果爾，帶著愛妃董鄂氏跑來了。

說起這董鄂氏，史書上寫著，此女長得花容月貌，粉靨微紅，似芙蓉出水，黛眉凝翠，若仙女下凡，齒如編貝，髮似堆雲。書上還說，此女乃清初第一位傾國傾城的美女，六宮粉黛，無一與匹。

照這麼個說法，難道孝莊給兒子送進宮裡的，都是柴禾妞、暴牙妹、禿頭女？

董鄂妃應該很美貌，但宮裡的粉粉黛黛們，論姿色也各有千秋，未必就輸得一敗塗地。問題的關鍵在於，宮裡的女人們，對於小順治來說，僅僅是簡單的洩欲工具，缺少了雄性對雌性的征服過程，味道上自然也就差了許多。董鄂妃不然，她是自己親弟弟的愛妃……這個挑戰不錯，難度夠高！

中國的小文人有句話，叫做妻不如妾，妾不如偷，偷不如偷不著。這種話，雖然沒品味、不和諧、少內涵、缺格調，但道破了雄性動物共有的心理。雄性動物就是要征服的，享受征服過程及成功帶來的快感，那是大自然賜予的禮物。小順治身在宮中，洩欲很容易，偏偏少了這個征服的過程。連過程都沒有，何來快感？

試想，在田徑跑道上，你奮力衝刺，將對手甩在身後，贏得冠軍，登上領獎台，抹一下汗水，揮舞起手中的獎盃，這當口心中的歡樂，那是給多少錢也不換的。

反之，你正在床上四仰八叉地呼呼大睡，忽然一個獎盃砸在腦袋上，不用跑就是冠軍，頭一次還馬馬虎虎，占了便宜，總歸是開心的，可這冠軍獎盃沒完沒了地往腦袋上砸，擱誰不得發飆？

當時的小順治，就處在每天晨睡中被摔在頭上的獎盃砸醒的絕望狀態中，人活到這份上，眞的沒什麼勁了。這時候，突然注意到了董鄂妃。

嗯，這個女人已經嫁給了老弟，自己不能說上就上，倫理規範、道德法制……障礙好多好多。可正因爲障礙多，才構成了生命中的第一條跑道。這條道是一定要跑的，而且要一路跑到黑，絕不回頭！

可憐的小順治，活到十八歲，終於找到了一個證明自我的機會。

去吧！去把自己的弟媳婦搶過來！

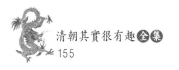

9 家裡有點兒亂

兩口子鬥嘴，姦夫衝進來暴打丈夫，始料未及的變化讓襄親王目瞪口呆，捂住臉頰，呆呆地看著哥哥牽了自己老婆的手，揚長而去。

得知小順治撇下宮裡成堆的博爾濟吉特不顧，向自己的弟媳婦展開了熾烈而狂猛的愛情攻勢，孝莊大駭，急忙趕來加強兒子的道德教育。

「咱們不這麼搞，不能這麼搞……」

「爲啥不能？」小順治詫異地問。

孝莊鼻尖淌汗，耐心地解釋道：「要是這麼個搞法，會亂套的，家裡這已經夠亂的了！這個家，自打努爾哈赤開始，好像就沒正常過一天……」

小順治搖頭，「親愛的媽媽，我倒是覺得，和弟媳婦在一起，心理上的障礙還比和自己的姪女兒在一起更小點。妳說是不是呢？」

「這個……可能是吧……」孝莊不敵，落荒而逃。

小順治仰天長笑，終於贏了人生中最關鍵的一場戰役，人格就此迅速成形。

他已經是個男人了！

是男人，就要追女人。

不追女人的男人，還叫什麼男人？

於是，小順治興沖沖地跑去弟弟家，去追弟弟的小媳婦。

與之同時，襄親王正在苦口婆心弟給愛妃做政治思想工作。

襄親王博穆博果爾是皇太極的第十一個兒子，這一年才十六歲，董鄂妃比他大兩歲。比較起來，恐怕襄親王的心理更不成熟。

雖然心理不成熟，工作總是要做的。便聽他說了：「別這麼搞，咱們家不帶這麼搞的，就聽我一句話，好不好？」

董鄂妃回答：「沒亂搞，你別起疑心瞎琢磨，我和皇帝哥哥就是普通的朋友關係。」

「少來！」襄親王火了，大吼起來：「都有人親眼看到了，還不承認！」

董鄂妃毫不在意地道：「那是他們看錯了……哦！小弟弟你沒事在家裡好好看家，我去宮裡辦點事……」

「妳這個水性楊花的女人！」襄小弟弟急了，上前扭住董鄂妃，「紅杏出牆，還有

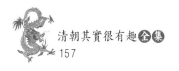

沒有一點廉恥心？」

不料想，最後這句話恰好被小順治聽到，當場火氣上來，上前就照襄親王的臉上一揚手，啪的一個耳光賞過去。

「瞎了眼的東西！竟敢欺負我女朋友，你欠抽是不是？」

兩口子鬥嘴，姦夫衝進來暴打丈夫，始料未及的變化讓襄親王目瞪口呆，捂住臉頰，呆呆地看著哥哥牽了自己老婆的手，揚長而去。

你看這一家子人的腦子，有一個正常的沒有？

史載，襄親王博穆博果爾的老婆被順治撬走，深覺自己太失敗，一時想不開，憤然自殺。臨終前留下遺言：「媽媽，我覺得家裡有點兒亂……」

10 宜將剩勇追皇后

小順治就琢磨，乾脆趁此機會，一股腦將以小姪女皇后為首的反老公集團端掉算了。說做就做，當即推出《孝獻端敬皇后行狀》升級版。

有關順治家裡的這些家庭矛盾，《清史稿》上是這樣記載的：

秋七丁未朔，享太廟。戊申，官軍敗明桂王將龍韜於廣西，斬之。己酉，和碩襄親王博穆博果爾薨。

十二月己卯，冊內大臣鄂碩女董鄂氏為皇貴妃，頒恩赦。戊子，還宮。

小順治成功打掉了以十一弟博穆博果爾爲首的「反王妃集團」，並再一次擊敗孝莊皇太后的負嵎頑抗，將董鄂妃弄進了後宮。

事情還沒完，宮內的鬥爭是長期的、持久的、激烈的、不以人的意志爲轉移的。所以小順治就琢磨，宜將剩勇追皇后，不可沽名學霸王……乾脆，趁此機會，一股腦將以小姪女皇后為首的反老公集團端掉算了。

說做就做，當即推出《孝獻端敬皇后行狀》升級版。

小姪女皇后和表妹皇后都叫博爾濟吉特，小順治貼出來的大字報自也是同一個名字，但前一次缺乏鬥爭經驗，以表妹皇后吃醋為理由要求廢之，費了好一番周折。這一次他的鬥爭經驗豐富了，劍鋒所指，直取要害，指責小姪女皇后「禮節疏闕」，理由遠比上一次更充分，算是下載了補丁，補住了漏洞，所以叫升級版。

但是這個版本，最終未能通過運行。

首先是孝莊太后堅決反對，「哪裡有禮節疏闕？明明沒有。再者說了，孩子還小，等小丫頭長大了，自然就明白事理了。兒子你就別在家裡鬧了，好不好？」

「不好！」順治小皇帝擲地有聲地回答，繼續鬧騰。

孝莊那個上火啊，心說我老太太這輩子怕過誰呀？多爾袞兇吧？在我面前還不是乖乖的。這個叫什麼董鄂妃的丫頭，是不是活膩歪了啊？來人啊！給我把這個丫頭叫來。

董鄂妃來了，拜見太后。孝莊笑瞇瞇地道：「丫頭，妳好，妳好有手段，連多爾袞都拿我們一家沒轍，妳可好，把我們家鬧了個底朝天，連小姪女兒皇后的事情都嚷嚷得滿大街知道了，還眞行啊！要不咱們這麼著吧，妳接著鬧，就照這樣子鬧下去，千萬別消停，鬧到最後，看看妳是不是比多爾袞更有本事，好不好？」

董鄂妃兩眼一翻，知道自己小命懸乎，當即趴在地下寫決心書，書曰：陛下若遽廢皇后，妾必不敢生。

小順治一瞧，哎喲呵！兩口子一天到晚膩在一起，形影不離，閨房之樂，有甚於畫眉者。私房裡是沒有隱私的，或者說，私房裡正是袒露隱私的地方，在這種地方，有什麼話不能說？還要費勁力氣寫什麼書面決心？

明擺著，董鄂妃有麻煩了。這時候，她已成宮中的死敵，人人得欲殺之。可她與小順治的感情，是伴隨著小順治的人格建立起來的，是人生一部分，人格的一部分。如果哪一天宮裡到處都找不到董鄂妃了，皇帝也就成了行屍走肉了。

爲了保護自己的人格和生命，從此小順治和董鄂妃形影不離，出雙入對，貼身保護其安全。這光景瞧在後世的史學家眼裡，頓時大爲感動，紛紛讚曰：長信宮中，三千第一，昭陽殿裡，八百無雙，真個是六宮無色，專寵一身……諸如此類。

儘管有史學家們拚了老命地稱讚這殺機瀰漫的宮闈戰場，但是老虎都有打盹的時候，更何況小順治原本就有點心不在焉？最終，「枕上春夢，未及三年，紅粉飄零，香消玉殞」，董鄂妃還是因病撒手人寰，離他而去。

董鄂妃的死，宣告了人生抗爭的徹底失敗，小順治那本就脆弱的人格，霎時坍塌崩潰，灰飛湮滅。

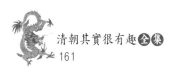

11 蒼茫大地，「水煮」沉浮

小順治繼續問：「都說三教歸一，可一又歸何處？」意思是說，我就好像泡在一只無邊無沿的大鍋中，問蒼茫大地，是誰把我煮得上下沉浮？

董鄂妃死後，順治皇帝痛不欲生，尋死覓活，不顧一切。人們不得不晝夜看守著他，使他不得自殺。

洋鬼子傳教士湯若望終於發現了機會，急不可耐地衝進宮來：「信耶穌，得永生！陛下，你反正也是閑著沒事，來懺悔吧！」

順治搖頭道：「不好意思，老湯，你來遲了一步。」

「怎麼啦？」

「朕已經決定出家爲僧，離開這群蟻爭穴的富貴巢。」

「不會吧！陛下你這麼個搞法，對耶穌來說，意味著極大的不公正！」

說什麼都沒用了，順治開始去找老和尚問禪。

「啥叫三界唯心，萬法唯識呢？」

老和尚眨眨眼，「一字兩頭垂。」

「都說三教歸一，可一又歸何處？」

老和尚擠擠眉，「大家都在這裡。」

「既是佛祖兒孫，為啥卻要殺佛殺祖？」

老和尚抻抻腰，「有了你，沒了我。有了我，沒了你。」

這一段佛門問禪乃僧家秘寶，等閒人物是不給看的。但這段文字畢竟是小順治絕望之中的天問，其間所隱藏的佛門公案，值得仔細揣摩。

順治皇帝問的第一句：「啥叫三界唯心，萬法唯識呢？」

這句話大有講究，他的意思是說，和尚啊，你跟我說說，知識與思想，這些破玩意兒有個啥用呢？你看看我，有知識嗎？沒有。有思想嗎？也沒有！我啥玩意兒也沒有，卻自打生下來就富貴永享，做了皇帝，你說說，這到底是怎麼一回事呢？

老和尚回答說：「一字兩頭垂。」

這句話的意思是說，差矣！傻瓜皇帝，你大大的差矣！你差矣在哪裡呢？這世上的事情，如魚飲水，冷暖自知，遠不如表面看到的那樣簡單。就拿最簡單的「一」字來說，你看這個一，是一條直線吧？是不是？可是你錯了。在狹窄視線範圍之內，看到的是一截橫線，但若把這條一遠遠拉開，拉到無限遠的距離，你就會發現，這個一啊，根本就不是什麼直線，因爲時空是彎曲的，這個一，想直也直不了……什麼？你說這是現代科學觀念？沒錯，可佛門深遠，那知識體系是相當的複雜而精深……

總之，就一句話，別人看著你當皇帝舒服，可你寧願跟個要飯的交換一下身份。不過很抱歉，人家才不肯你換。

不知道小順治聽懂了沒，但他肯定是心有戚戚焉，所以繼續問：「都說三教歸一，可一又歸何處？」

這句話的意思是說，人都說，任何事情都有個限度，怎麼我碰到的事情就這麼怪呢？我碰到的事情都是沒邊沒沿，沒完沒了。我就好像泡在一只無邊無沿的大鍋中，被人拿開水煮個沒完。問蒼茫大地，是誰把我煮得上下沉浮？

老和尚如何聽不懂這番牢騷之言？回答說：「大家都在這裡。」

這句話的意思是說，孩子，你就歇了心吧！你以爲這人世間，就你一個人承受著心理上的痛苦？就你一個人倒楣？

差矣！自打產生了獨立意識的那一天，你的思維就會和殘酷的現實發生激烈的碰撞，從沒聽說有誰碰贏過，但你肯定不是最後一個輸家，衆生皆苦，回頭是岸。可你有頭可回嗎？頭者，頭腦也。連腦子都沒有，還回個鏟鏟喲！

聽了這番話，順治皇帝一咬牙，把他的心裡話問了出來：「既是佛祖兒孫，爲啥卻要殺佛殺祖？」

這句話，我們可一點也不陌生，它就是由英國大文豪莎士比亞所創作的不朽經典《哈利波特》……不對！是《哈姆雷特》中，那一段舉世聞名的著名獨白。翻成中文大白話，大意如下：禿頭和尚啊，有個事，我想和你商量一下。你說，像我這種特殊情況，面對著老媽那橫飛逆來的打擊……好多好多博爾濟吉特啊，都在宮裡等著我呢，我都要害怕死了！你說，面對著這麼多的博爾濟吉特，咱們是應該逆來順受，默默忍受，任由那些女人將我橫擺豎放，肆意蹂躪呢，還是勇敢地拿起武器，把這幫丫頭統統消滅呢？我的意思是說，我老媽要是再干涉我的私生活，壓制我的獨立人格形成，我該不該宰了那個老太婆？

老和尚的回答是：「有了你，沒了我。有了我，沒了你。」

這句話，卻是地地道道的人生智慧的積煉，意思是說：孩子，你是眞不明白呢，還是假裝糊塗？一個人的成長，勢必要在青春期來到之後，推翻舊有的威權以形成獨立的自我人格，這就意味著兩代人之間的激烈衝突。可你衝突得起嗎？別人家的孩子遇到這種事，最多不過是離家出走，誤入歧途，結交匪人，作奸犯科……鬧到最嚴重的程度，無非是拉到刑場之上，一刀砍了。可是你們家呢？這場衝突就意味著你母親精心打造的帝國藍圖徹底完蛋，意味著愛新覺羅辛苦經營百年的基業徹底散板，意味著你們這一家族從此墜入無邊的劫獄，任人宰割。這代價，是你承擔得了的嗎？如果你承擔不了，那我勸你還是算了。犧牲你一個，成全你的家族。你只不過是愛新覺羅家族的一個環節而已，千萬別拿自己太當回事。

如此一番問答，以小順治的平庸智力，很難在當時就參悟個明白。但他此後從早到晚不琢磨別的，就琢磨這事，琢磨過來，琢磨過去，終於有一天琢磨明白了，接下來的事情就發生了。

西元一六六一年二月五日，小順治因突發天花，醫治無效身亡，時年二十四歲。

12

男人心裡的毀滅慾望

女性的權爭，無論智慧的縱深程度是多麼的廣泛，技術細節上卻是別無二致。但是，完全相同的過程，產生出完全兩樣的結果。問題出在哪裡？

細數順治小皇帝的人生失敗，處處印證著孝莊這位不凡女性的超卓智慧。從努爾哈赤的大福晉阿巴亥開始，到了孝莊這裡，可知當時滿清的男人都在前線上殺人放火，女人們也沒閑著，論及權力的爭奪，所付諸的努力絲毫不遜於男人。

最令人驚訝的是，前者阿巴亥，後者孝莊，都是採用了同樣的戰術，介入到皇家權力的爭奪之中。這戰術，說明白了很簡單：

第一步：先想辦法生個兒子出來。這是最關鍵的一步，在男性為主導的社會中，沒有生出兒子來，權力的爭奪就毫無意義。

第二步：征服權力的關鍵人物。阿巴亥要征服的是努爾哈赤，她做得非常成功，甚至在偷情事發之後，還能夠獲得老汗王的原諒。孝莊在這方面表現得稍微差一點，但這不怪她，因爲她比阿巴亥更冷靜，知道下一步才是關鍵之關鍵。

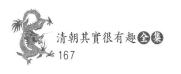

第三步：征服最具影響力的人。阿巴亥要征服的是大貝勒代善、四貝勒皇太極這一夥。孝莊要征服的則是多爾袞。

在這場激烈的競爭中，阿巴亥輸掉了一切，孝莊卻成了大贏家。

爲什麼會這樣呢？

完全同樣的步驟，說明了女性的權爭，無論智慧的縱深程度是多麼的廣泛，技術細節上卻是別無二致，因爲她們要對付的男人，在心理趨向上是一致的。但是，完全相同的過程，卻產生出完全兩樣的結果。問題究竟是出在男人的身上，還是出在女人的身上？

要說皇太極比多爾袞對女性的柔性魅更有抵抗能力，這還眞不見得。皇太極那廝不是因爲寵妃海蘭珠之死，傷心得也差一點死掉嗎？男人，從生物學的意義上來說，就是基因的承載工具，是長著兩隻腳到處尋找交配機會的怪物，不可能在這方面有什麼區別。

按理來說，阿巴亥應該比孝莊更有優勢的，無論是年齡還是美貌，但她失敗在不該激起男人的嫉妒之心，不該引發皇太極內心狂暴的毀滅慾望。

阿巴亥出手的時候，是同時向大貝勒代善和四貝勒皇太極求歡的，這就鑄下了悲劇的種子。我們知道，皇太極那廝自打七歲就出任了愛新覺羅家族的家政總管，對於家裡的大事小情一清二楚，而且宮中肯定有他布伏的眼線。阿巴亥以爲神不知鬼不覺，同時向兩個男人求歡，這事大貝勒代善可能不明白，皇太極不可能不清楚。

就算皇太極起先打算接受誘惑吧！等到發現阿巴亥的如意算盤之後，必定是相當的上火。同時勾搭兩個男人，這就等於說明了他皇太極本身沒有足夠的魅力，又或是沒有足夠的體力，又或是沒有足夠的腰力，又或是……不管怎麼說，男人最痛恨的就是這種事。眞要愛就愛我一個，居然還敢愛別人，這豈不是撕我的臉皮，抹我的面子嗎？

惡劣男人的思維慣性是：好東西我得不到，那就毀了她，讓別人也得不到！皇太極對於阿巴亥的反應，某種程度上也正屬於這一類。既然阿巴亥並不專屬於任何一人，那還客氣什麼？不僅他要動手，還要讓大貝勒代善也參與進來。

害了阿巴亥的，不能說是用情不專。這種事，搞那麼癡情幹什麼？而是事機不密，結果誤了卿卿性命。

相反，在孝莊這裡，她就是瞅準了多爾袞這一個人，只和多爾袞好，不搭理別的男人，這對於多爾袞來說，是一種非常珍稀的肯定，他當然要愛惜。寧將萬里江山轉手相送，只要這女人說愛我，怎麼著都行。

阿巴亥的失敗與孝莊的成功，都在說明這樣一個道理：男人這玩意兒，好對付。不過，千萬千萬不要激起他們心裡的毀滅慾望。

第 4 卷

哥玩的不是皇權，是寂寞

帝王之術，最高境界就是不斷製造麻煩，然後解決掉這些麻煩，你製造的麻煩越多，你的名聲就越好。

1

倒楣的老員工鰲拜

多爾袞命人拿鰲拜的考勤記錄來，打開一看，哈哈哈！怪不得這麼替小順治賣命，原來以前犯過錯誤。於是傳令，再把那廝推出去，接著斬。

早在大清帝國的第二屆皇帝皇太極死時，努爾哈赤的第十四子多爾袞，希望能夠撥亂反正，登上帝位。但是皇太極族系的人馬氣勢洶洶，大鬧議政王公大會，甚至還拔出了刀子，衝他比比劃劃……比劃的最終結果，是多爾袞退讓了，讓皇太極的九兒子福臨當了皇帝。

這群拿刀子衝著多爾袞比劃的人當中，有一個傢伙硬是兇悍，力大無窮，勇冠三軍，曾經在正陽門下一箭命中門楣，十幾個侍衛居然拔不下這枝箭。

這敢在領導面前大喊大叫的，還拿著兇器的人，到底是誰啊？一打聽，哦！原來是皇太極的家將，名字叫鰲拜。

當場多爾袞就火大了，命人把鰲拜推出去砍了。卻在這時，小順治飛跑過來，摟住鰲拜的脖子不放，央求放過人家。他不好當面跟小皇帝計較，只好罷手。

事後等回到家，多爾袞越尋思這事越上火，你說這個鰲拜，這裡有你什麼事啊？跟著瞎攪和！命人拿鰲拜的考勤記錄來，打開一看，哈哈哈！怪不得這麼替小順治賣命，原來以前犯過錯誤。有錯誤那就好辦，有錯必糾嘛！於是傳令，再把鰲拜那廝推出去，接著斬。

聽說又要追究鰲拜的歷史錯誤，小順治急如星火，飛快趕到，再次央求多爾袞刀下留人。沒奈何，多爾袞只好依從。

前兩次鰲拜僥倖逃過去了，多爾袞接下來忙著進取中原，暫時沒顧得上他，等到大家趕走李自成，一窩蜂搬到了北京去居住，忽然又想起了舊事。這一次他給鰲拜找了個新的罪名——違令瀆請，就是沒聽領導指示，擅自主張，犯了嚴重的自由主義錯誤，第三次推出門外斬首。

這時候的小順治，正承受著青春期的苦惱。別的男孩子的苦惱，是不知道如何接近女生，他的苦惱卻是不認識的女生太多，偏偏都趴在宮裡，對他虎視眈眈……儘管如此痛苦，但沒有忘記鰲拜，聽聞此人又要被斬，又一次飛跑了去，求多爾袞看在他青春期苦惱的份上，饒過人家吧！

就這樣，倒楣透頂的鰲拜，為了小順治一家的幸福，付出了慘重的代價。

幸運的是，多爾袞突然從馬上跌下來死了，不然的話，說不定哪一天小順治一打盹，他的腦袋就沒了。

不管怎麼說，在多爾袞的殘酷高壓政治之下，皇太極一脈的親信早已被翦除得七七八八。鰲拜之所以能夠僥倖殘存，歸根究柢，就是因爲他不顧惜自己的性命，得到主子的多次相護，可見此人的忠心可昭日月。

所以，順治皇帝在死前留下了遺命，囑託鰲拜照顧新登基的小皇帝，是爲四大顧命老臣之一。

沒成想，那多爾袞幾次三番都沒有能夠扳倒鰲拜，可他天生的霉運當頭，攔也攔不住，很快就會被另一個政治對手給清除掉。

這個人，便是大清國的第四屆帝王，康熙。

奇怪了！鰲拜對帝王是如此的忠誠，小康熙爲什麼要幹掉他呢？

這個話說起來，那就有意思了……

2 從來就沒有救世主

康熙對著佛像行禮，寺中僧人端坐於浦團之上。卻在此時，華亦祥嗖的一聲竄了出來，手持一根大木棒，照和尚的禿腦殼砰砰砰就是一頓狂砸。

話說洋鬼子傳教士湯若望來到中國之後，因爲形貌奇特，遍體長毛，遂引發朝廷關注，被引進皇宮，與小順治成了莫逆好友。小順治時常去湯若望家裡做客，共商天下大事，不想正商量之間，天花發作，一命嗚呼。

於是皇太后孝莊找到湯若望這裡，問：「老湯，你說小順治死了，他的兒子都是小不點，老大牛鈕生下來就死了，老二福全九歲了，老三玄燁才八歲，咱們是立福全當皇帝，還是立玄燁當皇帝呢？」

「當然是玄燁。」洋鬼子湯若望回答。

「爲啥呢？」孝莊問。

便聽洋鬼子湯若望解釋：「小玄燁已經出過天花了，你看這孩子滿臉的大麻子，那麼他就有了免疫力了，命賊拉拉的長，不會像別人說死就死。」

「咱們就立老三玄燁好。」孝莊皇太后從諫如流。

小麻子皇帝康熙，就這樣登上了歷史舞台。

這位帝王，是一個什麼樣的人呢？

- 姓名：愛新覺羅．玄燁
- 出生年月日：一六五四年五月四日
- 籍貫：北京長安街一號紫禁城景仁宮東拐角
- 屬相：馬
- 星座：金牛座
- 血型：O型
- 身高：一百六十九公分
- 體重：五十八公斤
- 職業：皇帝
- 特長：擺平別人
- 社會關係：

父親：愛新覺羅．福臨

母親：佟佳氏

二哥：愛新覺羅．福全

按照慣例，接著是他的人生重大歷程簡表：

八歲：被評選為大清國第四屆皇帝。

九歲：改年號為康熙。

十三歲：白藍旗爭地案爆發，鰲拜斬三大臣。

十四歲：正式親政。

十五歲：打掉了以鰲拜為首的「反小皇帝集團」，撥正了大清航船的方向。

二十歲：取消廣西、雲南、福建三個自治區，財政統一劃撥中央。裁撤三藩。

二十一歲：廣西吳三桂大搞「西獨」，福建耿精忠大搞「福獨」，聯手起兵叛亂。

二十二歲：雲南尚可喜之子尚之信大搞「南獨」，起兵叛亂。同時，立一歲的小皇子胤礽為太子。

二十五歲：吳三桂在湖南衡州登基稱帝，國號大周，五個月後卒。

二十八歲：平定三藩叛亂。

三十歲：從鄭氏手中收回台灣。
三十一歲：於台灣設一府三縣。
三十二歲：發動雅克薩戰役，擊潰沙俄侵略軍。
三十三歲：發動雅克薩包圍戰。
三十五歲：孝莊太太后死。新疆葛爾丹在吞併漠西三部落之後，出兵攻打漠北諸部，漠北數十萬難民逃入漠南，請求中央政府出兵平叛。
三十六歲：與沙俄簽訂《尼布楚條約》。
三十七歲：發動漠北烏蘭布通戰役，大敗葛爾丹。
四十一歲：葛爾丹向俄人借鳥槍六萬，再次掀起叛亂。
四十三歲：發動克魯倫河戰役，大敗葛爾丹。
四十四歲：葛爾丹服毒自盡，清政府重新控制了阿爾泰山以東的漠北地區，將四個部落交由葛爾丹的姪子策妄阿那布坦管理。
五十五歲：已立三十三年的老太子胤礽被廢。
五十六歲：恢復胤礽的老太子待遇。
五十九歲：再度解除胤礽的老太子職務。
六十歲：遣使入藏，冊封五世班禪羅桑意希為「班禪額爾德尼」。
六十四歲：新疆領導幹部策妄阿那布坦驅兵進入西藏，佔領拉薩，殺拉藏汗，嚴重破壞了民族團結。為此派軍隊前去勸說，慘遭暴打。

六十七歲：再派軍隊進駐西藏，策妄阿那布坦被迫撤出，恢復了當地局勢的穩定。

六十九歲：於北京暢春園卒，死因，活太長。

看了康熙的個人簡歷，我們頭一個發現的，是他的兒子太倒楣了。這老傢伙在皇位上一蹲就是六十一年，他是舒服了，可他的兒子還等著接班呢！你看看，太子苦等了三十三年，等得精神失常，神經分裂了。

但就算你精神分裂了，也不能怪人家康熙。要知道，康熙在歷史上，那可是赫赫有名的「明君」啊！

實際上，這世上既沒有什麼明君，也沒有什麼昏君。君主是昏還是明，完全取決於百姓的認知觀念。

必定是先有了帝王思想，然後才有帝王專制的。而帝王思想，首先是一種群體認知的思想。如果群體絞盡腦汁地想找個皇帝來奴役自己，他們是絕對不會失望的。哪怕是挖地三尺，也能挖出個暴君來享受一下。

康熙在位的時候，曾發生過一件很有意思的事，值得一說。

有一個叫華亦祥的漢人，乃是順治十六年進士第二人，算是有點小知名度。有一天，跟在康熙屁股後面，樂顛顛地去香山旅遊。來到一座寺廟前，康熙皇帝停下儀仗，進了廟後，對著佛像行禮。寺中僧人則端坐於蒲團之上，眼觀鼻，鼻觀心，靜坐不語。

卻在此時，那華亦祥嗖的一聲竄了出來，手持一根大木棒，不由分說，照和尚的禿腦殼砰砰砰就是一頓狂砸。直砸得和尚慘叫不已，捂著滿腦袋的血包，悲憤地質問道：「你丫幹嘛打我？」

華亦祥厲聲尖吼道：「你丫什麼東西？不過是一頭禿驢而已，皇帝對你下拜，竟敢端坐不動！這還無法無天了呢？」

僧人怒曰：「皇帝是拜佛，又不是拜我，跟我有什麼關係？」

華亦祥大聲回道：「老子打的就是佛！」

這段史實，真切道破了漢民族濃重的帝王思想與奴才情結。你丫自己膝蓋軟，見了權力就磕頭，你就磕你的頭好了，跟別人有什麼關係？可華亦祥不然，不光是嚴格要求自己當奴才，還強迫著別人也當奴才，甚至想強迫著西天佛祖跟他一道當奴才。有這樣奴媚入骨的人存在，康熙即使是想不當「明君」，怕也不可能。

由此說來，女真人進入奴才情結嚴重的中原，真是來對了地方。在這個觀念嚴重扭曲的世界裡，小康熙有得玩了！

3 誰是王八？

就聽康熙吭吭吭一口氣把《大學》背誦完了，楊怡齋這才明白過來，原來皇帝是閑極無聊，無事生非，想找個人來歌頌歌頌他。

說起來，康熙這個人，雖然久負「明君」之望，但實際上，他的心眼比針眼還要小，而且睚眥必報。

且說康熙暮年的時候，牙齒都快要掉光了，那時候又沒有烤瓷牙，沒有假牙，只好任由嘴巴像老太太一樣往裡癟。

有一天，老頭康熙癟著嘴巴，帶一群年少貌美的嬪妃，在花池裡釣魚取樂。一個妃子釣到一隻鱉，剛一舉竿，那隻鱉卻是聰明得緊，張嘴噗一聲吐出魚鉤，掉頭游進水裡，逃之夭夭了。

妃子受驚，當場大叫起來：「王八抛了！」意思是說：有隻王八跑掉了！

皇后卻是個勤於思考的人，琢磨了一下說：「備不住是這隻王八沒有門牙了，所以咬不住鉤子。」

趁皇后專注於思考的工夫，那妃子忽地扭頭向康熙甜甜一笑，指望能夠在皇帝心中留下一個好印象，到時候也好「幸御」一下這皇宮裡唯一的老頭。

卻不曾想，她如此賣弄風情，偏偏惹火了康熙。他認為，皇后說王八沒有門牙，乃是無心，可這妃子扭過頭來笑，意思就是在說他康熙正是一隻沒有門牙的老王八！是可忍，孰不可忍？遂將此妃子廢至冷宮，讓她一輩子也甭想聞到男人的氣味。

古人說，龍有逆鱗，君心難測，又說伴君如伴虎，說的就是康熙這樣的皇帝，忒難侍候了！也不知受了什麼刺激，心理上敏感得要命，你說王八，他就懷疑你說他，你不說王八，他就懷疑你在肚子裡嘀咕他。

這種事情擱在普通人身上，那叫疑心病，應該去看醫生。可這事發生在一位「明君」身上，明擺著，中國人對明君的要求標準，有點低哪！

除了為人極度敏感，康熙還有一個愛好，特喜歡找茬惹事。

曾經有一次，他把古北口的總兵楊怡齋找來，命令他現場背誦《大學》。

可憐楊怡齋也不曉得領導抽的是哪股子邪風，只好硬著頭皮瞎背，想當然爾，背一半就背不下去了。

「陛下，臣忘了。」

一聽此言，康熙大喜，「你打小學的課文，怎就忘了呢？」

「工作太忙啊……」楊怡齋表面這樣回答，心裡大罵著，王八蛋才天天背誦小學生課文呢！

就聽康熙道：「靠！你工作再忙，還能有我忙嗎？我就能背！」說完往楊怡齋面前一站，吭吭吭一口氣把《大學》背誦完了，然後得意洋洋地問：「如何？」

楊怡齋這才明白過來，原來皇帝是閑極無聊，無事生非，想找個人來歌頌歌頌他，當即歌頌道：「陛下天縱奇才，我哪比得了啊？」

康熙大喜。

就因爲會背一篇小學生都會背的課文，就能樂成這個樣子，由此可見此人比較純眞，比較膚淺。這種人，天生喜歡賣弄，是惹是生非的高手。只要一聽說誰比較厲害，就要和對方較量較量。你不說他天縱奇才，他肯定跟你沒完。

還有一件事頗有意思，也得說說。

曾有一回，康熙南巡的時候，地方官出迎，指著隨從中的一名百姓代表說：「這個人叫吳廷楨，很聰明的，是我們吳中的才子。」

康熙一聽，什麼？還有人敢跟我比聰明？當下伸手招呼過來，「你是吳中才子？不是吹牛吧？那什麼，既然是才子，馬上來賦詩一首，限只能使用江韻。」

百姓代表吳廷楨的腦袋一下子就大了，只好絞盡腦汁日：「龍舟彩動旗影幢，聖主巡方至越邦……」

剛剛日了兩句，康熙就打斷了，糾正說：「不是到越邦，這已經到了吳江了……你接著來。」

吳廷楨那個氣啊，心說這個康熙他媽的啥人啊？說你到越邦有啥不對啊？你還非得要給弄到吳江去！一咬牙道：「民瘼關心忘處所，侍臣傳語到吳江。」

這一來，四句詩一下子圓了回來，康熙笑日：「我靠！還眞是吳中才子，有一套！」

總之，康熙這個人，就是比較喜歡找別人的麻煩，給別人出難題。偏也正是這項超凡的才能，使他晉升爲中國爲數不多的明君之一。

這個性格，恰恰屬於帝王策術的一部分。

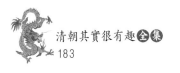

4 帝王之術的運用

恢復「議會」，帝國的根基，由此變得更加牢固。可即使這樣，皇室中仍免不了醞釀著新的危機：如何避免讓小康熙也走上他爹的老路？

如果我們把大清帝國的第二屆皇帝皇太極、第三屆皇帝順治，和第四屆皇帝康熙比較一下，就會發現一個奇怪的現象。

第二屆皇帝皇太極在位的時候，實行的是集體領導，領導班子四大巨頭並排而坐。他爲了打掉另外三個巨頭，煞費了苦心。

到了第三屆皇帝順治，情況更是危險，如果不是鰲拜等家臣拚了性命不要，在議政王公大臣會議上敢跟多爾袞動刀子，皇帝的人選花落誰家，肯定是一個未知數。

但等輪到了小康熙的時候，卻沒有聽說有誰鬧過什麼事。選立康熙，完全是孝莊皇太后和洋鬼子湯若望關起門來一合計，就這麼定了。

爲什麼小康熙登基如此的順利？

或者說，爲什麼皇太極和小順治登基的時候，就那麼艱難呢？

這個問題，得老汗王努爾哈赤說起。

努爾哈赤在世的時候，喜歡玩的雖然是一言堂，但心裡還是明白利害是非的，知道集體領導更符合人性，更具有可持續發展性，所以留下遺囑，要求在他死後，建立起八和碩貝勒議會制，實行集體領導。

正是因爲有這麼個集體領導，皇太極玩得不開心，不過癮，只得苦心孤詣，絞盡腦汁，最終推翻了這個領導班子，建立起了由他唱獨角戲的首長負責制。

但是百足之蟲，死而不僵，既然已經有了「集體領導」的傳統，總會在歷史上發生著作用。事實上，正因著議政王公大臣會議這種領導體制的存在，才阻遏了多爾袞問鼎帝位。

最後，這枚黑色的果實，落到了鬱悶少年小順治的腦袋上。

接下來發生的，是多爾袞爲了打掉小順治利益集團，處心積慮，不擇手段廢除了議政王公大臣會議，這就等於解散了議會，實行了完全獨裁，他想幹啥就幹啥了。

可惜還沒來得及幹啥，此人就急不可耐地死翹翹了。結果，他辛苦栽培的帝王之土，肥沃了康熙這個小朋友。

利益集團都被多爾袞一股腦打破，一旦權力出現眞空，孝莊皇太后想當然爾地坐享其成。她盡可以遂性由心地安排自己喜歡的小娃娃當皇帝。

不要說她立了康熙，就算是要立一條狗當皇帝，也不會有人提出什麼反對意見來。這時，沒人有提意見的權力了。

孝莊皇太后在玩她自己的。小順治雖然身死，卻也沒閑著，臨死之前給自己的兒子留下了包括鰲拜在內的「四大顧命老臣」，這在某種程度上等於重新恢復了「議會」，建立起了一個理性的經營班子。

帝國的根基，由此而變得更加牢固。從此，小康熙盡可以像他的父親順治一樣，宮裡宮外由著折騰，怎麼個折騰法，權力也不會洩漏出去一星半點。可即使這樣，皇室中仍免不了醞釀著新的危機：如何避免讓小康熙也走上他爹的老路？

沒錯，小康熙和他的父親小順治一樣，都是還在吃奶尿床的節骨眼上，就被人給抱到龍椅上來了。帝位的尊榮，對於別人來說絕對意味著一種享受，求之而不得。但對於康熙和順治來說，這皇帝太他媽的沒意思了！等於是別人強塞給自己的。

多美味的東西，強往你嘴裡塞，你也不爽；多漂亮的美女，一個接一個往你身上扔，也會砸你個鼻青臉腫。小順治就是前車之鑑，正是因爲這一切來得太容易了，缺少了必不可少的奮鬥過程，結果居然把他活活鬱悶死了。

譬如彩蝶飛蛾，在迎來生命的振翅高飛之時，都要破繭而出。軟弱的蛹，從堅硬的繭殼中奮力掙扎著、拚鬥著，一點一點擠出來。如果有人看著飛蛾破繭的過程是如此的吃力，在一邊抱打不平，主動幫忙撕開繭殼，這隻飛蛾可就慘了。飛是飛得出來，卻飛不高，也飛不快，沒有任何生存能力，哪怕一陣微風吹來，都能吹得牠啪唧一聲撞在牆壁上，活活撞死。

大清帝國第三屆皇帝順治，就是這麼一隻活活撞死在牆壁上的小飛蛾。沒有奮鬥過，沒有磨練過，面對人生課題的時候，也就沒有任何勇氣與能力與之對抗。鬱悶地早早蹬腿死掉，恐怕還是他的運氣了。如果沒有早死，肯定會在心理嚴重扭曲的狀態下成爲暴君。歷史上，這樣的例子比比皆是。

現在，擺在孝莊皇太后面前的嚴重問題是：如何讓小康熙迅速地成熟成長起來，成爲一個人，而非又一個失敗者？

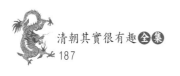

5 給小孫子的家庭作業

要想避免讓小康熙重走小順治的老路，得考慮到給他一個人生課題。孝莊皇太后的目光，終於落到了正在鞍前馬後替愛新覺羅家族打工的鰲拜身上。

可以確信，孝莊皇太后對於小順治的不爭氣，肯定每天都在心裡琢磨：這小兔崽子到底是怎麼一回事呢？老娘費了這麼大的勁才幫他弄上一個皇帝，可他自己一點也不當回事，天天吵著要去當和尚。

你娘的！和尚哪有皇帝日子過得舒服？你看香山廟裡的和尚，見了皇帝，就因爲沒有磕頭，慘遭那個叫華亦祥的漢人暴打……

怎麼回事呢？這到底是怎麼回事呢？

月白風清之夜，孝莊皇太后獨立中庭，滿腦門子就是琢磨這個問題。

開始時，她還眞不明白原因之所在——如果她能明白，小順治也不會吵著去當和尚了。然而琢磨來琢磨去，老太太一輩子不幹別的正事，就琢磨這麼一個問題，再加上西洋來的洋鬼子湯若望在一邊提醒，終於有一天，尋思過來了：噢！原來是他媽的這麼一回事，我說呢……

孝莊皇太后發現，要想避免讓小康熙重走小順治的老路，就得考慮到給他一個人生課題，讓他自己來獨立完成。一旦完成了這個課題，他就會如破繭而出的飛蛾，想往哪飛就往哪兒飛了。

安排什麼題目好呢？

孝莊皇太后的目光，落到了正在鞍前馬後替愛新覺羅家族打工的鰲拜身上。

爲什麼孝莊會盯上鰲拜呢？

很簡單，這廝現在正幹著當年多爾袞的活。

想當年，多爾袞費盡力氣，推翻了集體領導制，讓孝莊坐享其成。而現在，鰲拜也和當年的多爾袞一樣，被領導班子的各個成員掣手扯腳，忙得兩腳朝天，累得吳牛喘月。這可是一個再忠誠不過的老員工了，最適合拿了來給少帥康熙磨刀用。也正因爲他忠心，幹掉他，不會有什麼危險……

鰲拜這廝的悲劇，由此註定。

有句話叫「發現問題比解決問題更重要」，這是因爲思路決定出路，辦法總比困難多。但辦法再多，也不過是舊有的人生經驗的重新組合，甭管問題多麼新穎，解決的方案多半是老辦法。

這種思維的慣性，也有一個說法，叫做「穿新鞋，走老路」。

一旦孝莊琢磨拿鰲拜下手，她的思維慣性便在不知不覺中起了影響，推動著事態重向多爾袞時代行進。

由於香港大作家金庸先生的一部《鹿鼎記》，再加上電視連續劇推波助瀾，小康熙扳倒權臣鰲拜，在許多吃奶娃娃中不脛而走。

但是這種騙局，也只能是唬弄唬弄吃奶的娃娃，但凡有誰站出來問一個究竟，事情就一下子露餡了。

6 鰲拜冤案的來龍去脈

史書上說，鰲拜公然「矯旨」。可康熙剛剛滿十三歲，正在宮裡四處狂追小宮女，還沒有親政，鰲拜是有處置權的，又怎麼矯旨了呢？

史書上說：鰲拜這廝，忒不像話，欺君罔上，橫行霸道，廣結黨羽，翦除異己……

此前小順治留下來的經營班子，除鰲拜之外，另有正黃旗的索尼。他是負責內務府的，主要是統領秘密員警，朝中的政治鬥爭，輕易插不上手，所以成了四朝不倒翁。

領導班子中的第二位，是正白旗的蘇克薩哈。他以前曾犯過嚴重的政治路線錯誤，是多爾袞的心腹，後來多爾袞反皇帝集團被一舉打掉，蘇克薩哈與主子劃清界限，反戈一擊，重新贏得了朝廷的信任，並進入本屆經營班子。

領導班子中排第三位的，是鑲黃旗的遏必隆。這是一個鬱悶人，最不善於和同事們搞好關係，老是遭受排擠。正爲這個原因，小順治臨終前提拔了他，他當然得竭誠效命。

領導班子中，鰲拜是排在第四位的，卻是皇太極家的元老，把他放在領導班子裡，目的就是監視另三位領導。對此，他心中非常清楚。

這四個老頭，曾經在順治的靈前發誓，要齊心協力，和衷共計，不計私怨，團結一致輔佐小康熙。等發過誓之後，領導班子裡的班長索尼就找了個沒人地方躲起來，誰找也找不到他了。

老三遏必隆一瞧這架勢，老大躲了，那我也把嘴巴拿麻繩紮起來得了。於是在以後的領導班子會議上，除了舉手支持，多餘的一個字也不說。

另兩位班子的成員，鰲拜和蘇克薩哈，兩人一看索尼和遏必隆都躲了，心裡頓時發毛。要知道，他們兩個以前可是生死仇敵啊！當年鰲拜在議正王公大臣會議上揮舞刀子，對手就是蘇克薩哈，這仇結得年頭太久了。

看明白了吧？小順治只是鬱悶，其實一點也不傻。他故意將這兩個生死對頭拴在一個槽子上，哪能不引起亂子來嗎？

鰲拜和蘇克薩哈，都害怕因爲自己的暴脾氣，在班子裡引發衝突，影響到和諧和穩定。鰲拜只得和蘇克薩哈商量說：「老哥，我現在越看你越不順眼，眞想一刀宰了你，這樣下去可怎麼行啊？要不咱們想個辦法，解決一下吧！」

「想個什麼辦法呢？」

「不如我們聯姻吧！你把女兒給我兒子，我把丫頭送給你家小子。這一招，應該不會不管用吧？」

於是兩家聯姻，兩老頭熱熱絡絡地坐在一起喝喜酒……多美，這樣多和諧！

喜酒喝了之後，亂子就來了。

史書上說，就在小康熙十三歲那一年，由鰲拜主持，將二十年前多爾袞的正白旗從皇太極家的正藍旗裡那裡搶過去的地，再劃撥過來。

這件事，構成了鰲拜與蘇克薩哈徹底決裂的因由。

鰲拜這樣做，實際上是有著充足理由的。一來，他是皇太極家裡的老人，當年正藍旗的地被多爾袞搶走，現在正藍旗的兄弟們都眼巴巴地等著他主持公道呢！要是不管這事，正藍旗的兄弟們不樂意不說，孝莊皇太后和康熙也不樂意。養條狗還知道看家呢！養了你鰲拜，就任由皇族被人欺負，你連個屁也不敢放？

可以料想得到，鰲拜的案頭上，要求返還被多爾袞搶走的土地的訴狀，鐵定是堆成了小山堆。上訪的人員估計也少不了，能不考慮嗎？

在其位，謀其政。

那就給正藍旗平反吧！

沒成想，這一平反，樂子可就大了。正白旗的戶部尚書蘇納海、漢軍鑲白旗的直隸總督朱昌祚，以及漢軍鑲白旗的保定巡撫王登——這些人都屬於多爾袞當年冤案的受益者，藍旗被搶走了的地，都在他們家裡呢——三人合夥跳起來，堅決反對平反冤假錯案。說明白了，一是維護自身的利益，二是防止拔出蘿蔔帶出泥，萬一平反的政策一落實下來，自己遲早也是個吃不了兜著走。

鰲拜一瞧這哥仨，頓時就樂了，這可倒好，找還找不到你們幾個呢！想當初多爾袞得勢的時候，你們把我們皇太極一家都給欺負成啥樣了？

斬！

史書上說，鰲拜公然「矯旨」，以藐視上命為由，將多爾袞時代的舊黨一併肅清。

「矯旨」又是個啥意思呢？

意思是說，這不是康熙的意思。可康熙剛剛滿十三歲，正在宮裡四處狂追小宮女，還沒有親政，鰲拜是有處置權的，又怎麼矯旨了呢？

沒辦法，一定要說成「矯旨」。不說成「矯旨」，有什麼理由幹掉人家？

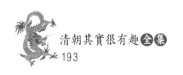

7 殺了那條狗！

康熙找來一堆少年子弟，每天練習摔跤。有一天，鰲拜進來看看，被這夥小朋友群擁而上，等到雙手雙腿都被捆綁起來，才知道自己的麻煩大了。

鰲拜就這樣入套了。

說到底，錯就錯在他對於康熙一家太過於忠誠，但凡有一點心眼，也不會淪爲人家掌上的玩物。

不過，孝莊皇太后分明覺得這還不夠，還要再給鰲拜上點眼藥。

嘗託病不朝，要上親往問疾。上幸其第，入其寢，御前侍衛和公托見其貌變色，乃急趨至榻前，揭席刃見。上笑曰：「刀不離身乃滿洲故俗，不足異也。」因即返駕。

這一瓶眼藥，是後世的史學家們必須要引用的，以此來證明鰲拜這廝不是個東西。

你看看他，皇帝去他家串門，這是多大的面子！可他都幹了些什麼呢？居然在枕頭下藏

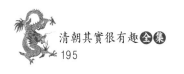

起一把刀來……

鰲拜他想幹啥？砍了小康熙嗎？砍了之後呢？自己來當皇帝？他有這麼缺心眼嗎？

坦白說，鰲拜這個人，最大的毛病就是缺心眼。早年多爾袞爭奪皇位，皇太極養了多少家將？雖然大家都憤憤不平，可沒見有誰公開站出來，都是在背後裡私下裡嘀咕。偏偏他跟著多爾袞較勁，結果差一點被宰。

但凡有一點點心眼，也不至於出這種頭。站在人堆裡跟大家一塊嚷嚷多好？挑頭站出來，被當成首犯，重點打擊，真是何苦來哉！

孝莊太皇太后正是瞧準了這一點，才將可憐的老員工當成一道家庭作業，佈置給小孫子來完成。

史載，康熙小皇帝曾與其祖母孝莊太皇太后，秘密商議剷除鰲拜的計劃。

「老奶奶，鰲爺爺玩得真痛快啊，什麼時候輪到我也玩一玩呢？」

「孩子，你想什麼時候玩，就什麼時候玩，這由你來決定。」

「可我怕鰲爺爺不依。」

「孩子，你聽說過獵人是怎麼訓練他們家裡的孩子的嗎？」

「獵人……孩子……不曉得。」

「是這樣的，獵人是這樣一種人，他們敢在深山裡與最兇猛的老虎搏鬥，膽氣是一等一的驚人。可是，獵人在小的時候，也不過是小孩子，見了家裡養的獵犬都害怕，更不要說遇到老虎了。要想把一個連狗都害怕的孩子訓練成有膽氣的獵人，需要一整套的訓練技巧。」

「啥技巧啊？」

「很簡單，就是給孩子一把刀，讓他把家裡最兇猛也最忠心的狗宰了。」

「可是狗會咬他耶！」

「咬主人的狗，還叫狗嗎？」

「也有道理……可這跟我有什麼關係？我又不是獵人。」

「錯了，你就是獵人！這世界上的每一個男人都是獵人，他們必須要以大無畏的血勇膽氣，行走在險惡的人世間，要同數不清的強敵搏鬥。大人物就是要不斷戰勝強敵的人，才被稱爲大人物的。如果你沒有敵人，那麼OK，你已經失敗了，因爲這意味著你不過是別人的獵物，只能任人宰割，絲毫沒有還手之力。大人物是主動尋找敵人，創造敵人，主動出擊並打敗敵人的人。想成爲大人物，就必須像訓練獵人一樣，先從自己家裡的狗殺起。孩子，殺了這條狗，你就成熟了，就成爲男人了，就有勇氣有信心挑戰你人生的任何難關了！去吧！孩子，殺了那條狗！」

「狗……哪裡有狗？」

「就是你鰲爺爺！」

「不是吧！鰲爺爺一直保護我，愛護我……」

「正因爲他太過於忠心，你才必須要殺了他，他的忠心已經構成了你人生成長的最大障礙。如果不能夠衝破這層保護網，破繭而出，你就永遠也不可能成長爲一個男人。充其量，不過是像你父親那樣，作爲皇家的種馬，除了配種繁衍，別的用處一概沒有。你肯定不希望自己也這樣吧？」

「這個……好像也蠻好……」

「殺了他！」

「奶奶，你聽我說，咱們家不是講仁義嗎？」

「殺了他，殺了那條狗，就是最大的仁義道德。」

「我不敢……」

「殺了他！」

和祖奶奶孝莊商量過後，康熙回到宮裡，琢磨過來，琢磨過去，一想到鰲拜那粗胳膊粗腿，頭皮就發麻。有沒有什麼好辦法呢？

有了！他很快找來一堆少年子弟，每天讓他們在宮中練習摔跤。有一天，鰲拜進來看看，被這夥小朋友群擁而上，將之放翻。開玩笑吧？他想，等到雙手雙腿都被捆綁起來，才知道自己的麻煩大了。

庚申，王大臣議鰲拜獄上，列陳大罪三十，請族誅。詔曰：「鰲拜愚悖無知，誠合夷族。特念效力年久，迭立戰功，貸其死，籍沒拘禁。」其弟穆里瑪、塞本得，從子訥莫，其黨大學士班布林善，尚書阿思哈、噶褚哈、濟世，侍郎泰壁圖，學士吳格塞皆誅死。餘坐譴黜。其弟巴哈宿衛淳謹，卓布泰有軍功，免從坐。

一條忠心的老狗，就這樣被成長中的少年除掉。從這一天開始，康熙再也不是一個小孩子，他的人格已經形成，心理迅速成熟。這一事件，構築成了此後一貫的心理模式。往後，他的一生，都將在找一條忠心的老狗並將之殺掉的過程中，繼續行走。

8 還有一條狗

吳三桂為了表白他對清室的忠心，一路追殺南明殘餘力量，最後親手用弓弦將大明的最後一個宗室朱由榔活活勒死。有用嗎？沒用！

自從除掉鰲拜，康熙皇帝就養成了一個專心致志找別人麻煩的習慣，凡是被他盯上的人，都會面臨著他提出的難題。這道題，等閒智力那是解不開的，只能拚個魚死網破……嘿嘿嘿！敢跟皇帝玩命，正好！

就這樣，康熙的文治武功之上，添加了一項一項的光彩紀錄。

第一個被盯上的，是平西王吳三桂。

說起這吳三桂來，也是一世梟雄。他在十一歲那年遇到異人，攜之入山，學到了一身驚人的本事。但這本事好像沒幫上什麼忙。先是他替大明朝的崇禎皇帝鎮守邊關，與清兵正打得起勁，忽然間流寇李自成進犯京師，崇禎皇帝急命他趕回去救駕。可這道調令發得太晚，人剛剛走到山海關，崇禎皇帝已經搶先一步上吊死了。

吳三桂孤軍難立，決定順應潮流，和大家一起投降李自成。不想李自成玩他，搶走他的愛妾陳圓圓不說，還將他父親吳襄抓起來，大板子夾腦袋再教育，逼得他反叛。

反叛的結果，是惹毛了李自成，率了二十萬的流寇大軍，氣勢洶洶地開到山海關來。吳三桂沒咒可念，只好向大清多爾袞借兵。多爾袞那廝也不是吃素的，趁機擺了一道，假裝應允，說是兩家合兵，等真到了戰場上，卻是按兵不動，說除非你吳三桂先剃頭……

這時候的吳三桂，眞是豬八戒三面照鏡子，四面不是人，乾脆一咬牙，就此歸附了大清，替女眞人攻城掠地，幹得非常賣力。滿清人看得高興，後來封他爲平西王，將廣西劃爲特區，行政權、司法權、財政權、軍權……一股腦地都給了他，以示信任和恩寵。

到了康熙時代，吳三桂的利用價値，基本算是消耗盡了。既然如此，自然合該殺驢，這個道理，他也不是不懂。

既然懂事，那就好辦了。

削藩！也就是取消特區的意思。

削藩令一下，群臣大恐，紛紛上書表示反對。爲什麼反對呢？表面上的理由是擔心這麼個搞法，會逼得吳三桂走投無路，造起反來。實際上眞正的原因，是完全沒這個必要。

然而小康熙需要敵人，這藩，非削不可。

既然要削藩，那也是需要個拿得出手的理由。目前的史書基本上都是「挺削派」，也就是支持康熙的決定。書上說：吳三桂那廝太不像話了，每年都朝小康熙要軍費，一年居然要九百多萬兩，應該削之。

也就是說，朝廷沒錢，只好關閉企業，宣佈員工下崗。可後來乾隆曾經六次下江南巡，宛如一頭巨大的怪獸，所過之處吞吃得乾乾淨淨……怎麼老闆天天出門旅遊都有錢，等臨到給員工發工資，就說沒錢了呢？

實際上，削藩是假的，目的只是爲了逼反吳三桂，小康熙也好放開手腳，大玩特玩一場。這小混蛋早就發現了，帝王之術，最高境界就是不斷製造麻煩，然後解決掉這些麻煩，你製造的麻煩越多，你的名聲就越好。反之，如果你老老實實當個太平天子，老百姓可就懶得歌頌你了。

康熙有句話，是說吳三桂的，這句話是：「撤亦反，不撤亦反，不如先發制之。」意思是說，這倒楣的老傢伙，橫豎是要造反的，還不如趁早幹掉。

削藩，意味著停發吳三桂及部下將士的薪資，肯定會鬧一場群體事件。但康熙認爲吳三桂「不撤亦反」，也就是不削藩，他也要反。這依據又是什麼？

《清史稿》上說得明白：

十二月丙午，平西王吳三桂、定西將軍愛星阿會報大軍入緬，緬人執明永曆帝朱由榔以獻。明將白文選降。

這段記載，是小康熙剛剛登基時候的事。

看看吳三桂，爲了表白他對清室的忠心，一路追殺南明殘餘力量，追到了緬甸，最後親手用弓弦將大明的最後一個宗室朱由榔活活勒死。

他這麼做，目的只是爲了斷自己的後路，向康熙表白忠心。就因爲他是漢人，必須做得比滿人更狠，更絕！

有用嗎？

沒用！

鰲拜跟了愛新覺羅家一輩子，不比吳三桂更忠心？

帝王需要臣子的忠心，不單是爲了享受尊榮，更主要的原因是，只有最忠心的臣子，才是最合適的對手。只有最忠心的臣子，才剛好充當了帝王用以成名立萬的活靶子。

9 一隻蒼蠅引發的血案

夾雜在米飯當中的，竟是一隻死蒼蠅！王輔臣那個噁心啊，正想說出來，可一轉念，不能說，如果說出來，那馬一棍一生氣，鐵定一棍子打死廚子。

吳三桂這個人，大概稱得上史上最衰之倒楣蛋了。他衰就衰在一輩子也沒有遇到自己的機會，始終是居於一個能力強於位置的狀態中。這就好比虎落平陽，龍困淺灘，最適合被別人選爲對手，進行攻擊。

最早的時候，吳三桂被李自成選中，作爲稱帝的一個活靶子，帶了二十萬大兵，不辭勞苦地趕到山海關去砍。被逼得走投無路之下，不得不投靠了清廷。

但是，他的能力太強了。他曾經把李自成從山海關狂追回北京，又從北京把李自成狂攆到西安，再從西安一路追殺，一直追趕到武昌，硬生生把闖王活活逼死。而後進入西南，西南諸軍，聞風而降，沒人是對手。他要不是心眼太死，老是「小富即安，安於現狀」，滿清在中原能不能站得住腳？這是很難說的。

暴打能力強的人，足以證明你更強。像吳三桂這樣，能力超強，卻又太死心眼的忠心耿耿，那就更好玩了。因爲他忠心耿耿，所以不會爲自己預留後路，更不會爲造反提前做準備，一旦動起手來，基本上來說是有勝無敗。

打不打？打！

吳三桂傻眼了，他不得不「奉旨造反」。

說到奉旨造反，吳三桂帳下有一大將王輔臣，後來升任陝西提督。這卻是一個比吳三桂、鰲拜更老實，心眼更好的可憐人，不幸也被捲入了這起群體事件之中。

說起王輔臣，此人心地善良，天底下打著燈籠都難找。

曾經有一次，他和吳三桂的姪子吳應熊，還有幾個軍官，大家一起去一個姓馬的總兵官那裡吃飯。這個馬總兵有一個外號，叫馬一棍。

馬一棍是什麼意思呢？意思是說，這位總兵是個暴脾氣，但凡部屬犯了錯誤，不論大罪小錯，一律是拿大木棍一棍打死。由於乾脆利索，童叟無欺，只一棍便取將屬性命，絕不拖泥帶水，故得此稱號。

到了馬一棍的軍營，王輔臣、吳應熊等兄弟們坐定，飯局這就開鍋了。大塊吃肉，大碗喝酒，其樂融融。正融融著，王輔臣端起飯碗要吃，嗯……夾雜在雪白的米飯當中的，竟是一隻死蒼蠅！

王輔臣心裡那個噁心啊，正想說出來，可一轉念，不能說，這是廚子做飯注意力不集中，吊兒郎噹，再加上廚房衛生不達標，結果讓蒼蠅混了進來。如果說出來，那馬一棍一生氣，鐵定一棍子打死廚子，就為了自己吃一頓飯，讓廚子搭進一條性命去，這個……不大妥當吧？

如此一想，他就把飯碗放下，想趁人不注意的時候，悄悄把蒼蠅挑出來，這事就過去了。卻不曾想，王輔臣身邊，坐著一個眼尖的軍官，那廝吃著自己碗裡的，卻盯著別人碗裡的，冷不防看到碗裡的蒼蠅，急忙提醒：「喂！老王，你瞧瞧你的碗裡有什麼？一隻黑又亮的蒼蠅耶！」

王輔臣心裡大急，生怕這個軍官把事嚷嚷開，連累到廚子性命，急忙眨眼擠眉，示意小點聲。可那軍官哪考慮了這麼多，自己好心提醒，卻看人家居然是一副為難的模樣，分明是不樂意將那隻蒼蠅從米飯裡挑出來，心裡有氣，就道：「喂！老王，你啥意思？不會是想把蒼蠅也吃了吧？」

王輔臣只能硬著頭頂強撐著，曰：「咱們當兵的人，啥苦沒吃過？啥罪沒遭過？在戰場的時候，兩軍相搏，血肉模糊，那節骨眼上，你連蒼蠅都沒得吃啊！」

那軍官聽得更是詫異，「如此說來，老王，你眞的敢把這隻蒼蠅吃了？你吃，你要是敢吃，我輸你二十兩銀子！」

銀子不銀子的，王輔臣倒也不放在心上，只是他擔心再鬧下去，讓馬一棍聽到，那廚師可就沒命了。爲了一條人命，只好一咬牙，端起飯碗，「我吃我吃我吃吃吃……」閉著眼睛，眞的把蒼蠅吃下去。

爲了救人一命，心甘情願呑吃蒼蠅，這種仁慈善良，應該感動老天了吧？沒那事，老天才不理你個槌子！

當時，吳三桂的姪子吳應熊就坐在邊上，眼睜睜看著王輔臣把蒼蠅吃下去，越看越噁心。心說這老王他媽的什麼人啊？錢迷了心竅了？就爲了二十兩銀子，你至於嗎？厭惡之下，不由說：「老王，你行啊！爲了二十兩銀子，你連蒼蠅都敢吃，佩服，佩服！要是再給你二十兩銀子，讓你吃屎，你吃不吃？」

「你他媽……」王輔臣登時就火了，我就是想救人一條性命，怎麼這些人就不肯理解我呢？受了那麼大的委屈，卻平白遭受到這麼多的羞辱，忍耐底線終於斷裂，砰的一聲將桌子一掀，操起刀子便要殺人。

吳應熊眼見人家眞的火了，好漢不吃眼前虧，掉頭狂逃……

王輔臣的遭遇，告訴我們一條簡單的人生哲理：善良，是需要付出代價的。有些人不知道這個道理，那只是因爲他們未曾眞正地爲自己的善良買過單。

帝王之術的運用，就是要找到這些自以爲善良的人，然後，一一幹掉。

10 成長的凱歌

吳三桂都六十二歲了，雖說造反不分年齡，歷史上甚至有七十多歲的老頭造反，可他手握雄兵，坐享富貴，閑著沒事扯這蛋幹嘛？

王輔臣自以爲善良，吳三桂則自以爲忠心。他們不知道，善良也好，忠心也罷，都是需要付出代價的。

現在，是付出代價的時候了。

削藩令一下，朝廷以後不再給雲南的現役軍人發工資了，所有的錢都留給康熙出門旅遊消費，大家自己琢磨活路吧。可除了拉班子另組公司，哪還有第二條活路？

吳三桂被迫無奈，於倉促之間舉兵反叛。眞糟糕！所有人都沒有心理準備啊……

這不是廢話嗎？讓你有了準備，那到底是康熙來玩你，還是你玩康熙？

儘管沒什麼準備，吳三桂的戰爭藝術還眞不是蓋的，聯繫了一大票「落後分子」，有雲南提督張國柱、貴州提督李本深、四川提督鄭蛟鱗、總兵吳之茂、長沙副將黃正卿、湖廣總兵楊來加……再加上台灣的鄭氏，大家一起幹了！奶奶的，康熙你個小兔崽子！取消工資，自古以來就沒這麼幹的！

輕而易舉，控制了雲南、貴州、四川、湖南、福建五個省。

這麼一動手，就展示了吳三桂過強的軍事能力與實力。你看看這個傢伙，有這麼強的能力，你丫非要屈居一個狗屁平西王，怎麼不早點造反呢？非要拖到現在，看看你多大年紀了？

這一年，吳三桂已經六十二歲了。

單只看這個年齡，就知道吳三桂有多冤。他都六十二歲的老頭了，造這反有什麼用呢？雖說造反不分年齡，歷史上甚至有七十多歲的老頭造反，可他手握雄兵，坐享富貴，閑著沒事扯這蛋幹嘛？

事實上，老邁年齡，正是康熙選中他當對手的最主要原因。論及軍事才幹，放眼天下，吳三桂是根本找不到對手的，但康熙要和他比的是年齡。無論如何，吳三桂都不可能活得比康熙更久。這不但是他自己，也是所有老年人的悲劇。

挑戰鰲拜，挑戰吳三桂，康熙之所以贏得後世史學家一面倒的酷評，僅僅是因爲，這不僅是皇家策術的運行與權力的大激鬥，同樣也是年輕人向老年人發起的狂猛攻勢。

這是年輕一代崛起的凱歌，是歷史吐故納新的必然趨勢。儘管年輕人在資歷上、在思想的成熟與智慧的積澱方面，都無法與老傢伙相比。但是，沉舟側畔千帆過，病樹堂前萬木春，歷史，終將把舞台留給年輕一代。

康熙之所以能夠成爲中國歷史上最具人望的帝王，最首要的原因，便在他是一個優秀的年輕人。

吳三桂勢如破竹，摧枯拉朽，橫掃著大清帝國的鐵桶江山。小康熙就坐在自家屋子裡邊看熱鬧，吳老頭，你蹦，你蹦，我看你還能蹦多久？

忽然之間，吳三桂心血來潮，掐指一算，曰：「壞菜了，我要蒙主寵召了，那什麼……我死之後，你們這些蠢材肯定是沒咒念了，要不我乾脆登基算了，好歹替你們立一竿大旗，說不定還能撐得久一些……」

垂暮的吳三桂在湖南衡州匆忙登基，是年六十七歲，五個月後卒。

可怕的吳三桂卒了，可光是收拾他帳下的蝦兵蟹將，就足足花費了大清帝國三年的時間。設若此人年輕幾歲，這段歷史，不知又是怎麼個寫法？

11

我經營的是寂寞

宮裡的摔跤手全被這兩個俄羅斯壯漢像掐雞一樣掄起來亂摔，康熙當場火氣就大了，胳膊一擼，袖子一挽，便要衝上前去……

吳三桂的死，並非年輕一代戰勝老頭派的絕唱。收回台灣，才是最後的落幕。台灣，孤懸於海外的最後一塊大明國土，被降將施琅率海軍收回，這標誌著漢民族對這個年輕皇帝的徹底臣服，也標誌著小康熙帝王策術運用的成功。只有將鰲拜、吳三桂等已經暮氣沉沉的老員工解聘，才能夠爲施琅這樣的後晉員工騰出崗位來。

擺平這麼一個帝王思想濃烈的國家，實在是太容易了。挑戰難度不夠高，不好玩。

康熙經營的不是大中國，是寂寞。

上哪兒再找個對手來呢？

正當鬱悶之時，忽然傳來天大的喜訊，沙俄使者來了。來得好！

這個沙俄使者的名字極其古怪，叫作義斯麻伊爾，副使叫蘭給。

康熙友好地接見他們，「下跪！」

義斯麻伊爾大驚，「有沒有搞錯啊？你發什麼神經？怎麼莫名其妙就讓別人給你下跪呢？」

康熙一揮手，大群的持刀衛士蜂擁而出，將義斯麻伊爾拉胳膊抻腿，強行擺出個下跪的姿式。他這才樂了，「你看你，不跪就不跪嘛，怎麼又跪下了呢？好啦！你們找我有啥事？」

義斯麻伊爾怒道：「我們沙皇呢，前一陣子比較忙，沒時間照顧你們這些黃種人，失職啊！現在我們不能再失職了，要把針對黃種人的工作抓起來，嗯，給你們派個總督啥的……就是說，要把你這個落後的滿清，歸依沙皇陛下的最高統治。」

康熙笑曰：「你說啥？我沒聽清，再說一遍。」

義斯麻伊爾搖頭，「你看看！我早就說過的，中國人太原始了，對現代文明有著強烈的牴觸心理。那就隨你們吧，我們不管了！不過呢，你們的軍隊不應該干涉邊關的貿易口岸。兩國交往，互惠往來，這是國際常態，怎麼能老是不讓人家做生意呢？」

康熙笑曰：「差矣，你們洋鬼子極是差矣！你們只知道做生意，能夠讓民眾富裕起來，你們哪裡曉得啊，這生意一做，群眾就要每天拿腦子來來回回地算計。這麼一算計，人就會一個比一個精明，就會這麼想：噢！我和你一樣都是媽生爹養的，都是活這麼一輩子，憑什麼我要聽你擺佈？不行，不行，照這樣發展下去，我們愛新覺羅家可就危險了……」

康熙三十二年，俄羅斯遣使進貢。仁皇帝諭曰：「外藩朝貢，雖屬盛事，恐傳至後世，未必不因此生事端。總之，中國安寧，則外釁不作，當以培養元氣為根本要務。」仁皇帝又云：「島國互市廣東，百年後必為中國之患。」聖明遠慮，早洞見今日時勢矣。

義斯麻伊爾一聽就火了，「要不咱們這麼著吧！你們放開我，有本事放馬過來，咱們單摳！仗著人多，算什麼本事？」

單摳？康熙一聽更樂了，「好！我們宮裡養著許多布庫，天天閑著沒事幹，就讓他們跟你們摳一摳吧！」

接下來就聽砰！哐！噗哧！哎喲……宮裡的摔跤手一窩蜂擁將上來，全被這兩個俄羅斯壯漢像掐雞一樣掄起來亂摔，摔得滿地都是大門牙。

眼瞅著摔跤手都不濟事，康熙當場火氣就大了，胳膊一擼，袖子一挽，便要衝上前去，被大臣死命攔住。「陛下，使不得，使不得啊！人家可是跟你玩眞的，不會像自己的侍衛那樣讓著你的！」

康熙氣得鼻頭都歪了，「你看你，淨說實話！難道咱們就只能由俄羅斯大鼻子欺負不成？」

「要不，去兵營裡找幾個武林高手來？」

找來幾個武林高手，繞著俄羅斯人滴溜溜亂轉，左一拳，右一腳，照後膝窩再一踹，義斯痲伊爾叫一聲媽，撲通一聲趴下了。

康熙看得咯咯直樂，「好！好玩……三軍出動，去北疆雅克薩城，暴打俄國佬一頓！」

雅克薩戰役就這樣拉開了帷幕。

說到雅克薩戰役，這一仗打得賊沒勁。康熙抽調了中國北疆的全部兵力，打的卻僅僅是幾個俄羅斯冒險家。

那些冒險家們跑來雅克薩，看中國人多，他們就是商人；看中國人少，他們就是強盜，能騙就騙，能搶就搶，多撈一點是一點。正撈著，這邊黑壓壓的軍隊殺來了，頓時傻了眼。

這場仗的實力對比如下：

清軍方面：直接投入戰鬥的兵員總數，不計後援與運輸隊，總計一萬八千人、野戰炮一百五十門、攻城炮四十門。

俄羅斯方面：冒險家八百二十六名、毛瑟槍六百五十四支，另有短槍十八支。

看看這仗，怎麼打？

於是俄羅斯求和，兩家開始談判，劃分地皮。協約規定：以流入黑龍江之額爾古納河為界，河以南之地，盡屬中國，河以北之地，盡屬俄國。這就是歷史上赫赫有名的《尼布楚條約》。

卻說俄國沙皇一看這份協議，大吃一驚，失聲問道：「清國怎麼給了咱們這麼大一塊地方呢？他們想幹啥？」

使者解釋說：「這個……實際上在俄羅斯和大清國之間，隔著大片大片的無人區，風雪交加，天寒地凍……這個這個，這些地方中國人去得早，咱們的冒險家去得晚，不過呢，最後還是全給了咱們。」

沙皇聽得一臉狐疑，做出結論：「出動數萬大軍，野戰炮團，只為了打百八十個到處流竄的冒險家，你說，這人能有多大出息？」

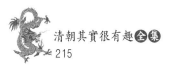

12

叛逆時代的叛逆風情

葛爾丹的幾萬人馬，面對著的僅僅是四百名清兵的挑釁。那還客氣什麼？打啊！衝啊……偏在追擊之際，大沙漠裡忽啦一傢伙冒出十多萬清兵。

實際上，康熙把尼布楚送給俄國，是因爲新疆葛爾丹鬧起來了。

三打葛爾丹，這對於康熙來說，是件非常光彩的事件，但在戰爭史上卻乏味得緊。因爲這場戰場仍然保持了他固有的風格：殺雞必用宰牛刀，大刀闊斧，大吼大叫，大張旗鼓，大張大揚，把一件小事解決掉。

想那葛爾丹，充其量不過是荒郊野嶺冒出來的一根荊棘刺，帶有著典型的少年成長的叛逆風情，逮誰扎誰。可他終究比不了康熙，在少年成長的階段有孝莊指點，葛爾丹便是大野地裡生長出來的野人，兩廂裡激烈地這麼一碰撞，自然是一潰塌地，瓦解冰消，再也沒有什麼力氣瞎折騰了。

說起這葛爾丹，也是有來歷的。

早在大明時代，曾有蒙古瓦剌部落犯邊，明英宗御駕親征，結果在土木堡遭遇到埋伏，不幸淪爲了瓦剌人的俘虜。這段歷史，當是瓦剌人最榮耀的詩篇。但自此以後，瓦剌部落就大踏步地走上了下坡路，一路上再也沒回過頭，一直走到康熙的年頭，已經分裂成爲了四部分，又叫四個「衛拉特」。

是哪四個「衛拉特」呢？

頭一個衛拉特，是和碩特部落，該部落在烏魯木齊一帶瞎轉悠，後來一不留神，跑到了青海。

第二個衛拉特，就是準噶爾部，此部落比較穩重，基本上就在伊犁地區不挪窩。

第三個衛拉特，是杜爾伯特部，居住於額爾濟思河畔。

第四個衛拉特，是土爾扈特部，住在新疆塔城。

總之，這四個部落各安其居，各過自己的小日子，原本是太平無事。但伴隨著康熙時代的到來，準噶爾部出了一個葛爾丹。此老兄端的兇悍，先是將這四個「衛拉特」重新合併起來，然後征服了天山南路的諸部落，又出擊蒙古三部落，獲得了大面積的土地。漠北的土謝圖可汗惹不起他，帶了二十萬老牧民逃向內地，請求中央政府救助。

康熙最樂意做這種事了，急忙勸架：「不要打，大家不要打架，要和諧……」

葛爾丹說：「少跟我扯這一套，把土謝圖可汗交出來，他是戰犯。」

康熙見這小子不賣面子，有點上火，就說：「那好吧！我再多派幾個人跟你商量商量！」跟著便派了親大哥福全擔任撫遠大將軍，兵出古北口。派了恭親王常寧爲安北大將軍，兵出喜峰口。再派盛京將軍、吉林將軍出西遼河，洮兒河，與科爾沁蒙古兵會師。自己駐紮在博洛和屯，居中指揮。

一擊葛爾丹，清軍先是吃了敗仗，被人家一口氣狂追到距北京七百里地的烏蘭布通。卻在這時，清軍的主力人馬絡繹不絕開了上來，雙方隨即展開規模盛大的會戰。

戰事再起，駱駝們就揚開八瓣蹄子，向著四面八方逃散。葛爾丹看得連連搖頭，只好率殘部逃回了漠北。

敗了一仗之後，葛爾丹不服。小樣的康熙，懂不懂軍事啊？仗哪有你這種打法的？就仗著你人多？再來！

再來一場，這次葛爾丹占了明顯優勢，他的幾萬人馬，面對著的僅僅是四百名清兵的挑釁。那還客氣什麼？打啊！衝啊……偏在追擊之際，不提防大沙漠裡忽啦一傢伙冒出十多萬清兵，那黑壓壓的人頭，把他驚得呆了。

還能怎麼辦呢？只有逃了！

逃回漠北之後，葛爾丹越想越氣，小康熙到底是怎麼回事？這是戰場，你老是弄來那麼多的人幹什麼？起什麼鬨啊？於是寫信去抗議，要康熙立即交出戰犯土謝圖，否則這事沒完。

康熙會聽話嗎？當然不會，只能再打。

這次葛爾丹的運氣不大好，正在前方衝著康熙叫板，不料後方傳來壞消息，說他的寶貝姪子策妄阿那布坦宣佈起義，抄了他的老巢，並要求他立即自首，否則後果自負。

葛爾丹很上火，說：「行了行了，你們年輕人自己玩吧！」仰藥自盡。

葛爾丹死了，事後，康熙就將諸部落交由他的姪子策妄阿那布坦管理。不想他前腳剛剛走開，後腳人家就鬧了起來。要說，年輕人就是膽肥，讓妄策阿那布坦如此一折騰，竟然給折騰出來三個達賴活佛……

13 不負如來不負卿

拉藏汗看到六世達賴倉央嘉措正在一邊兀自寫情詩，毫不客氣地過去抓了起來，打報告給中央政府，指控倉央嘉措耽於酒色，是假達賴。

心中愛慕的人兒，若能夠百年偕老，
不亞於從大海裡邊，採來珍奇的異寶。

這一首情詩，在大雪山盡人皆知，便是六世達賴倉央嘉措的傑作。這位活佛是才智非凡的詩人，所作的許多詩句，至今仍然被人唱頌。

立了這位六世達賴活佛的，是西藏的「第巴」桑結。這個官的意思就是宰相，而桑結其人，曾經出現在金庸先生的名著《鹿鼎記》一書中。小說裡，這位桑結活佛帶了一大堆喇嘛來到中原，不幸遭遇到流氓韋小寶，慘遭修理。再後來，小說中讓桑結活佛、葛爾丹以及韋小寶這仨活寶拜了把兄弟，桑結活佛是他們三人的大哥。

小說中的桑結活佛，正是西藏的「第巴」，但也有人將之譯爲攝政王，比較起來，或許是後者更合理一些。

當時管理西藏行政事務的，是拉藏汗。這位先生是位蒙古人，起初他的爺爺來到西藏，和桑結聯手，趕走了紅教，又合併了後藏，然後爺爺傳兒子，兒子傳孫子，這孫子就是拉藏汗了。

桑結和拉藏汗的爺爺關係還不錯，和拉藏汗的爹關係也說得過去，偏偏和拉藏汗處不好，關係不和諧。於是桑結就考慮，是不是找個什麼辦法，解決一下這個問題呢？有了，我弄點毒藥，給拉藏汗吃下去……

桑結偷偷下毒，但是很遺憾，技術不佳，被人家識破。拉藏汗很生氣，後果很嚴重。桑結也急了，只得於倉促間集結兵力，與拉藏汗的騎兵展開了大規模的鬥毆，結果戰敗被殺。

殺了桑結，拉藏汗還是很憤怒，忽然看到桑結立的六世達賴倉央嘉措，正在一邊兀自寫情詩，毫不客氣地過去抓了起來，然後打報告給中央政府，指控倉央嘉措耽於酒色，不守清規，是假達賴，請求中央政府批准將其廢黜。

就這樣，這位聞名於世的大詩人，在坐床第九年，被押送到了北京。

事後人們證明了，倉央嘉措是眞正的達賴轉世，西藏保護神的十四個化身組成的整鏈條中至關緊要的一環。可歎他眞沒地方說理去，所以在當時，也被稱爲「假達賴」。

趕走了倉央嘉措，拉藏汗自己又立了一個伊喜堅措，認爲他才是六世達賴的轉世。這個伊喜堅措，便被稱之爲「新達賴」。可是，大家都不認新達賴啊！青海諸部落聯合起來，又立了一個噶桑嘉措，稱爲「眞達賴」。

就這樣，一傢伙弄出三個達賴來，當中最缺少人望的，就是「新達賴」伊喜堅措。

這天，伊喜堅措正在給衆人做思想工作，卻見葛爾丹的姪子策妄阿那布坦帶了兵馬，急匆匆地趕來，到地方一瞧就說：「這怎麼行啊？你這個伊喜堅措，所有人都不承認你，還在這裡鬧什麼鬧？快別鬧了！」不由分說把伊喜嘉措囚禁起來。

這段歷史，發生在西元一七一七年。史載，策妄阿那布坦驅兵入藏，陷布達拉宮，斬拉藏汗，囚新達賴，據有西藏全境。

事情發生之後，康熙很惱火，「策妄阿那布坦怎麼可以這麼搞呢？這不是破壞民族團結嗎？」立刻派出三路人馬，靖遠將軍富寧安出巴爾庫，振武將軍傅爾丹出阿爾泰山，西安將軍額輪特出青海，去勸勸策妄阿那布坦。

話說靖遠將軍和振武將軍正在匆忙行軍期間，忽然聽到消息，西安將軍額輪特已經和策妄阿那布坦發生了親密的接觸，接觸過後，西安將軍額輪特全軍覆沒。兩人嚇得呆了，不敢前行。

不敢前行，這哪行啊？西藏諸部紛紛向中央政府求援：「快來幫幫我們，快點來，我們現在沒脾氣了，強烈要求推舉噶桑嘉措爲眞正的達賴……」

康熙一聽，說：「那好，群衆意見我們時刻要聽取的，封噶桑嘉措爲六世達賴！」跟著派了西寧都統延信一路護送眞達賴回西藏，另遣四川都統噶弼出打箭爐，振武將軍傅爾丹出西坤，並頭齊行。

正行之間，策妄阿那布坦飛馬迎了上來，多方熱烈開戰。策妄阿那布坦不支，掉頭狂逃。

中央政府的軍隊浩浩蕩蕩來到了西藏，封拉藏汗的舊臣康濟鼐爲「貝子」，負責管理前藏，拉藏汗的舊臣頗羅鼐爲「台吉」——以前皇太極就是叫這個名，讓他管理後藏，再立了一塊平藏碑。

所謂的三達賴懸案，就此落下帷幕。

14 新一代的叛逆者們

洞中點燃著幽暗的燭火，現出一個形貌古怪的喇嘛僧。當士兵們衝進來的時候，他正雙手合十，對著一樽奇特的木雕像，口中念念有詞。

幾乎和葛爾丹同時鬧起來的，是康熙的衆多兒子們。

正所謂時易時移，昨天康熙還是興致勃勃向老一輩挑戰的青年，就這麼一眨巴眼，這孩子已經成老頭了，成爲了新一代年輕人挑戰的目標。

《歸田瑣記》中提到這樣一件事：

康熙南下旅遊的時候，忽然傳出一道聖旨，曰：「朕最近發現，豆腐很好吃很好吃，大家若不信，可以嚐一嚐。」原文是：朕有日用豆腐一品，味美異常。

爲了一塊豆腐，還專門發佈最高指示，明擺著，康熙的牙口不行了，牙都掉光，吃嘛嘛不香了。

老頭也該退休了吧？太子胤礽想。

沒那好事！老頭不退，永遠也不退，太子你就等著去吧！

可憐的太子等了三十多年了，實在是等不下去了，於是毅然決然地做出了一個英明決定：發瘋！

太子的瘋也極有特色，症狀就是趁人不備之際，猛然脫光衣服，光屁股疾衝進宮裡去，逮到美貌宮女就按倒，誰攔也攔不住。遇到男人則不按，抽刀子撲上去單挑。

這麼看起來，恐怕並非全瘋，還是有幾分理智的。

聽到這個消息，康熙急匆匆趕來，跺腳道：「你這個孩子，眞是太不像話了，不法祖德，不遵朕訓，唯肆惡虐衆，暴戾淫亂……總之，太不像話了，撤銷太子待遇，關起來反省！」

於是太子被廢。

可是，好端端的一個太子，怎麼會說瘋掉就瘋掉了呢？

康熙極是詫異，四處去打聽。不料這一打聽，可出了一樁大事……

西元一七〇八年，成群結隊的士兵衝進北京西郊的一個大宅院，掀開一塊青石板，跳入一個洞窟之內，大喝一聲：「不許動，舉起手來！」

洞中點燃著幽暗的燭火，明滅不定的火苗映照之下，現出一個形貌古怪的喇嘛僧。

當士兵們衝進來的時候，他正雙手合十，對著一樽奇特的木雕像，口中念念有詞。

掐著喇嘛僧的脖子提溜出來，仔細一看那木雕像，發現上面寫著太子的生辰八字，還沾染著已經乾涸了的血跡。

原來，這個喇嘛僧名叫漢格隆，不知道從哪本書裡搗騰出一種可怕的邪術，只要刻個木頭人，上面寫上受詛咒者的生辰八字，再想辦法弄到受詛咒者的鮮血，塗抹在木頭人上，然後對著這木頭人一念咒，那人就會立即神智恍惚，六神無主。然後漢格隆再拿針尖一挑木頭人的生殖器，這下可不得了，受詛咒的傢伙立即就以爲自己是一頭發情的公獸，脫光衣服奔起來……

可是，太子沒招漢格隆，也沒惹漢格隆，幹嘛要這樣修理他？

再一打聽，更加麻煩了。原來，就在康熙從一個優秀青年向垂暮老頭大步挺進的當口，他的兒子堆已分裂成了幾個水火不同的利益集團。確切地說，共有太子所屬的老二集團、老大集團、老四集團和老八集團。

這個漢格隆，就是大阿哥高薪誠聘來的。這是因爲大阿哥白白當了大阿哥，太子的待遇反倒讓二阿哥享受上了，心裡憋火，就琢磨著是不是解決一下這個問題。

此外，好像八阿哥也參與了這件事，因爲有個算命先生張明德，經常出入於八阿哥府上，這可是江湖人物，說不定也懂點妖術。

人生的成長，有一個不變的規律。

少年的時候，最痛恨老年人的專制，喜歡挑戰權威，跟老頭叫板。

上了年紀的時候，最痛恨年輕人的挑戰，以教訓年輕人爲樂趣。

這條規律，在康熙身上絲毫不爽地驗證。他年輕的時候，拳打南山猛虎，腳踢北海蛟龍，快意恩仇，笑傲江湖。但等年老了，卻不允許兒子們也這麼搞。

大阿哥抓，八阿哥關。這倆造反孩子被囚禁起來，眼見得太子就恢復了清醒。康熙鬆了一口氣，正要跟交化一下國家大事，不防他的眼睛猛一放光，將衣服一脫，衝老爹身後的宮娥們又撲將過來……天啊！又瘋了。

又是誰在暗中搗鬼？

再查，始終查不出來。康熙極是鬱悶，就說：「兔崽子們，你們不讓老子省心是不是？那就別怪老子玩死你們！信不信？這次我不立繼承人，蹬腿就死。」

衆人還以爲皇帝說說氣話，不曾想，這老頭是認眞的。

西元一七三五年十月八日，康熙死了，死前眞的沒有立下繼承人。

大清國這下子可熱鬧嘍！

第5卷

諜影幢幢的密探時代

為什麼刑部的官員們不能察知到如此之多的細節，偏偏他雍正坐屋子裡，僅僅拿眼睛一瞧，就什麼都知道了？密探！只能是密探！

1 人是林黛玉殺的！

第三種死法，是「紅樓派」觀點。這一派認為，殺死雍正的兇手不是別人，正是小說《紅樓夢》中的女主人公——林黛玉。

大清帝國的第五屆皇帝，乃雍正是也。

這是大清帝國最神秘的皇帝。他是如何登基的？這是一個謎。他又是如何死掉的？這是第二個謎。單只說他的死，就是史學界的一大熱鬧焦點，至少有三種說法，爲史家所力捧。

頭一種死法，是「俠女派」觀點。該觀點認爲，雍正的死因，是江湖著名女劍客呂四娘夜入皇宮，以飛劍取了他的腦殼去。

第二種死法，是「玉女派」史學觀點。該觀點認爲，雍正那廝老是在宮裡玩變態遊戲，宮女們實在受不了他，就將他活活勒死了。

第三種死法，是「紅樓派」觀點。這一派認為，殺死雍正的兇手不是別人，正是小說《紅樓夢》中的女主人公——林黛玉。據說那林黛玉原本是大文豪曹雪芹的情人，可被雍正橫刀奪愛，抱去宮中當上了皇后。想那曹雪芹蓋世文豪，豈能受此羞汙？於是潛伏進皇宮，找到情人——據說她的真名叫竺香玉。戀人相見，分外相親，索性一邊相親著，捎帶腳地把雍正給掐死了。

從歷史的淵源上來看，「俠女派」曾長期佔據主流，因為這種死法最科學，最經濟實用，也更符合中國民眾的思維認知。

但是，隨著時代的發展，尤其是現代影視劇創作的發展，林黛玉的弱不禁風，遠比呂四娘的彪悍麻辣，更符合廣大女性的職業定位。再加上眾多的非紅學派人士招呼也不打一個，突兀地殺入紅學研究領域，在引發廣大紅學派人士無限悲憤的同時，也將雍正的「紅樓派」死法推介給了廣大觀眾。

可以確信的是，此後及相當長的一段時期內，「紅樓派」死法將逐漸形成大眾潮流。這一死法最具現代商業社會的賣點，最符合公眾的認知規律。什麼事兒一旦跟規律貼上了邊，那就誰也沒辦法了，非火不可。

幸好還有一部戲叫〈雍正皇帝〉，在這部戲裡，大作家二月河先生力排眾議，和人民群眾唱反調，替雍正安排了一個非常體面的死法。

他說：「雍正先生是積勞成疾，犧牲在批閱奏章的工作崗位上的，是一位受人尊敬的老勞模……」

二月河先生的觀點，在一段時間內統一了史家的口徑，卻也同時引發「俠女派」、「玉女派」及「紅樓派」三派人士的激烈反彈。

那麼，雍正先生到底是怎麼死的呢？

或者說，爲什麼人家小順治登基，就風平浪靜，閒話無多；小康熙登基，就四平八穩，正正當當。等輪到了雍正，卻鬧得沸沸揚揚，小道消息滿天飛？

要想弄清楚這個問題，還是從雍正的個人求職簡歷開始吧！

- 姓名：愛新覺羅．胤禛
- 出生年月日：一六七八年十二月十三日
- 籍貫：北京市長安大街一號紫禁城皇宮
- 屬相：馬
- 星座：射手座
- 血型：B型
- 身高：一百七十一公分
- 體重：五十四公斤
- 職業：皇帝

• 特長：打聽小道消息

• 社會關係：

父親：愛新覺羅．玄燁

母親：烏雅氏

擁有兄弟三十五人，排行老四，是為四阿哥

四十五歲：給父親康熙老頭進人參湯，老頭喝之，卒。出任大清國第五居皇帝。遣大將年羹堯、岳鍾琪平定青海。禁絕天主教，驅洋鬼子傳教士往澳門。打掉了以同母弟弟為首的反大哥集團，關押入獄。再打掉以其母親烏雅氏為首的反兒子集團，烏雅氏撞死於鐵柱之上。

四十六歲：發佈《聖諭廣訓》，要求民眾認真學習。

四十七歲：打掉以撫遠大將軍年羹堯為首的反皇帝集團，先是將年羹堯降職為杭州守門兵丁，後逮之入獄，父子俱斬，族親竄至邊荒。

四十八歲：第一，打掉以二阿哥、原皇太子為首的反老四集團，囚廢太子於鄭家莊。第二，打掉以三阿哥為首的反老四集團，囚三阿哥於景山永安亭。第三，打掉以五阿哥為首的反老四集團，削其封爵。第四，打掉以八阿哥為首的反老四集團，改八阿哥名為「阿其那」，滿語是豬的意思，幽囚折磨至死。第五，打掉以九阿哥為首的反老四集團，改其名為「塞思黑」，滿語是狗的意思，送往保定監獄幽囚，後九阿哥腹痛而死，疑為中毒身亡。第六，打掉以十阿哥為首的反老四集團，削其爵，逮回京師拘禁。第七，打掉以十二阿哥為首的反老四集團，降貝勒為貝子，降貝子為鎮國公。第八，打掉以十四阿哥為首的反老四集團，禁錮其父子於景山壽皇殿。第九，打掉以十五阿哥為首的反老四集團，打發其去看守皇陵。

四十九歲：打掉以舅父隆科多為首的反外甥集團，囚死於暢春園。

五十歲：與民間學者曾靜展開學術大討論，討論的議題包括：雍正皇帝是不是犯有「謀父」、「逼母」、「弒兄」、「屠弟」、「貪財」、「好殺」、「酗酒」、「淫色」、「好諛」、「任佞」……等作風上的不嚴謹等錯誤。大討論的結果是雍正皇帝啥錯也沒有，結論刊行於《大義覺迷錄》一書中，交由民眾認真學習。

五十三歲：以岳飛後裔之罪名，逮大將岳鍾琪入獄。

五十八歲：卒，死因不明。

和前幾屆皇帝相互一比較，我們就會發現，難怪雍正把自己弄成了爭議性帝王，他這一輩子，活得真叫累啊！前半輩子，是搬小板凳坐老爹康熙屁股後面等位置。後半輩子，是將與他爭位的親族子弟們，一個個地放翻擺平。

雍正錯就錯在沒有能夠「戒急用忍」，事情幹得太急了一點。壞事不怕多，怕就怕擠在一塊紮堆。比如前幾屆皇帝，隔三岔五，打掉一撥反對自己的勢力集團，時間的跨距比較大，就轉移了大家的注意力。可到了雍正，一撥接一撥，沒完又沒了，這就給人極不好的印象。

可這也是沒法子的事兒，人家康熙登基的時候，才剛剛八歲。等輪到雍正，都四十五了。絕大多人到了這年頭，基本上就算是混到頂頭了，偏偏他的青春歲月，才剛剛要開始呢！

最讓人上火的是他死得太快，短短的十三年，能做得了幾件事？

2 血統也懸疑

《清朝野史大觀》還有新的猛料爆出：說是雍正的生母烏雅氏，在入宮之前，人家是有男朋友的，這個男朋友名叫年羹堯。

雍正登基之事，始終籠罩在歷史的迷霧之中，其間蹊蹺至極，難以琢磨。

早年有一部書，叫做《清朝野史大觀》，書中說：

康熙十四年，清聖祖立第二子胤礽為太子。四十七年，以不類己而廢之，幽禁咸安宮。次年復立之。五十一年，仍廢黜禁錮。他子亦不立。及六十一年冬，將赴南苑行獵，適疾作，回駐暢春園，彌留時，手書遺詔曰：「朕十四皇子即纘承大統。」所謂十四皇子者，胤禵也。賢明英毅，嘗統帥西征，甚得西北人心，故聖祖欲立之。而卒為其兄世祖所攫。世宗蓋偵得遺詔所在，欲私改「十」字為「第」字。遂以一人入暢春園侍疾，而盡摒諸昆季，不許入內。時聖祖已昏迷矣。有頃忽清醒，見世宗一人在側，詢之，知被責，乃大怒，投枕擊之，不中，世宗即跪而謝罪。未幾，遂宣言聖祖上賓矣。世宗即位，改元雍正。

這裡說的是，康熙死前並沒有故意擺烏龍，不留遺詔，而是留下了傳位十四阿哥的詔書。但這封詔書落到了四阿哥胤禛的手中，他拿過來一看，「哎喲！老頭怎麼寫錯了一個字，把『于』字錯寫成『十』了，我得幫老頭改過來。」於是，「傳位十四阿哥」這句話，就變成了「傳位于四阿哥」。

這個說法，在中國傳統及民間一度成爲了「定論」。但是顯然，只這麼一個定論是遠遠不夠的，所以書中還有新的猛料爆出：

或曰：竊詔改竄之策，年羹堯實主持之。蓋世宗之母，先私於羹堯。入宮八月，而生世宗。至是，乃竊詔改篡，令為天下主。故當雍正時代，羹堯權傾朝右，而卒以罪誅。是又一說矣。

這裡就更離奇了，說是雍正的生母烏雅氏，在入宮之前，人家是有男朋友的，這個男朋友名叫年羹堯。此人乃中國歷史上比較有名的傳奇人物，有著許多神異的傳說。這裡說年羹堯不辭辛苦，將烏雅氏搞大了肚皮，然後烏雅氏就拖著大肚皮進了宮，生下了小雍正……

照這個說法，雍正實際上是年羹堯的親兒子，與愛新覺羅一家沒絲毫關係。

《清朝野史大觀》雖然說的是「野史」，卻非全然空穴來風，憑空杜撰。這本書，彙集了自雍正時代以來民間輿論的反映，說明白了就是雍正年間的小道消息和坊間百姓言論的集成。正是因爲當年這些小道消息在江湖之中傳得沸沸揚揚，書生曾靜後來才以此爲據，撰文批評了皇帝。

話說曾靜關起門來，對雍正諸多錯誤行爲進行了批評之後，就琢磨拿出點實際行動來，以免讓皇帝在錯誤的路線上越走越遠。

拿出什麼行動呢？

造反吧！可他只是一介書生，手無縛雞之力，這反該如何造法呢？

忽然，他發現了當朝統兵的大將叫岳鍾琪，這個老岳端的了得，是南宋時代抗金英雄岳飛的直系後裔。

再推究起來，早年間岳飛抗金，打的就是金兀朮、哈迷蚩這些女眞人，可是現在金兀朮、哈迷蚩的後人坐了江山，岳飛的後代反倒替他們打工，這事不對頭，大大的不對頭！於是曾靜派了自己的學生張熙去找岳鍾琪，理論理論這件事。

張熙見到了岳鍾琪，先歌頌了民族英雄岳飛的事蹟，然後質問：「你的祖先抗擊女眞人，成爲了民族英雄，你再怎麼著也不能給你的祖宗丟臉吧？你怎麼屈身於異族，甘爲奴才呢？那什麼，你要是深明大義的話，趕緊站出來，跟朝廷劃清界限，反戈一擊，回頭是岸，未爲晚也。」

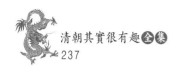

岳鍾琪道：「是極，是極，先生說得眞是太好了……來人啊！給我將這個書呆子抓起來。」

張熙被扭到朝廷，朝廷再往下追究，就把曾靜給追究出來了。發現了嫌疑犯曾靜，雍正這才知道，不利於自己的市井傳言，已經成爲廣爲人知的「公論」了。當下非常窩火，就命人將曾靜押入宮中，他要與此人面對面的來一場大辯論。

雍正：「老曾啊，我們做學問的，講究一個以史實爲據，以資料爲準，不可以亂來的。你說我弒父、逼母、弒兄、屠弟、貪財、好殺、酗酒、淫色、好諛、任佞……這些生活作風錯誤，是不是捕風捉影？有沒有確鑿證據？」

曾靜：「有啊，大家都這麼說。」

雍正：「大家都這麼說有什麼用？確鑿的證據你有沒有？比如說，宮中的檔案？」

曾靜：「檔案……那是你自己寫的吧？」

雍正：「當然是我寫的，不是我寫的，還是你寫的不成？」

曾靜：「你自己寫的，那當然……所以我說皇帝理應我們讀書人來做，我們讀書人寫史，才不會像你一樣隱惡揚善，不尊重歷史。」

雍正：「不管怎麼說，這些事宮中檔案上沒有，這你總得承認。」

曾靜：「我承認。」

雍正：「好，你承認錯誤就好。現在我宣佈，本次大討論勝利閉幕！」

雍正皇帝就這樣贏了。只是他一個人贏了還不算，關鍵是他的觀點，獲得了後世史學家們的一致贊同。以後只要再說起這事，他們就會追問：「嗯，你說雍正弒父逼母？嗯，這事在個人檔案上記載了沒有？沒有？沒有？沒有你瞎說什麼？咱們史家要的是證據，除非你能找來雍正的日記，發現上面寫著：今天，是我最開心的一天，我終於逼死了我媽……沒有日記為憑，你說什麼都是沒用的。」

那麼，後世史學家所依據的這些證據，到底能不能靠得住呢？

答案是不能，因為當時的清宮檔案，缺失了好大一塊。

3 神秘的潛在力量

有一個內閣供事，姓藍。一年快到春節，只有他留下來值班，弄了壺酒，對著月亮慢慢喝。這時候，一個身材高大的男人走了進來……

諸阿哥爭位，不顯山不露水的雍正卻異軍突起，入主了皇宮，這件事讓人驚訝無比。

實際上，這沒什麼好驚訝的，因爲雍正控制了一支神秘的力量。

《嘯亭雜錄》上有兩段小故事，說的就是這支可怕的力量。

第一個故事，說的是有個大臣，新買了一頂帽子，戴著入朝。見到雍正謝恩的時候，雍正笑曰：「小心點，別弄髒了你的新帽子。」

第二個故事，說的是大臣王雲錦，一天晚上和家人玩葉子牌，玩著玩著，忽然有一片葉子找不到了，當時也沒多想，只得作罷。

第二天上朝，雍正問：「老王，昨晚上你幹啥了？」

王雲錦回答：「沒幹啥，就是和家人玩牌。」

雍正又問：「玩得開心嗎？」

王雲錦說：「開始時挺開心的，可是後來有張牌怎麼找也找不到了。」

這時候，就見雍正慢慢地從袖子裡拿出一張牌，「怎麼找不到呢？這張牌不是在這兒嗎？」

《郎潛紀聞三筆》也有一段故事：

天津撫部周人驥是雍正丁未年的進士，被朝中以禮部主事的身份，派到四川掛職鍛鍊。眨眼工夫掛職了三年，要調回京師了。臨行之前，他的僕人來跟他打招呼，說是自己也要回京師，先走一步。

周人驥說：「你急什麼？再等兩天，我回京述職，帶你一起走。」

那僕人卻道：「我也是回京述職的。」

周人驥大詫，「你龜兒子述個什麼職？」

僕人笑道：「你娃還不知道呢！我原本是京中的秘密偵探，被派來跟在你身邊。幸好你沒惹我，否則的話……哼哼……」

《滿清外史》中，還有一段故事：

有一個內閣供事，姓藍。一年快到春節的時候，同事們都回家過年去了，只有他留下來值班。一個人橫豎無事，就弄了壺酒，對著月亮慢慢喝。這時候，一個身材高大的男人走了進來，身上的衣服非常華麗。藍供事心裡說，這傢伙會不會有什麼來頭呢？急忙小心迎上前去，請來人喝酒。

來人欣然入坐，一邊喝一邊問：「你是什麼官？」

藍供事回答：「不是官，是個供事，勤雜員的意思。」

對方又問：「那你都供什麼事呢？」

藍供事又答：「也就是收收報紙，發發文件罷了。」

來人再問：「這大過年的，別人都回家了，你怎麼一個人待在這裡？」

藍供事再答：「正因爲別人都走了，我才得留下來，這萬一要是有什麼事的話……」

對方還是問：「天天在這裡收收發發，有什麼意思呢？」

藍供事還是乖乖回答：「有，有意思，熬到最後，可以弄一個小官來幹幹。」

來人問個沒完了，「那你想當個啥官呢？」

藍供事眞有耐心，「最好能當上廣東的河泊所官，那就太美了！」

那人可不明白，「當個管理河泊的小官，這有什麼意思？」

藍供事笑道：「這你就不知道了，別看這個官小，可是送禮的人多啊！」

聽到這裡，對方哈哈大笑，起身離去。

第二天，雍正上朝，問大臣：「聽說廣東有河泊所官，是真的嗎？」

百官回答：「是真的，確實有這麼個官，官不大，油水挺足。」

雍正又問：「聽說內閣有個姓藍的供事，真有這麼個人嗎？」

百官回答：「是有這麼個人，吃啥啥不剩，幹啥啥不行……」

就聽雍正吩咐道：「傳旨，任命藍供事為廣東河泊所官，欽此，謝恩。」

藍供事突逢這種好事，驚得嘴巴都合不攏，這才知道昨夜與他聊天的人，竟然是雍正派出來的秘密偵探。

還有一個更有趣的故事，卻是載入正史的：

曾經有一個御史，態度堅決地反對某項提案。

第一次反對，雍正沒理他。

第二次反對，雍正裝沒看見。

到了第三次，雍正終於覆了：「你丫沽名釣譽，騙取名聲，騙三次就差不多了。再這麼搞下去，信不信老子把你丫腦袋切下來！」

原文是：爾欲沽名，三摺足矣。若再瑣瀆，必殺爾。

這個御史用來沽名釣譽的，是什麼事情呢？

原來，他是個同性戀，深深地愛上了一名男演員，然而情天恨海，棒打鴛鴦，男演員竟然被選入南府當差，從演員晉升爲警衛員。此一去，可謂侯門深似海，從此蕭郎是路人……御史無法承受這種生離的折磨，當即奮然上疏，反對到底。

這事，竟早已被雍正知道得清清楚楚！

從正史到坊間傳言，都確鑿無疑地證明了一件事：

雍正使用了一支隱密的偵探力量，對朝中的大臣們進行二十四小時的貼身跟蹤。但關於這支密探隊伍的行蹤，從未在大內的宮廷檔案上看到。

正因爲雍正在登基之前，已經神不知鬼不覺地掌握了這樣一支神秘的力量，才使得他輕易掌控宮中的一應要務。

針對這支神秘力量，民間也自有著相應的說法。

4 施主你真不是個玩意兒

嵩山少林寺中有一高僧，藝絕天下。一個江湖浪客，不遠千里而來，乞求拜於門下。高僧斷然拒絕，生恐誤授匪人，江湖浪客卻不肯離開……

民間百姓確信，雍正皇帝這個人，在他登基前的四十五年裡，可不是像大家想像的那樣，傻乎乎地坐在家裡等著。相反，他不等不靠，主動出擊，悄然離家出走，遁入江湖之中，學到了一身非常可怕的本事，還結交了三山五嶽衆多正邪門派的高手。

據說有一次，雍正赴天壇祭天，正在燒香之際，忽然頭頂上的瓦片一響。衆衛士大驚，以爲有刺客來襲，抬頭正欲喝問，卻見皇帝手指一動，嗖的一聲，一道白光哧溜一聲沒入屋頂，然後啪嗒又一聲，一隻掉了腦袋的白狐狸跌下來。

當時，雍正就說了：「你看，你看，你不是刺客就吱一聲啊！你也不吱聲，這不能怪我吧？」

一日赴天壇祭祀，胤禎甫至天壇，突聞壇頂所張黃幕，砉然一聲，陡作異響，衛士疑為刺客，紛趨救護。唯見胤禎右手微動，一線白光，從手中射出，斯須幕裂處，墜一狐首……

——《胤禎外傳》

胤禛是打哪疙瘩學來的這飛劍之術呢？

話說那中州勝地，嵩山少林寺中，有一高僧，藝絕天下，內功精湛。正在精湛之間，忽然有一個江湖浪客，不遠千里而來，乞求拜於門下，學習武術。高僧斷然拒絕，因這江湖浪客沒有縣團級以上的介紹信，生恐誤授匪人。

那江湖浪客不肯離開，每天就蹲在灶火邊，替少林寺的僧眾們燒火做飯，偏偏他的食量又忒大，煮熟的飯，起碼有一半被他自己吃掉了。所以，這江湖浪客，在少林寺混得相當的慘。每天，同門的師兄弟們都排了長隊，挨個地欺負他。

浪客就這麼被生猛地欺負了半年，終於有一天發火，當場和眾和尙們動起手來。只聽嗖嗖嗖！啪啪啪！咕咕咕！哇哇哇……寺中一眾高手，嗖嗖嗖全都被扔了出去，有的撞到了牆上，發出了啪啪啪的撞擊聲。有的扔到了鍋裡，咕咕咕猛灌水。所有的和尙們，都哇哇哇慘叫不停。

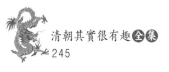

寺中長老來了，一瞧這架勢，樂了，就對那少年浪客道：「不錯，不錯，你的武學大有進境，離開少林寺的話，天底下你打不過的，就只有一個女人了，其他都不是你的

對手。」

說完，方丈將一根鐵杖贈送給少年浪客，他便下山去了。

堪堪行到山腳，就見嵩山腳下，忽啦一聲，湧出了一片穿黃馬褂的帶刀侍衛，齊齊跪倒，「貝子爺，您老受委屈了！」

少年浪客道：「不委屈，我一點也不委屈，倒是少林寺受委屈了，武學秘笈都被我弄來了。」

此時，少林寺衆僧才知道這少年浪客不是別人，正是四阿哥胤禛。衆僧人齊齊合掌，曰：「阿彌陀佛，施主，你眞他媽的不是個玩意兒！」

且說少年雍正，意氣風發地踏上了回家之路，取路晉中，潛回京師。正行之間，忽聽前方有人哭爹叫媽，過去一看，原來是太子胤礽聘請來的武學高手，正在大街上捉拿老百姓，習練那陰毒的九陰白骨掌。

他走過去勸解：「不要這樣，這樣不好，要和諧……」

對方勃然大怒，「你小子多管閒事，活膩歪了是不是？」一記黑虎掏心，直取心窩。

雍正往旁邊一閃，順手一鐵杖，啪唧一聲，對方的腦殼瞬間便碎爛得不成樣子。

「你看你，腦殼怎麼比西瓜皮還脆呢？」雍正搖頭歎息，回自己的四阿哥府上去了。

太子得知此事，大駭，當夜盡遣高手出動，要摘下四阿哥的腦袋……

5 關於血滴子的二三事

等到夜深人靜，果聽半空中一物疾飛而來，猶如電光石火，繞著雍正轉了兩圈，卻被年羹堯手疾眼快，撲的一聲，拿袈裟罩住了。

卻說雍正回到府中，和一個喇嘛僧坐在一起念經，正念之間，忽見窗外有白光如匹練，上下起伏，波動不止。

他對喇嘛僧說：「大師呀，你是不是要去趟洗手間啊？」

喇嘛僧回說：「不用，不用……咱們上邊有人……」

第二天早晨，雍正起床出門一看，就見庭院當中，大樹都齊齊刷地削去了樹冠。府裡養的獵犬，此時威猛如舊，只是腦袋不知去向。再往前走，後花園中有一黑衣人，伏屍於地。

喇嘛僧說：「這個黑衣人，就是昨夜那個刺客了。太子吃了這個虧，肯定是嚥不下氣的。」

果然，到了當日夜裡，就聽陰風怒號，自西而來，摧枯拉朽，金鐵鳴動。半空之中，先是有人罵爹，又有人叫娘。附近的居民百姓，都聽見不絕於耳的金戈撞擊之聲。就這麼整整鬧了一個晚上，這才消停下去。

第二天，太子府中人人出動，到處去買棺材，不知道府中都死了些什麼人。然後又大做法事，去找喇嘛，可是喇嘛僧都被雍正請到四阿哥府上來了。太子一個也請不到，頓時火大，逮住一個大喇嘛，要殺了他。大喇嘛害怕了，只得找國師求助。國師跑來雍正府上，請求借給太子幾個喇嘛，事情才算過去。

事後，太子越想越悲憤，就說：「今天晚上，我要是宰不掉老四，老子就不活了！」

聽到這句話，府中的一個間諜立即跑到雍正府上，做了彙報。

雍正就說：「拿我的乞丐服來，我以後就加入丐幫，去江湖上乞討了。日後諸位在街上碰到我，肯把你們吃剩的乾饃給我一塊，我就謝謝您了！」

正說著，門外來了一個人，自稱姓年，名羹堯，求見四阿哥。見面之後，笑道：「聽說四阿哥遇到大麻煩了，眞是可喜可賀！」

雍正大駭，「你怎麼知道的呢？」

年羹堯笑道：「這事滿大街都嚷嚷遍了，就差四阿哥你自己不知道了。起因是太子府中，自海外來了一個洋人，有一頂鐵帽子，能夠取人腦殼於千里之外。如果四阿哥能夠請來喇嘛僧為你護法，我替你把那頂鐵帽子弄到手。」

於是雍正請來喇嘛僧，將他團團護在中間，大家一起念咒。年羹堯則在門外，手拿袈裟。等到夜深人靜，果聽半空中一物疾飛而來，猶如電光石火，霎時間繞著雍正轉了兩圈，正要往腦袋上扣，卻被年羹堯手疾眼快，撲的一聲，拿袈裟罩住了。打開來一瞧，眞是一頂鐵帽子，內壁嵌著鋒利的鐵刃，一旦收緊，人的腦袋會立即被夾走。

看到這頂鐵帽子，雍正說：「我二哥果然厲害！如果不趁這個機會幹掉他，他再弄這麼一頂鐵帽子飛來，我可怎麼辦啊？」

年羹堯道：「這事，四阿哥你自己跟大喇嘛漢格隆商量，他們肯定有辦法。」

雍正請大喇嘛漢格隆幫忙，漢格隆問：「四阿哥，你就說吧，你想要你二哥死呢，還是讓他活？你是想快一點呢，還是慢一點？」

雍正說：「我覺得吧，最好又快又慢，又死又活，這樣才好玩。」

漢格隆說：「你他媽的可眞難侍候！要不，咱們餵你二哥吃點興奮劑，如何？」

雍正問：「不會被尿檢出來吧？」

漢格隆說：「不會的，這是我們的秘門配方，藥的名字叫阿肌酥丸，藥效比偉哥要威猛得多。」

商量妥當，漢格隆就揣著藥丸，去了太子府。

人一進門，太子急忙迎出來，「大師你來得正好，你看有沒有什麼好辦法，搞死我四弟？」

漢格隆說：「先別急，你先吃了這味藥，咱們再想辦法。」

太子問：「啥藥啊這是……嗯？」便聽咕嘟一聲，已被漢格隆捏住鼻子，把藥丸塞進了嘴裡。

話說那阿肌酥丸者，原本是比偉哥藥力更強效的媚藥，一旦吃下去，大腦就沒用了，不會思考了，神經中樞受刺激過度，淪爲一隻發情的公獸。太子當即癲狂起來，追得太子妃狂衝入皇宮……

講到這裡，都是源自於《十葉野聞》一書上的故事，多是道聽塗說，卻與眞正的歷史絲絲入扣，至少比大內皇宮檔案更準確。那皇宮中的大內檔案，連雍正統御的密探都沒有涉及，明顯靠不住。

故事繼續發展下去，太子發了狂，國師找來漢格隆一問究竟，歎息道：「你他媽的淨給大家惹禍，這皇家的二阿哥宰了你媽，還是皇家四阿哥是你親爹啊？你說你沒事攪和這些幹什麼？咱們喇嘛教這下子算是完蛋了！」

果然，太子很快清醒過來，說出了漢格隆強行灌下他媚藥的經過。康熙大怒，四處抓捕。可是漢格隆早和雍正一道，逃之夭夭了。

康熙火大，就將國師逮了起來，說：「你小子自己看著，或者是漢格隆的腦袋，或者是你自己的腦袋，交給我哪顆，我就要哪顆。」

國師道：「陛下，咱們能不能商量商量？我替你把四阿哥叫來，如何？」

康熙點頭，「把老四叫來？也行。」

到了午夜，就聽屋脊上如一片雪花飄落，康熙剛要抬頭，腳下已經跪著一人，正是四阿哥胤禛，形容憔悴不堪，皮帽子裹著腦袋，一把抱住他的大腿，大喊一聲親爹，嚎啕大哭起來。

讓兒子這麼一哭，康熙有點心軟，正下不了手之際，突聽門外一聲尖嘯，太子齜牙咧嘴，手持長劍，衝了進來，直奔四阿哥撲將過來。四阿哥掉頭飛逃，太子窮追不捨，劍光閃爍，滿天飛起無數的喇嘛僧人頭……

如此還沒完，緊接著陰風猝起，宮中燭光霎時間都變成慘綠色，黑暗之中，也不知有多少武林高手激殺成一團，直殺得鬼哭神嚎，劍光四射……

康熙長嘆：「朕累了，睡覺吧！」

6 誰是新聞發佈人？

> 雍正封八阿哥為親王。使者趕到八阿哥家門口吆喝著慶祝，八阿哥的老婆卻出來說：「慶祝個屁啊慶祝，趕明兒個只怕連腦袋都沒有了！」

之所以不厭其煩地描述這一幅劍俠圖，是因爲這一段歷史所隱藏的帝王統御之術過於深刻。

雍正不明不白當了皇帝，諸皇子阿哥們定然是於心不服——事實也確實如此。登基當年，他就和同母的弟弟胤禵發生了激烈衝突，並將胤禵調回北京囚禁起來。這理所當然引起了生母烏雅氏的憤怒，也嚴重損害了領導的聲譽。雍正本人在《大義覺迷錄》一書中，批評民間學者曾靜說「逆書加朕以逼母之名」，這說明了一件事，生母烏雅氏被逼得一頭撞死在鐵柱子上之事，不管是否眞的發生過，都已成爲當時的「公論」——所有人都這樣認爲。

爲什麼大家都這樣認爲？
因爲有人到處發佈這個消息。
發佈這個消息的，又是什麼人呢？
來看看雍正最恨的是誰，或許就知道了。

是不是八阿哥呢？
這位皇八子是康熙諸皇子中最優秀、最有才幹的，只差一步就登上了皇位，遺憾最終與皇位錯失交臂。

雍正登基後，封八阿哥爲親王。使者趕到八阿哥家門口，大聲吆喝著慶祝，八阿哥的老婆卻出來將這些人轟走，「慶祝個屁啊慶祝，趕明兒個只怕連腦袋都沒有了！」原話作：何賀為？慮不免首領耳。

使者回來，哭著做了工作彙報，雍正大怒，當即拿大棒子把八阿哥的老婆打回娘家。然後逼令八阿哥在太廟裡跪了一天一夜，最後將他囚於高牆之內，改名爲阿其那——豬的意思，又有一說是不要臉。

對了！還有一個九阿哥。
九阿哥是八阿哥的鐵桿支持者，雍正登基，他自知難免其禍，就要求去當和尚——

我行將出家離世。

雍正卻不想給他當和尙的機會，抓捕起來，改名爲塞思黑——狗的意思，另一說法也是不要臉。可憐的塞思黑，最後於保定大獄中飽受折磨而死。

這麼說起來，有關雍正弒父、逼母……等消息，會不會正是八阿哥、九阿哥等人故意傳播出去的？

還眞有可能，不然，實在沒理由恨他們恨到了這種地步。

但是，雍正眞正恨的人，不是八阿哥，也不是九阿哥。

此人，是大將軍年羹堯。

散佈這些對雍正不利的負面消息的，即使不是撫遠大將軍年羹堯本人，怕也與他關係匪淺。

7 錯別字帶來的嚴重後果

年羹堯打報告祝賀日月雙璧，五星聯珠，秘書卻太粗心，將「朝乾夕惕」寫成了「夕惕朝乾」。就因為這麼點事，猜猜後果有多嚴重？

年羹堯，在聖上親切關懷之下成長起來的優秀年輕幹部，二十九歲出任四川巡撫，還不到三十歲就成爲封疆大吏，後來康熙親賜弓矢，升任川陝總督。雍正皇帝三十一歲那一年，納了年羹堯的親妹妹當姨太太。從此年羹堯晉升爲四阿哥的大舅哥，在奪權之戰中，起到不可替代的作用。

雍正神秘登基之後，年羹堯的天才軍事技能獲得了用武之地，統率重兵，馳騁疆場，縱橫千里，只用了不到一年的時間，便以迅雷不及掩耳之勢，橫掃敵營，平定了青海羅卜藏丹津叛亂。然後，這位大舅哥，被他的妹夫連鍋給端掉了。

被妹夫端掉的大舅哥多了去了，被皇帝端掉的重臣更是多了去了。大凡統兵之將，總難免功高震主，由此惹來殺身之禍。問題是，雍正端掉年羹堯，分明有點急了。四十五歲登基，次年年羹堯平定青海，還沒等到第三年就下手去端人家，分明是因爲雙方的關係已是勢若水火。

更離奇的是，雍正居然給了年羹堯九十二條罪狀！你端掉就端掉吧，還要搞這麼多的名堂，如此之多的罪名，誰記得住？

再追究雙方結怨的因由，一切就更加離奇了。

起因呢，是年羹堯打報告祝賀日月雙璧，五星聯珠，秘書卻太粗心，將「朝乾夕惕」寫成了「夕惕朝乾」。只是前後顚倒，意思還是一樣的，但是雍正不樂意了，在報告上批道：年羹堯不是一個粗心的人，他有意這麼一個搞法，是明擺著不讓我這個皇帝朝乾夕惕……

就因爲這麼點事，猜猜後果有多嚴重？

年羹堯削官奪爵賜死，其子年富立斬，族親十五歲以上者竄之邊荒。

年羹堯的下場，顯然不是幾個錯別字能夠達到的。後世人拿了放大鏡拚命在他身上找毛病——皇權思想影響嚴重的國民，打死也不敢在皇帝身上找錯，既然皇帝血屠你滿門，那肯定是你的不對。

終於找到了！說是年羹堯居功自傲，任人唯親，嚴重威脅到了皇權……

才在青海打了一年的仗，就威脅到了皇權，皇權未免太脆弱了吧？

年羹堯立功再大，也威脅不到皇權去。至於說他任人唯親，更是無中生有。身為撫遠大將軍，統兵前線，任人不唯親，難道要唯敵？

所有罪名，說來都只不過是掩人耳目。雍正殺年羹堯眞正的原因，答案恐怕只在野史中，不在正史上。

還記得民間傳言，說雍正是誰的兒子嗎？

沒錯，就是這個年羹堯。民間傳說，年羹堯把女朋友烏雅氏的肚皮搞大，又送進宮裡，生下了小雍正。這，便是雍正非得除掉年羹堯的根本原因。這個謠言不只是影響到了領導的光輝形象，也構成了年羹堯問鼎皇權的法統依據和全部理由。如此說起來，這個謠言多半是年羹堯自己放出去的，目的就是為了奪取皇權。

但是，此人離皇權太遠太遠了，根本不具備絲毫的民眾基礎。試想哪一天百官上朝，進去一瞧，坐在龍椅上的不是雍正，而是年羹堯。他說：「大家別這麼吃驚，幹嘛吃驚呢？跟你們實說了，雍正是我的兒子，所以這個皇位呢，他坐和我坐是一樣的……」百官聽後，會乖乖三呼萬歲並下跪嗎？

更何況，打掉年羹堯，對雍正來說，意味著自廢武功，自斷其臂。萬一哪一個阿哥突然鬧將起來，派誰去統兵？

明擺著，年羹堯之死，是密探統治之下的一個超大型犧牲品。

8

隔牆有耳

雍正曾因一個御史與男演員的「相好」而批奏斥罵，這種龍陽之好，是一個人的絕對私隱，如何能夠知曉？解釋只有一個——密探的報告。

或許我們會注意到，雍正皇帝在對待年羹堯、八阿哥和九阿哥事件上，懷著一種強烈的、無可緩釋的仇恨。對年羹堯竟列了九十二條大罪，等於是滿門抄斬。把八阿哥和九阿哥改稱爲豬和狗，更表明了雙方之間的仇恨，深到了無可化解的程度。

然則，雍正到底和這些人有何血海深仇？

這裡有一個陷阱，有一個雷區，幾乎所有史學家都小心翼翼地繞了過去。害怕觸碰到這個在大內清宮檔案裡找不到記錄的問題，只是因爲他們不知道問題的答案。

然而，恰恰是這個問題，暴露出了雍正時代政治鬥爭的所有實質。一旦迴避，必將與眞相越行越遠。

大內宮廷秘檔不會記錄這樣的文字：年羹堯說了什麼，導致了雍正對他的切齒痛恨？同樣的，八阿哥幹了些什麼，九阿哥又幹了些什麼，竟然恨得雍正將他們虐殺，稱之為豬狗？也是隻字不提。唯一靠譜的解釋是：正是由於影子偵探的存在，才導致了諸多撲朔迷離的歷史現象與懸案產生。

還記得吧？雍正曾因一個御史與男演員的「相好」而批奏斥罵，這種龍陽之好，是一個人的絕對私隱。堂堂皇帝足不出戶，如何能夠知曉？

解釋只有一個——密探的報告。

同樣的，年羹堯也好，八、九阿哥也好，雍正對他們切齒痛恨，那是因為知道這些人的「絕對隱私」。也所以當他在口風上稍微透露一點的時候，他們立即大駭，不要說反抗，甚至連辯解的勇氣都沒有。

考慮到當時針對於雍正的諸多謠言，我們不難推演出當下的情形。

先是年羹堯備受皇家恩寵，賦予了全權，經略青海，難免會有人想追問一個究竟，何以雍正對他如此信任呢？

如果這時候，年羹堯能恭恭敬敬地站起來，邊衝著北京的方向磕頭，邊大哭曰：「臣子無能啊！臣子真的無能啊！聖上這麼信任我，可我平定一個小小的青海，竟然花費了一年的時間。我太不忠心了，對皇上太不夠意思了……」一番表演之後，他的結局肯定是另外一個樣子。

但是很顯然，年羹堯那廝沒有能夠慎獨，聽到人家相問，很可能哈哈一笑：「小樣的，你知道個屁啊？跟你說了吧，皇上他媽叫啥名來著？烏雅氏！你再想想我以前的女朋友是誰？沒錯，就是她，就是烏雅氏！這麼想想，我可真他媽的不夠意思啊，人家把我的兒子都給生下來了，我卻沒盡到一點做父親的責任，往皇宮裡一送就不管了，嘿嘿！不像話啊，我真是太不像話了……」

說雍正的生母烏雅氏跟年羹堯有一手，除了年羹堯自己，誰會有創造這個消息的原始衝動？年羹堯只顧編故事，滿足虛榮心，卻不知道身邊有多少耳朵，正在悄悄的聽著呢！沒等他把話說完，秘密報告已如雪片一般，飛往了京師雍正的案几上。

你想，哪個皇帝看了這份報告，不會想宰了年羹堯全家？

也許年羹堯並沒有編這個故事，但他肯定編了別的故事，別的同樣能讓雍正恨不能生吃了他的故事。說時只圖嘴上痛快，說出來就算完了，卻不想雍正跟他一翻舊帳，頓時就傻了眼，只能認栽。

八阿哥、九阿哥也是同理。瞧瞧雍正給他們改的名字，一個叫豬，一個叫狗，擺明了是這兩人不知哪一天湊在一起，嘀咕了幾句什麼，而且說出來的話特別的難聽，惹得人家如此憤怒。

雍正使用密探治國，還有一個充足的佐證——吏治上，他的帝王策術，也透露著強烈的密探氣息。

9 嚴厲懲治清官

每個巡撫都上繳十萬兩銀子，托了這條政策的福，雍正上台的時候，庫裡有存銀八百多萬，一下子增加到了六千萬兩！

雍正在位期間，搞了一場非常奇特的運動，叫做「耗羨歸公」。用現在的話說，就是嚴查各級領導幹部的私設小金庫，加強對幹部的離任審計。

這場運動引發了後世史家的狂烈吹捧，蓋因雍正的吏治政策，恰好符合了國人長久的預期——這次終於動眞格的了，貪官們有麻煩了！

實際上，雍正的「耗羨歸公」與廉政沒有絲毫關係，只是帝王策術的運用而已。

雍正七年，上念張文端公小心謹慎，效力有年，所有應追賠銀十萬兩，經部奏請將其子給事中張懋誠解任追賠。上命豁免八萬，止追二萬，不必解任。

——《淡墨錄》卷十

這裡說的是張文端老先生。該老先生「小心謹慎」，謹慎的結果是他應該繳還贓銀十萬兩。十萬兩是個什麼概念？把張文端全家連皮帶骨敲碎了賣，也賠付不起！

不管！按照法律規定，父債子還，老張還不起，小張接著還！有關部門把這事報告給雍正，他說：「算了，十萬兩銀子就算了，馬馬虎虎繳個兩萬就行了。」

這位張老先生，到底是小心謹慎，還是貪得無饜呢？

如果他是小心謹慎，怎麼會一傢伙就撈了十萬兩？

如果他是貪得無饜，怎麼雍正非說他小心謹慎？

再來說說這位小心謹慎的大貪官撈走的十萬兩銀子，到底是個什麼概念？

雍正將全國各級領導幹部的小金庫統統沒收之後，自己留下二十萬兩，用以彌補國庫的虧空，其餘的，再全部按人頭打回到各級領導的帳戶上去，以便執行高薪養廉政策。也就是說，整個國庫的虧空才不過兩萬兩，湊上兩個張文端，就能夠把帳目全部抹平了。

雍正並不肯追究張文端的過失，很大度地將十萬兩減爲兩萬兩，在他的眼睛裡，這個老張，到底是清官，還是貪官？

實際上，老張既說不上清官，也說不上貪官，只是雍正帝王權術運用之下的一個倒楣蛋而已——而且是一個比較幸運的倒楣蛋，畢竟被免除了八萬兩銀子。至於別的倒楣官，除了全家跳河，很難找到第二個解決問題的辦法。

原來，這個耗羨歸公，不過是雍正聽了山西巡撫諾岷的建議，大力推行的一個古怪辦法。該辦法先將每個官職定量定價，進行測算，測算之後得出結論：你個巡撫大小的官，一年私設的小金庫有多少。一個總督私設的小金庫，又有多少。然後就按照這個數字，要求各級領導把錢統統繳出來。

這個辦法好不好？好像挺好的吧？比如說一個巡撫的小金庫有十萬兩銀子，每個巡撫都上繳十萬兩銀子，朝廷豈不是發了？

朝廷確實是發了，雍正上台的時候，庫裡有存銀八百多萬，托了這條政策的福，一下子增加到了六千萬兩！

好吧！這條政策眞不賴。可萬一碰到哪個傻瓜巡撫壓根不會撈錢，又或是他原本是個清官，根本就沒有小金庫，又該怎麼辦？

好辦！是清官，就帶著你老婆孩子跳河吧！要不然，你也跟著貪官學一學，先狂撈上二十萬兩銀子，上繳十萬進入雍正的個人帳戶。其餘的，大可以慢慢地花。

這條政策分明是逼良爲娼，逼清官爲贓官，雍正怎麼會弄出來這麼一條怪政策？

這是因爲，雍正壓根就不相信世上還有清官。就算有，那也是比貪官更可惡而且虛僞的存在。他要撕掉蒙在清官臉上的遮羞布，暴露出他們不可告人的隱私和齷齪面。

10 洞悉你內心的黑暗

密探蹲在你的屋頂上，躲在你的門後邊，趴在你的床下面，藏在你的桌底下……更可怕的是，甚至可能就睡在你身邊，與你袒裎相對。

雍正以密探治國，正史上確是有依據的。

雍正死後，他的兒子乾隆繼承大寶，將雍正親筆批閱的奏章，刊印了整整六大巨本，公開出版發行，讓人們知道他親爹是多麼的操勞。可恰恰是這六大本批奏，暴露出一個隱密的統治體系。

比如，雍正曾經對一個大臣的奏表，批奏道：「汝以朕爲可欺乎？汝忘朕即位之時，已年過四十矣，官吏情僞朕盡知之。朕在藩邸時，即知汝名曾列彈章，汝又送朕禮物，冀朕在大行皇帝前轉圜。汝此後其小心謹慎，一舉一動，不能逃朕之洞鑑也。」

這個批奏是在說，你丫以爲老子傻嗎？想騙老子嗎？你他媽的忘記了老子臨到了四十五歲才當上這個皇帝，容易嗎我？

老子登基以前就盯上你了，知道你幹過什麼丟人現眼的事兒，你他媽的還給老子送過禮，想讓老子在老子的老子康熙面前替你說好話。你丫也不想一想，當時連老子自身都難保！你丫以後給老子小心點，惹火了老子，就滅了你！

再比如雍正對另一個大臣批奏道：「朕未見汝之面，但汝名朕久聞之，汝之治績，深堪嘉尙。」

意思是說：我從來沒見過你，但對你還是非常瞭解的，你幹得不錯，還不錯，但要繼續努力，不要驕傲。

還曾有一個大臣，慘遭雍正痛罵，嚇得魂飛天外。雍正事後批奏說：「汝之懼，朕知之。所云愧悔，朕尙未能遽信，將以汝後所爲，觀汝眞能愧悔否也。」

意思是說，你心裡的恐懼，我明明白白，但你嘴上說後悔，我卻擔心你其實死性不改。要不這樣，我再觀察你一段時間，看看你的表現，咱們再說。

每年刑部秋審，人命案子都會送到雍正的案頭，由他終審。有一回恰好審到一個女人殺死親夫案，刑部的意思是要將這女人千刀萬剮，連自己的老公都敢殺，眞是太不像話了。不想案子讓雍正一審，立即變了個樣。他批奏道：「此婦因其夫逼令爲娼，一時氣憤致將其夫殺死，不獨無罪，且可立坊，以表其貞烈也。」

這個判決，比之千刀萬剮，當然更符合法律與人性。但是，爲什麼刑部的官員們不能察知到如此之多的細節，偏偏他雍正坐屋子裡，僅僅拿眼睛一瞧，就什麼都知道了？

密探！只能是密探！

無所不在的密探，構成了雍正時代特有的政治風情。

正是因爲這些密探的存在，雍正無所不知，無所不曉。但也正是因爲這些密探的存在，導致了他對人性的美好期冀徹底破滅。

這些密探蹲在你的屋頂上，躲在你的門後邊，趴在你的床下面，藏在你的桌底下……更可怕的是，他們甚至有可能就睡在你身邊，與你袒裎相對。你以爲自己是處於最安全的地方，就放鬆了心裡的惕戒，將自己內心中所有陰暗的、不可告人的、不體面的欲念全部展現出來。而這些，都將成爲雍正對你進行評判的最後依據。

所有的人，行走在這個世界上，都要戴上一副假面具。虛僞是人生禮節的第一課，當遇到一個討厭的人，我們不會輕易對他說出眞心話，也很少會直接地告訴他：我不喜歡你，我討厭你，你長得好醜，讓我噁心……即便無法違心地做出虛僞的誇讚，也會在眞相面前保持沉默。

但是，在私下的場合，我們總不免要打開內心，釋放出心中所有的不滿，所有的怨氣，所有的不潔、骯髒與厭惡。

在領導面前，我們會忍受著心裡的羞惱，點頭哈腰：是，是，您批評得對，我下次一定注意。可到了極爲私隱的所在，肯定會一壺濁酒盡餘歡，然後破口大罵：你丫個王八蛋，竟然在大庭廣衆之下掃我的面子，指出我的過錯！遲早有一天，老子要讓你好看！

可想而知，雍正廣布密探，刺聽臣屬的私隱，最後聽到的，必然是那些在朝堂上對著他磕頭的臣屬們的謾罵。

想想那些大臣，眞不容易。一個個起早貪黑，爲國爲民爲自己，稍微有點小小不如意，就遭到皇帝的痛斥，心裡是何等的憋火？在朝堂上，就算是打死他也不敢吭一聲，等回到家裡，脫光了衣服，多半要憋不住地指著雍正的老母問候幾句：「雍正你個龜兒子，跟老子充什麼大尾巴狼？誰不知道你丫是被年羹堯搞大了肚皮的女人生出來的？哪天惹火了老子，跟你一拍兩散！」

完了！如果有哪個大臣一時喝多了，就這麼衝著馬桶罵上幾句，你猜猜，下場會有多慘？這些大臣們的枕邊人，不管是美貌小妾，或者黃臉老婆，很有可能就是接受了重要監視任務的內部工作人員。

正因爲雍正知道大臣們表面上一個個人模狗樣，對他畢恭畢敬，實際上心裡都充滿了無可解釋的怨毒——其實，這世上有哪個老闆，不是天天被員工們在背後咒罵，他何能例外？開始一次兩次，得知大臣們的詛咒，他可能還能保持著幾分大度，但隨著這種怨毒的迅速擴散，很快他就會發現，越是自己信任的、倚重的大臣，咒罵起來就更歡。

所以他要殘酷地虐殺年羹堯滿門——看你還敢不敢在背後罵我！

所以他要惡毒地對待八阿哥和九阿哥——看你倆還敢不敢再在背後說我的壞話！

但是，接下來，發現幾乎所有的大臣都在背後罵他，反倒為難了。

這下可怎麼搞？總不能把所有的大臣都殺光了吧？

要不……咱們耗羨歸公，沒收你的小金庫，再追繳各級領導拖欠的公款，如何？敢在背後罵我，不讓我舒服，我也不讓你們有好日子過！

不能合作，那就相互傷害！

一年之內，三品以上大員被雍正抄家滅門者，居然高達數十人，這眞是前所未有的紀錄了。

11

密探與密探的相互制衡

偵探以僕人的身份跟隨周人驥，三年之久的時間，始終不敢捏造假情報誣陷。因為他知道，周人驥的身邊，至少還有兩支偵探力量在活動。

在中國歷史上，使用秘密偵探對臣屬進行控制的，雍正並非獨一無二。在這方面集大成者，當屬朱元璋。

朱元璋最獨到之處，在於解決了密探工作中的死角。

要知道，大凡密探，所報告上來的都是當事人的私隱，這些事一無憑，二無據，全憑了個自由心證。假如哪個偵探存心使壞，公報私仇，瞪眼瞎說你在背後說了領導壞話，咋個辯解法？

根本沒法子辯解！

這樣一來，偵探就等於控制了針對於大臣們的生殺予奪之大權，要風得風，要雨得雨，要錢大臣得掏銀子，要女人大臣也得咬牙把老婆女兒送上，不然的話，讓密探誣告了，你是不可能找到說理的地方的。

然而，朱元璋以其天才的創意，解決了這一行政管理難題。

通常情況下，對每一個當事人，朱元璋會分別派出三批偵探。三夥人之間相互不知情，重複做著同樣的情報搜集工作，等到三個調查小組的報告繳上來，他打開一瞧，哎喲呵！這下樂子可大了，三份報告完全不一樣！那就再派三個小組……如是者幾番，非但能夠獲知最精確的情報，而且還知道是哪個傢伙在中間搞鬼。

因著朱元璋創建了這樣一種旨在以人力資源的無限投入提高情報精確度的良性制度，所以到了雍正這裡，絕不會出現假情報，更不可能有公報私仇的事情發生。單以前面提到的天津周人驥的故事，就能夠瞭解到密探制度的科學性與嚴謹性：

天津周撫部人驥，雍正丁未進士，以禮部主事視學四川（按：《清秘述聞》作以戶部郎中任），三年，操守清潔無苟且。先是，本部堂官薦一僕，其勤敏，至任滿，數請先行。公曰：「我即日回京覆命，若當隨往。」其人曰：「我亦欲回京覆命耳。」公驚詢，乃曰：「某實侍衛某也，特來伺公。公考試好，某將先期奏聞矣。」公歸，果蒙褒旨。公弟人騏為公立傳，敘其事甚詳。

這起事件中，偵探以僕人的身份跟隨周人驥，三年之久的時間，就算周人驥人品再端正，也難免舌頭碰到牙齒的時候。更何況主僕關係，他高高在上，不可能沒有發火、訓斥、責罵僕人的時候。

儘管如此，這個僕人偵探卻不敢捏造假情報誣陷，因爲他知道，周人驥的身邊至少還有兩支偵探力量在活動。捏造假情報，肯定會被另兩夥偵探戳穿，除非三夥人聯手作弊。可是，天曉得那兩夥人到底是誰？

所以我們在雍正時代的史料中，找不到密告們徇私枉法的記錄，甚至讓人們懷疑，這些傢伙是否眞的存在？史家正是因爲看不到類似於大明時代錦衣衛那樣橫行不法的記載，才會拒絕接受密探存在的可能。

然而，密探確實是存在的，千眞萬確。

12 聖眷深厚隆科多

隆科多解釋說：「康熙嚥氣之前，堅決不告訴四阿哥這個好消息。後來才把我叫過去，吩咐這件事。」此言一出，天下大嘩，一直嘩到今天。

如果承認雍正時代確曾建立起密探制度，我們就必須要面臨一個複雜的問題：這樣一支神秘力量是由諸多大活人組成的，這些人要有一個組織者，管理著員工的招聘、面試、業務培訓、上崗、考勤、晉升與獎懲、表彰與批評、工資發送、補助津貼、人力資源、業務市場、後勤行政、財會出納、食堂伙食、領導小灶、男主管騷擾女員工、小員工磨洋工鬧情緒……如此龐大繁雜的組織體系，絕無可能隱瞞得住。

大明時代的朱元璋，就是爲了要解決這些問題，不得不把他的密探隊伍公開化，建立起錦衣衛制度。

可到了雍正這時，史料中見不到相關記錄，甚至連最基本的財務支出都無法找到，豈不是怪事一樁？

正統的史學家正是依據這一點，才拒絕承認雍正時代有什麼密探制度，除非讓他們相信那些密探都是不食人間煙火，能徒手過山川，飛簷走壁的劍客奇士者流。

實際上，雍正時代的密探制度，與大明朱元璋是有著本質區別的。他所使用的，是一種公開的密探制度——密摺制。

密摺制並非雍正創建，早在康熙時代就已成型。這種制度是授權部分親信官員，可以用秘密奏報的方式，將消息傳遞到朝廷。康熙時代獲得這項授權的官員有一百多人，到了雍正時代，這支力量擴大了十二倍，人數超過一千兩百，範圍包括了布政使、按察使、學政等。秘密報告涉及的範圍，幾乎無所不包，從民生、風俗、天氣、個人私隱、小道消息，江湖秘聞，官場秘事……統統涵蓋在內。

這個借助於現行管理體制建立起來的密探王國，卻是在另一個悲劇人物的背景底下出現的。

此人，名叫隆科多。

康熙年代，隆科多的官職雖然不大，責任端的不小。他是一等侍衛，步兵統領，掌管著北京城的衛戍部隊，大致相當於北京軍區司令員這麼一個職務。康熙病重時，只有他一人侍應在身邊，諸皇子王公大臣皆不准入內。

爲了預防萬一，隆科多還關閉了北京城門，禁止在外地的皇子私自回京入城。等到康熙一死，他就召集群臣開會，宣佈曰：「老頭死的時候吩咐過了，以後就讓四阿哥胤禛接班了，他說，胤禛辦事，我放心……」

怪了！康熙是在什麼情況下，吩咐雍正接班的呢？

隆科多解釋說：「是這個樣子的，康熙嚥氣之前，四阿哥胤禛來看望老頭三次，但是老頭當著他的面，堅決不告訴他這個好消息。等到胤禛走了，老頭這才把我和七阿哥叫過去，吩咐這件事。」

此言一出，天下大譁，一直譁到今天，質疑雍正篡改或是僞造遺詔的聲音，仍然沒有止息。蓋因隆科多的這個解釋也忒離奇了，離奇到了顚覆常理的程度。噢！這康熙老頭到底是什麼毛病啊？人家來了三次，他咬緊牙關不吭聲，然後單只把這大的事情告訴你隆科多，怎就這麼信任你呢？你是康熙親爹啊？

總之是越描越黑，越說越說不清楚。

無怪乎人們這樣懷疑，隆科多原本就是胤禛的親信死黨。康熙死後，他關閉北京九門，諸王公非傳旨不得進入大內——皇帝都死了，誰還有這個資格傳旨呢？這擺明了是一場另類的宮廷政變。

可是，雍正沒有留下相應的記錄，比如在他的日記上寫著：今天是我最高興的日子，我發動了一場宮廷政變，眞的好好玩耶……史家認爲，沒有記錄，硬說雍正搞了宮廷政變，是極不嚴肅、不科學、不符合實事求是的精神的，所以只能暫且將這件事擱下，再看看隆科多又幹了些什麼。

隆科多迅速飛黃騰達，升任總理王務大臣，升任吏部尚書，升任一等公，升任保和殿大學士，兼任理藩院尚書……然後，被雍正端掉了。

史書上說，隆科多從將雍正推上皇位，到雍正將他打翻在地，再踏上一隻腳，讓他到死也未能翻身，只不過短短的五年時間。他的倒楣，始自雍正即位的第三年，朝廷上熱烈討論如何宰殺年羹堯一家之時。當時，他力排眾議，建議保留年羹堯的三等公爵位，由此失寵，迅速搬家去了暢春院的小黑屋子裡，到死也不允許再出來。

你說這個雍正，人家提出來的意見，你接受就接受，不樂意接受就扔一邊去，怎就反應這麼激烈呢？

再說起來，隆科多好歹也是親信，被雍正稱為舅舅，登基之前，少不了受他的指點。那時候，隆科多就算是指著雍正的鼻頭罵娘，他恐怕也只能賠笑臉聽著。但是，隆科多好歹也軍區司令員的身份，官場上的規矩還是懂得，斷不至於當著雍正的面罵他娘親，而且雍正這個人的秉性，他也是知道的，心眼太小、睚眥必報、容不下人……

《澄懷園語》云：「世宗憲皇帝時，廷玉日直內廷，上進膳，常承命侍食。見上於飯顆餅屑，未嘗棄置纖毫。每燕見臣工，必以珍惜五穀，暴殄天物為戒。又嘗語廷玉曰：「朕在藩邸時，與人同行，從不以足履其頭影，亦從不踐踏蟲蟻。」聖人之恭儉仁慈，謹小慎微如是。

上面這一段記載，就是雍正的爲人秉性了，這是史家所公認的資料。大家一致認爲，雍正這個人啊，人品眞是太好太好太太好了，對人尊重到了無以復加的程度，就連走路，都不肯踩在人影子的頭上。可怎麼就是對年羹堯、隆科多這兩個臂助如此之狠？

是不是隆科多也在他的背後說了些什麼，被密探報告了？眞要是這樣的話，少不得也是一個滿門抄斬，最舒服的待遇只是會和八阿哥、九阿哥一樣被虐死。但相對於年羹堯的待遇而言，只是一個囚禁到死，這是相當深厚的「聖眷」了。

看到這裡，你發現其中隱藏的「文章」了嗎？

13

別再自虐啦！

惹事的大臣們在被窩裡罵一遍，密探們報告上來，等於又罵了一遍。雍正打開一看，自己把自己老媽又罵了一遍……受不了！這也太變態了吧？

如果雍正需要一個人，幫助他管理密探隊伍，那麼這個人，必然是隆科多。

只有掌握著一支密探隊伍的人，才能夠獲得老康熙的寵信，臨死之前還隨侍在身邊。只有運用這一支影子般無所不在的可怕力量，隆科多才能夠掌握到康熙的起居及心理變化等全部細節。也只有在這樣一支特別縱隊的驅使之下，康熙才會當著胤禛的面，死活不肯吐口傳位於他。

但是這時候，老康熙已經無力操控情勢，最終權力還是落在了雍正手中。

雍正之所以在隆科多對待年羹堯一案上大發雷霆，並非刻薄寡恩，而是他無法容忍隆科多的曖昧態度。年羹堯那廝明明是自己的大舅哥，卻非說他跟自己的老母有一腿，說他是自己的老爹……這麼嚴重的政治錯誤，隆科多非要輕描淡寫，明擺著是放水，斷斷不能容忍。

年羹堯差不多是滿門抄斬，那是由於雍正實在無法再忍受此人。隆科多卻只是囚死於暢春園，那是由於他的錯誤畢竟還是比較輕的。

人性上是沒有差異的，距離越是接近，表面上的禮節越是嚴重，但是內心裡厭惡與鄙憎，也越是強烈。拿破崙曾經這樣描寫過這種普遍心理：僕人眼裡沒有偉人。越是接近大人物的人，越能清楚地看到大人物的缺陷與毛病，心裡就越是缺少尊敬，背後裡嘀咕的可能性就越大。

如果年羹堯在背後拿雍正的老母過嘴癮，隆科多也難免會偶有這種心思的流露。但是顯然，雍正並沒有接到隆科多在背後罵他娘親的報告，所以針對他的處罰，相對輕微很多。不過，換一個角度解釋，雍正沒有接到有關隆科多在背後罵他娘親的秘密報告，最大的可能，在於隆科多本身便是管理這些報告的人。

那麼，雍正突然將隆科多端掉，可是想自己接手這支密探隊伍？

不會的，任何人都不會再允許這支密探力量繼續存在。

這支隊伍報上來的每一份報告，內容都是大同小異，清一色罵雍正他老母。雍正又沒有被虐症，閑著沒事天天聽別人罵自己幹什麼？

要知道，密探制度是以無限的人力投入作為保障的，在密探國家裡，每三個人就有兩個密探，每一個人都負有監視別人並隨時向權力者報告的義務。遭受到懲罰，往往不是因爲他做了什麼，而是因爲他沒有報告「壞人壞事」——見到壞人要及時報告，這是鐵律。這種制度帶來的後果是，沒有哪一個密探敢隱瞞壞消息。如果哪個密探聽到年羹堯說自己和雍正的母親有一腿，卻沒有及時報告，他就會在另兩份報告中成爲同案犯，後果相當的嚴重。

爲此，每一個密探都爭相報告大臣們是如何罵雍正的娘親的。這就導致了雍正天天看到這些辱罵，心裡的憤怒與挫折感，無法言喻。

這不再是什麼行政公文了，這是自己找罵了。惹事的大臣們在被窩裡罵一遍，密探們報告上來，等於又罵了一遍。雍正打開一看，嘿！他自己把自己老媽又罵了一遍……

受不了！這也太變態了吧？

密探隊伍就此取消，諸多的人員編制、員工招聘、培訓上崗、業務考核等等，全都不需要了。雍正已經知道天下人沒一個好玩意兒，全都躲在被窩裡罵他的老祖宗。這時候的他，需要的只是一支有限的密探隊伍——密摺制由此建立，省略了大量的成本開銷的同時，仍能夠及時掌握各級領導幹部的私隱壞事。

到此爲止了嗎？

不，事情還沒有完。

14

非快刀不足以斬亂麻

《大義覺迷錄》發行，天下人皆知這廝弒父逼母殺兄屠弟……如果不是在少林寺學得一身驚人的技業，哪來這麼大的本事，幹得這麼多的壞事？

雍正在位短短的十三年裡，基本上處於眾叛親離，孤家寡人的狀態之中。但他不屈不撓地與各級領導幹部們展開激烈的鬥爭，單只是一個清理私設小金庫，就逼得眾多領導幹部入獄的入獄，投井的投井，始終佔據著鬥爭的主動權。

其後，他突然死去，再一次引發了浩大的風波：

樸庵曰：「吾閱《鄂爾泰傳》，是日雍正尚視朝如恆，午後忽召鄂入宮。外間喧傳暴崩。鄂入朝，馬不及鞍，髀骨被磨損，流血不止。既入宮，留宿三日夜始出，尚未及一餐。使非被刺，何所危疑而倉皇至是。觀鄂傳，雍正為人所殺，決無疑也。嗚呼！胤禛以一帝位逼父殺弟，而己亦卒不免一死，則是帝王者實不祥之物也。今者真理日明，

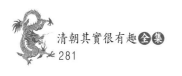

而殘喘之滿清朝廷，至死尚作老馬戀醉之態，可謂不知審時度勢之尤者矣！」

這裡摘錄的是《胤禛外傳》中的記載，隱含了我們在文章開始的時候所提及的「俠女派」、「玉女派」及「紅樓派」等諸多派別的不同死法。

史家們更多是傾向於康熙第八世孫金恆源先生的《正本清源說雍正》一書的觀點，該觀點認為，雍正的死因，主要是他多年勤政之累，深陷於與各級領導幹部們的鬥智鬥勇中不能自拔，搞得精神恍忽，神智不清，只好大量吞藥，結果體內淤毒過量……

可以說，這就是「玉女派」死法的潔本。不論我們是否願意接受這個「玉女派潔本」的死法，都無可避免地面臨著這樣一個結論：

雍正之死，只是因為他太過於善良了。如果他也學朱元璋的樣子，將密探制度發展到極致，建立起像錦衣衛那樣森然冷血的殺戮機構，必能省下無數的心思。何必費那麼大的勁，和群臣們鬥智鬥勇呢？你說你累不累啊？

在老爹康熙屁股後面足足四十五年的漫長等待，雍正的火性已經被消磨得七七八八了。如果有誰認為他對年羹堯、八阿哥、九阿哥過於殘忍，不妨比較一下朱元璋殺戮重臣之時，動則以數萬人流血喪命的做法。兩相對照，必會發現雍正確實是一個心軟的人，他只是忍受不了無端的謾罵與侮辱。

雍正最終沒有走上冷血嗜殺之途，他最多只是沒收各級官員的小金庫，給各級領導幹部添點堵罷了。再就是被老百姓罵得實在招架不住的時候，扯個民間學者曾靜過來，展開一場公開的大辯論。他甚至連曾靜也沒有殺，更沒有枉罪於人。正是這樣一個原因，他獲得了後世史家的尊敬。

你無法不尊敬一個心軟的人，他完全可以把壞事做到極端，但他沒有。

可是，他的做法，也有一個弊病，就是越描越黑，越解釋就越說不清，所以才會出現那些快意江湖的不朽傳說——這些傳說的誕生，至少有一半是雍正自己的功勞。由於他和曾靜展開思想大辯論，刊印《大義覺迷錄》發行天下，於是天下人皆知這廝弒父逼母殺兄屠弟……如果不是在少林寺學得一身驚人的技業，正常人哪來這麼大的本事，能幹得這麼多的壞事？

所有的這一切，都看在一個年輕人的眼睛裡。這年輕人對雍正是蔑視到了骨子裡，認爲雍正太軟弱，太窩囊，太缺乏血氣，如果換成自己……

果然很快就輪到了他。雍正死後，弘曆登基，立逮曾靜一家誅殺，禁毀雍正親撰的《大義覺迷錄》，霎時間，朝野一片沉寂。

對付流言，不能慢慢講道理，非快刀斬亂痲，不足以徹底掃除後患。

這，才是眞正的帝王之術。於是我們知道，大清的第六屆皇帝乾隆，絕對不會像第五任那樣，活得窩窩囊囊，死得不明不白。

第6卷

說不清身世的奇怪皇帝

乾隆這廝硬是有本事，別人只能在一個地方出生，他老人家可好，同時於承德避暑山莊和北京雍和宮兩地出生！佩服，佩服，不服不行啊！

1 道理不是講出來的

忽有侍衛跑來報告：「報告首長，有一個山東的知識份子前來下戰書。」乾隆聽得好不稀奇，接過一封書信，打開來一瞧，頓時臉色大變。

大清的第五屆皇帝雍正卸任，第六屆皇帝乾隆出場。

這位仁兄出場之後的第一件事，是把曾經和他父親雍正展開過公開大辯論的知識份子曾靜逮來，一刀砍了。跟知識份子吵架，豈有一個贏的道理？最妥善的辦法就是肉體上消滅，精神上摧毀，如此才能一了百了。

砍了曾靜，乾隆幸福地前往泰陵，也就是雍正的墳。到了地方，望著老爹的墳頭，笑道：「爹呀，不是我笑話你，你丫也太不明事理了！有現成的刀子不用，非要跟人家打嘴仗，看看！現在後悔了吧？天底下人都在背地裡嘀咕，說你丫是年羹堯的種，這下子你可說不清楚了吧？你說不清楚也就算了，橫豎是個糊塗蟲，可如果你是年羹堯的種，我又算什麼玩意兒？」

正在笑罵之時，忽然有侍衛跑來報告：「報告首長，有一個山東的知識份子前來下戰書。」

下戰書？下什麼戰書？乾隆聽得好不稀奇，從侍衛手中接過一封書信，打開來一瞧，頓時臉色大變。

他收到的，是什麼書信呢？

這封信是這樣寫的：

兄弟我今天前來，也沒什麼大事，更不願意讓別人說咱倆的閒話，不過是最近有點小麻煩，跟皇帝你扯一扯。

兄弟我姓馮，叫馮起炎，字是南州。以前沒事的時候啊，曾經去張三姨母家裡，哇！你猜我看到了什麼？一個美貌的小姑娘，跟兄弟我恰好能配成一對。可是呢，我沒本事啊，也不好意思跟人家開這個口。不過呢，這事跟你說一說，還是不妨的。那小姑娘名字叫小女，剛剛年滿十七歲，恰好到了找婆家的時候，還沒有嫁出去。再猜猜這小姑娘是誰家的？哈哈哈！知道你就猜不著，小姑娘的原籍，是東關春牛廠長興號張守忭家的二丫頭。

還曾有一次，兄弟我去杜五姨母家，哇！又看到了一個美貌小姑娘，跟兄弟我那可是天配地合，可是真是沒本事啊，辦不了這麼簡單的一件小事。這個小姑娘的名字叫小鳳，今年恰好十三歲，年齡是小了一點點，不過那又有什麼關係呢？再猜猜這個小姑娘是誰家的？她便是東城鬧市口瑞生號杜月家的二丫頭。

兄弟的意思是說，如果皇帝你不忙，派個辦事能力強的人出馬，騎上一匹快馬，用不到天黑就到達臨縣了，到了地方就讓他打聽一下：東關春牛廠長興號，有沒有一個叫張守汴的人？然後呢，讓他給我把他家的姑娘送來當老婆，這事就算是辦妥了。再然後呢，再讓辦事的人打聽打聽，東城鬧市口瑞生號，是不是有一個叫杜月的人啊？一問就清楚了，找到杜月，把他家的小姑娘也給兄弟接過來當老婆，兩件事就全辦妥當了。

兩件事全部辦妥當，兄弟我也就心滿意足了。不過，兄弟把醜話說在前頭，我來是來了，還不清楚皇帝你是不是樂意幫這個小忙。如果皇帝你有別的想法，不樂意幫忙，兄弟我也未必會怪罪，這話我也就是隨便說一說，你沒必要太當真。

饒是乾隆皇帝天縱英武，看了這封怪信也忍不住要吐血。

寫這封信的，到底是個什麼樣的人？

寫這封信的，是山東臨汾縣生員馮起炎，聽說乾隆將謁泰陵，一大早就堵在路上，拿了這封信，要跟皇帝套套交情，結果被侍衛們盯上了，認爲此人形跡古怪可疑，當場拿下。拿下之後，就發現了這封怪書，於是送上來。

這封信，如果不是清清楚楚地記錄在清宮檔案裡，饒是後世人想破腦袋，也未必能夠想像得出來。在此不把書信的原文附上，只怕很難讓人相信這竟然是眞的。

臣之來也，不願如何如何，亦別無願求之事，唯有一事未決，請對陛下一敘其緣由。臣名曰馮起炎，字是南州，嘗到臣張三姨母家，見一女，可娶。而恨力不足以辦此。此女名曰小女，年十七歲，方當待字之年，而正在未字之時，乃原籍東關春牛廠長興號張守忭之次女也。

又到臣杜五姨母家，見一女，可娶，而恨力不足以辦此。此女名小鳳，年十三歲，雖非必字之處，而已在可字之時，乃本京東城鬧市口瑞生號杜月之次女也。

若陛下之力，差幹員一人，選快馬一匹，克日長驅到臨邑，問彼臨邑之地方官：「其東關春牛廠長興號有張守汴一人否？」誠如是也，則此事諧矣。再問：「東城鬧市口瑞生號果有杜月一人否？」誠如是也，則此事諧矣。

二事諧，則臣之願畢矣，然臣之來也，方不知陛下納臣之言耶否耶，而必以此等事相強乎？特進言之際，一敘及之。

看完這封信，乾隆在雍正的墳頭前打起了轉，陷入了思考。

眼前這樁事，怎麼個處理法呢？

不理睬這個馮起炎，假裝沒收到他的信？萬一這廝再上訪怎麼辦？要不就答應他，派出朝中統兵大將，殺入臨縣，將他看中的那兩個未成年少女抓來，送他家去給他當老婆？不行！照這麼個搞法，那到底是我乾隆是皇帝，還是他馮起炎是皇帝？

琢磨來琢磨去，終於琢磨出來一個萬全之策：要不，咱們乾脆把這個馮起炎逮起來，送到邊關，給邊關將士們端夜壺倒洗腳水得了！

看起來，這是唯一可行的辦法了。

聖旨下，山東生員馮起炎，發配黑龍江等處，給披甲人爲奴。

這個決定，就展現了乾隆與他父親雍正的區別了，也正是成熟的帝王策術的成功運用。有些時候，對於某些人，根本不需要講道理。

2 道理是宣傳出來的

小乾隆拿弓箭對準熊一通狂射，射完了，爬上馬背，再一回頭，哎喲呵！那憨熊又爬起來了。於是人民群眾交口稱讚說：「這孩子有福啊！」

有一件事情，需要我們說個清楚。

歷史上，「康乾盛世」是相當有名的，不管是老一輩子的人，或者年輕一代的人，全都知道有這麼一個盛世。可是別忘了，夾在康熙和乾隆之間的，還有一個雍正時代。

相比於康熙的六十一年統治、乾隆的六十四年統治，雍正不過在位十三年。而這十三年裡，流傳下來的卻只有血腥的血滴子與密探傳說，並無絲毫「盛世」味道，又是個什麼緣由？或者也可以把問題變一下：何以康熙是盛世，乾隆是盛世，偏偏夾在中間的雍正就不是？

這個問題，恰恰是帝王策術的最高境界：道理不是講出來的，道理是宣傳出來的。

怎樣一個宣傳法呢?來看看乾隆是如何打造當時的主旋律的。

純皇少時,天資凝重,六齡即能誦《愛蓮說》。聖祖初見於藩邸牡丹台,喜曰:「此子神速過於余。」乃命育諸禁庭,朝夕訓迪,過於諸皇孫。嘗扈從之木蘭,聖祖槍中熊仆,命純皇往射,欲初圍即獲熊之名耳。純皇甫上馬,熊復立起,聖祖復發槍殪之。歸諭諸妃嬪曰:「此子誠為有福,使伊至熊前而熊立起,更成何事體。」由是益加寵愛,而燕翼之貽謀因之而定也。

這裡有個故事說,乾隆還在娘肚皮上吃奶的時候,老頭康熙率一幫孫子們去打獵。老康熙大展神威,施展皇家扯蛋槍,只聽嗖嗖嗖幾槍,便將一頭性格厚道的熊給挑翻在地。然後康熙吩咐道:「孫子,給你爺爺拿箭射他奶奶個熊!」

於是小乾隆跳下馬來,拿弓箭對準那頭憨厚的熊一通狂射,射完了,爬上馬背,再一回頭,哎喲呵!那憨熊又爬起來了。於是人民群眾交口稱讚說:「乾隆這孩子有福啊!你看看,要是他下馬的時候,那頭熊突然爬起來,先向他打聲招呼,再給他一記左勾拳,那後果會是如何?」

這個故事看明白了沒有?沒有不要緊,再看下一個故事:

江寧燕子磯宏濟寺僧默默,於乾隆辛未年恭迎聖駕,上問其年,奏云:「一百二歲。」上笑曰:「和尚還有二十年壽。」隨賜紫衣,默默謝恩而出。乾隆二十年乙亥竟圓寂矣。方信天語之成讖。

這故事說乾隆下江南的時候，遇到一個老和尚，就問：「禿頭，活多大年紀了？」和尚說：「小衲年紀還小著，才剛剛活了一百二十歲。」乾隆笑曰：「你丫真敢胡扯，說瞎話連眼睛都不眨。我打賭你還能再活二十年。」果然，二十年後，老和尚圓寂了。

老和尚圓寂事件和厚道熊事件，實際上是同一個故事。

這種故事，後面還有：

相傳純廟於歲暮，偶微行至內閣，見一典籍官，獨宿閣中。寒瘦如郊島，彼不識聖顏也。問何不回寓度歲，對曰：「薄宦都門，妻子均未至，重以檔案填委，職掌乏人，懼萬一疏虞，因留宿閣中耳。」純廟頗重之。詳詢其籍貫科分，並志其年貌，於次日召見。某趨入，天顏溫霽，知即昨與接談者。屏營之下，蒙賜一封口函，諭云：「速持至吏部大堂，但有堂官在，即傳旨面交。」某叩頭遽出，亦未喻何意。將出東華門，俄腹痛奇劇。僵仆道旁，婁蜒拄弗能興，慮封函關機要，脫遲誤幹未便也。傍徨無策間，適同官某經過，呼而告之。托其將封函投交萬毋誤，及部堂啟視，乃朱諭，本日如有知府缺出，即著來員補授，於是吏部遵旨銓注，越日謝恩，乃並非其人，問之，始據實陳奏，純廟喟然曰：「語云君相不能造命，其信然耶。」

這個故事，說的是一個典籍官，這廝在內閣辛勤工作不知幾許年也，偏偏就是時運不濟，始終沒能攤上一個外放的肥缺。再這麼待下去，眼瞅這老兄就要垂暮年景，以一名副主任科員的級別退休了。

乾隆聽說了這個倒楣蛋的故事，就問負責官員管理的吏部，幹嘛要欺負人家，不給一個肥缺幹幹？吏部回答說：「不怪俺們，俺們已經盡力了，是這廝時運不好。」

乾隆如何肯信？當即就去找那個倒楣典籍官。也難怪這個典籍官時運不濟，他在內閣工作了這麼多年，居然不認得皇帝，兩人心情愉快地聊了一會兒，乾隆就回宮了。

次日，一名內侍拿了封密函交給典籍官，讓他馬上給吏部送去，不得有誤。典籍官拿了密函出門，剛剛走了兩步，卻聽哎喲媽呀，小腹突然痛疼如刀絞，痛得這老兄躺在地上，連滾帶爬。實在是沒辦法，只好將密函交給一位同事，「拜託，幫我把信送到吏部……」

那名同事拿了密函，到了吏部，遞交上去，打開一瞧，呵呵！只見上頭寫著：如果今天有廳局級幹部空缺的話，就讓送信的人來負責這項工作。

送信的同事霎時間由副主任科員晉升到了廳局級的領導幹部。升職次日，到朝廷上叩謝皇恩，乾隆一瞧，頓時大驚，「你丫是什麼人？我根本不認識你！那個送信的典籍官哪兒去了？」

新晉領導回答說：「啓奏聖上，是這麼一回事，那個典籍官，他的肚皮疼，我只好……委屈自己高升了……」

這三個不同的故事，說的是同一個道理。這個道理，就是貫徹整個乾隆年間的主旋律。人的命，天註定，千萬不要瞎折騰。誰要不信非折騰，竹籃打水一場空。舒服享福是乾隆，爾等趁早快認命。趴在地上撅起腚，吾皇萬歲要大聲。趕緊下地去幹活，皇帝老倌吃得兇……

與氣急敗壞地和民間學者進行學術辯論的雍正不一樣，乾隆選擇的是另一條更爲乾脆且有效的策略，總而言之，就是「愚民」倆字。

3

那些博弈對手們

乾隆巡游河南，逮來一個沒來得及跑掉的農夫，審訊過農時收成等問題之後，吩咐各級領導官員列隊，讓此人把潛伏在他們之中的奸臣揪出來。

雍正差就差在沒有做好輿論宣傳工作。說起這個輿論宣傳陣地啊，你領導不快點上去趴窩，老百姓肯定會跑到上面鬧軋猛。倒楣的雍正不明白這麼一個簡單的問題，天眞地與民間學者抬槓，結果把自己鬧成了夾心餅乾。他爹那一輩是「盛世」，到了兒子這一輩還是「盛世」，偏他沒有盛世不說，還被百姓們要求做親子鑑定。說來說去，都是咎由自取，怪不得別人。

乾隆吸取了老爹的教訓，狠抓思想建設，成就斐然。

據《養吉齋餘錄》上記載，乾隆這兄弟酷愛寫詩，是個合格的文青，一生寫詩無數。後來他的兒子將這些詩篇雜燴集結出版，總計是四萬一千八百首。

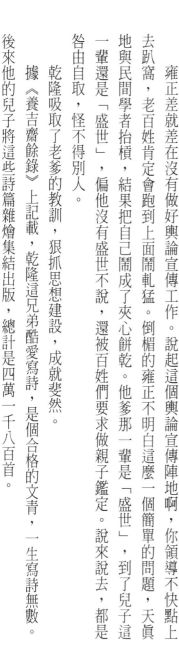

四萬一千八百首！這是個什麼概念？

要知道，乾隆總計活了六十四年，扣除吃媽媽的奶四年，就以乾隆狂寫詩六十年計算的話，那麼，六十年一共是兩萬一千九百天。也就是說，他只當了兩萬一千九百天的皇帝，卻寫詩四萬一千八百首，平均一天要寫兩首詩。一天只寫兩首詩，不多，不多，難能可貴的是，他能夠堅持六十年如一日，風雨無阻，晝夜不息，把這項工作堅持下去，眞是太了不起了！

一個當領導的，堅持每天寫詩，會有什麼樣的社會效益呢？

要是較起眞來，效益可就大了：

乾隆南幸，乘輿出國門，才里許，鄉人某荷鍤迎觀，侍衛出刀於手，斥去之。鄉人倔強不少卻。一尉持梃撻其顱，鄉人負痛而號奔。乾隆驚詢何事，以刺客對。大怒命縛交順天府尹，嚴鞫論擬。府尹某廉得其情，知鄉人實非刺客，且恐興大獄也。即具摺復奏，略謂鄉人某素患瘋疾，有鄰右切結可證。罪疑唯輕。且無例可援，鄉人某某，著永遠監禁，遇赦不赦。地方官疏於防範，著交部議處是否有當。伏乞聖鑑訓示云。疏上，稱旨，即奉批答，著照所奏，妥為辦理，欽此。故至今論者韙之。謂能顧全民命。不獨鄉人感德，即失事之地方官，亦在斡旋之中矣。

這裡說的是乾隆南巡的時候，遇到一個頗有山東生員馮起炎風格的老農，聽說皇帝打這兒經過，當即光著腳丫子，扛著鋤頭跑來看稀奇。侍衛拿刀子轟他滾開，他不肯聽勸。一名警衛連長看不下去，掄起鞭子，耐心地進行說服工作，結果老農發出驚天動地的慘嚎，驚得乾隆臉皮變色，就問：「怎麼回事啊？剛才是什麼動靜啊？那麼怕人！」

警衛連長回答說：「報告首長，有刺客。」

刺客？當地官看不下去了，只好出來解釋：「陛下，不是這回事。那個老農啊，他患有嚴重的顛癇疾病，一到人多的地方就抽瘋……陛下，我的意思是說，咱們這裡這麼多的正常人，能不能別跟一個瘋子計較？」

乾隆皺起了眉頭，這事該不該聽地方官的勸呢？還沒拿定主意，那邊又出事了……

> 純廟南巡，江浙耆老婦女，道旁瞻仰，有稱皇帝老爺者。前驅衛士將執而治之。純皇亦驚訝，詢之尹文端公。公奏：「南方愚民，不明大體，往往呼天為天老爺，天神地，無不老爺者。」純皇大笑，扈從諸臣，遂不復言。公奏對敏慧，為廷臣所交推，玩此數語，洵稱得體。

在乾隆巡幸江南的途中，調皮搗蛋的不唯是農夫，農婦更是沒有閑著。這裡就冒出來一個淳樸的農婦，站在道邊，向乾隆熱烈地揮手，「皇帝老兒好，同志們辛苦了……」侍衛大怒，上前將農婦逮住，押到乾隆車杖前，「報告首長，這農村老娘們兒亂喊口號，太反動了，必須要嚴懲。」

「嗯，應該嚴懲，應該的。」乾隆扭過頭來，問身邊隨行的官員們：「你們說說，這老娘們兒該怎麼整治才好？」

眾領導們議論說：「這老娘們兒沒文化，就愛往人多的地方瞎嚷嚷，嗓門還老高。不過呢，好像這老娘們兒也沒什麼謀反之心，只是弄不清楚該怎麼稱呼領導罷了。」

也有道理！乾隆點頭，諄諄教誨各級幹部道：「朕早就跟你們說過的了，群眾才是眞正的英雄，你們這群傻冒，其實正是最幼稚可笑的。不信是不是？不信咱們試一試，那誰……去那邊田裡，把那個正插秧的老農給朕帶過來……」

高宗循衛河南巡，舟行倚窗，見道旁農夫耕作，為向所未見，輒顧而樂之。至山左某邑，欲悉民間疾苦，因召一農夫至御舟，問歲獲之豐歉，農業之大略，地方長官之賢否。農夫奏對，頗愜聖意。尋又令縱視隨扈諸臣，兼詢姓氏。群臣以農夫奉旨詢問，於上前不敢不以名對，中多有恐農夫采輿論上聞致觸聖怒者，皆股栗失常。農夫閱竟，奏曰：「滿朝皆忠臣。」上問何以知之。農夫奏稱：「吾見演劇時，淨角所扮之奸臣，如曹操、秦檜，皆面白粉如雪，今諸大臣無作此狀者，故知其皆忠臣也。」上大噱。

這裡說的是乾隆在各級領導幹部的陪伴之下，巡遊河南，逮來一個沒來得及跑掉的農夫，審訊過農時收成等問題之後，一時興起，吩咐各級領導官員列隊，讓此人把潛伏在他們之中的奸臣揪出來。這下子一眾官員可嚇得慘了，無不是兩腿發抖，臉皮青紫。萬一農夫瞧哪位領導不順眼的話，那後果……

農夫開始揪奸臣了，臉色嚴肅地在領導隊伍面前走過，突然走近當中一位，「你……」那位領導登時昏倒。農夫訕訕地走開，忽然面有喜色，向著下一位領導疾衝過去。

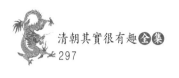

就聽一聲呻吟，那領導綿軟地癱倒在地……

這麼折騰一圈，農夫終於結束了他的巡視，回到乾隆面前，「報告首長，咱們這裡沒有奸臣，清一色大忠臣。」

「你是怎麼知道的呢？」乾隆很是詫異。

「這不是很簡單嗎？」農夫解釋說：「夫奸臣者，白臉也。奸臣都是大白臉，可你瞧咱們這些領導們，一個個肥肥胖胖，紅光滿面，哪有一個奸臣？」

衝皇帝亂喊口號的農夫農婦們，就是乾隆皇帝在這個世界上的博弈對手了。他們的水平，就是我們看到的樣子。

要不要和這種水平的對手展開公開大辯論？還是免了吧！繼續寫詩，更來情緒。

4 乾隆的求職簡歷

看看乾隆的個人簡歷，只有八個字足以形容：跌宕起伏，豐富多彩！他還比別人多了一份業績表單，名為「十大武功」。

與雍正時代的知識份子曾靜相比，乾隆時代的山野村夫們，無疑要憨厚得多，也容易唬弄。也就是說，乾隆的博弈對手，水平比起雍正的對手，那要差得遠去了。跟這樣一些愚昧的村夫打交道，再不混個明君盛世出來，未免太沒勁。

但是，這些缺少見識的山野村夫、書生生員，卻也不是從天上掉下來的，而是人家精心培養出來的。

乾隆皇帝是如何爲自己培養出如此稱心如意的博弈對手呢？

這個，不免要從個人求職簡歷說起：

- 姓名：愛新覺羅．弘曆
- 出生年月日：一七一一年九月二十五日
- 籍貫：北京市長安大街一號雍王府
- 屬相：兔
- 星座：處女座
- 血型：B型
- 身高：一百七十四公分
- 體重：六十二公斤
- 職業：皇帝
- 特長：文學創作、調戲婦女
- 社會關係：
  父親：愛新覺羅．胤禛
  母親：鈕祜祿氏
  有兄弟十人，姐妹四個，排行老四

二十五歲：接替父親的職位，出任大清國第六居皇帝。逮捕曾與雍正進行過公開大辯論的民間學者曾靜、張熙，斬之，宣佈其父所撰《大義覺迷錄》為大毒草，予以銷毀。

三十六歲：四川大金川土司莎羅奔將侄女兒阿扣嫁給小金川土司澤旺，並於婚禮中扣留澤旺，接管了小金川，被朝廷通報批評。大金川土司莎羅奔卻大敗清兵，實現了武裝割據。

三十八歲：命大學士訥親為督師，勞改釋放人員岳鍾琪為四川提督，再命雲貴總督張廣泗三方配合，平定大金川。不料訥親、岳鍾琪及張廣泗三人尿不到一個壺裡，打得不可開交。於是斬訥親與張廣泗，另派大學士傅恆督軍，與岳鍾琪統精兵四萬，大敗大金川莎羅奔。與之同時，剝奪內閣處理國家政務的權力，一切權力歸皇帝。

三十九歲：大金川土司莎羅奔誠懇地承認了錯誤。乾隆指示：懲前毖後，救命治人……下不為例。恢復其領導職位及相關待遇。

四十歲：西藏郡王珠爾默特那木札勒與七世達賴喇嘛不和，對朝廷有看法，引起了駐藏大臣傅清的注意，於是連同幫辦大臣拉布敦便請珠爾默特那木札勒赴宴，席間殺之。珠爾默特那木札勒餘黨聞訊，大怒而入，殺駐藏大臣傅清、幫辦大臣那布敦。四川總督策楞、四川提督岳鍾琪提兵入藏，局勢乃定。

四十一歲：一下江南。

四十五歲：新疆爆發大規模群體騷亂事件，朝廷任命少數民族幹部阿睦爾撒納為定邊左副將軍，出動大軍五萬、戰馬十四萬匹。造反派首領達瓦齊逃至烏什，被群眾扭送公安機關，安定局勢得以恢復。

四十六歲：少數民族幹部阿睦爾撒納未能嚴格要求自己，終於走向了人民的對立面，悍然發動一場大規模的騷亂。朝廷再度出兵，阿睦爾撒納倉皇逃往國外。隨後，新疆大、小和卓部落反叛，殺了清廷優秀幹部阿敏道。

四十七歲：二下江南。頒佈《保甲法》，將大中國設為一座大型監獄，百姓為囚犯，自保長、縣令而上各級領導官員，統統行使監獄管理人員的權力。

四十八歲：阿睦爾撒納患天花病死於俄羅斯，經朝廷與沙俄嚴厲交涉，沙俄交還了屍體。任命參贊大臣雅爾哈善為靖逆將軍，率滿漢兵萬餘人平定回疆。大、小和卓逃走，靖逆將軍雅爾哈善以貽誤軍機之罪被處死。

四十九歲，大、小和卓叛平定，恢復了回疆的安定局面。

五十歲：大金川土司莎羅奔因病逝世，朝廷致電表示哀悼。任命莎羅奔侄子郎卡負責大金川事務。

五十二歲：三下江南。

五十五歲：四下江南。

五十六歲：大金川土司郎卡發動叛亂，欽命四川總督阿勒泰平叛。阿勒泰不同意朝廷的武裝干涉政策，並要求小金川土司旺澤的兒子僧桑格迎娶郎卡的女兒，從此大、小金川實力猛增，無人敢攖其鋒。

六十一歲：大金川土司郎卡因病逝世，朝廷致電表示哀悼，其子索諾木繼位。是年也，大金川索諾木、小金川僧格桑掀起叛亂，朝廷命四川總督阿勒泰彈壓，阿勒泰置之不理，後被賜死。

六十二歲：遠在俄羅斯的土爾扈特族人在首領渥巴錫的帶領下，率領十七萬人發動武裝起義，回返故國。歷經艱難險阻，經過無數次血戰，終於抵達伊犁，部落此時已不足七萬人。

六十三歲：朝廷出動大兵，進攻大、小金川，索諾木與清軍激烈交戰。

六十六歲：大金川土司索諾木承認錯誤，低頭投降，朝廷對其進行了嚴厲批評，帶到北京，千刀萬剮。

七十歲：五下江南。

七十四歲：六下江南。

七十八歲：居住於尼泊爾的廓爾喀人入侵西藏，朝廷遣御前侍衛巴忠為欽差大臣，主持用兵之事。巴忠到達之日，得知治藏官員已與廓爾喀人簽訂了喪權辱藏的協議，承諾每年向廓爾喀人繳納九千三百兩白銀的「地租」。巴忠敷衍了事，同意了這一做法，並向朝廷隱瞞事實真相。

八十一歲：廓爾喀人再次入侵西藏，擄掠了當地的領導幹部，佔領箚什倫布寺，將六世班禪遺留的金銀財物、法器珍寶洗劫一空。達賴與班禪雙雙向朝廷飛檄求救，上一任欽差大臣巴忠聞知消息，自殺逃罪。朝廷派大將軍福康安、參贊大臣海蘭察、奎林等率軍入藏，越過喜馬拉雅山，直入廓爾喀境內一百七十里，廓爾喀人乞和，許之。

八十五歲：辦理退休手續，享受太上皇級別的待遇。

八十九歲：卒。

看看乾隆的個人簡歷，只有八個字足以形容。

哪八個字？

跌宕起伏，豐富多彩！

事實上，除了這份求職簡歷，乾隆皇帝還比別人多了一份業績表單，名爲「十大武功」，表列內容如下：

第一功：三十九歲那一年，平定大、小金川之亂。

第二功：四十五歲那一年，平定新疆騷亂。

第三功：四十七歲那一年，天山北路及伊犁併入中國版圖。

第四功：四十九歲那一年，平定回疆騷亂，天山南路併入中國版圖。

第五功：五十九歲那一年，清軍深入緬甸之境兩千里，尋緬軍而不可得。後中緬雙方談判，緬軍元帥渺旺未不理而去……好吧！這個也算一功。

第六功：六十六歲那一年，再平大、小金川之亂。

第七功：七十八歲那一年，平定台灣天地會林爽文之亂。

第八功：七十九歲那一年，清軍奔襲越南河內，遇伏，官民夫兵萬餘人死。後越南主動求和，所以也算作了一功。

第九功：八十一歲那一年，廓爾喀人入侵西藏，當地官員隱瞞朝廷，暗中乞和……不知爲何，這也被算成了一大功績。

第十功：八十二歲那一年，清軍越過喜馬拉雅山，尼泊爾乞和。

公正地說，扣除掉虛報、瞞報、重複統計等難以避免的歷史現象，這一份業績表，至少有五成還是眞實的。

西方學者曾經說過，人的性格決定了人的命運。乾隆這個人活得如此有滋有味，熱鬧非凡，是否正和他的性格有著關係？

5 皇帝、和尚與和尚的老婆們

乾隆到了金山寺，沒遇到白娘子，就氣勢洶洶地找來廟裡的方丈鬧事，問人家：「禿頭，你來數一數，現在大江之上，有多少條船？」

說起乾隆這個人，他之所以不遺餘力打造以宿命論爲基調的主旋律，這是因爲他對自己的能力，看得比別人更明白一些。

這個人的執政能力和水平，究竟如何？

《新世說》上有個故事，說的大概就是乾隆的執政能力：

高宗南巡，駕次毗陵。一日遊天寧寺，聞住持僧某僧不遵清規，因詢之曰：「汝有幾妻？」僧以兩妻對。帝異其言，又詢之，則曰：「夏擁竹夫人，冬懷湯婆子。寧非兩妻乎？」帝一笑置之。

這個故事說，乾隆南巡，途中忽然聽說有一座寺廟，那廟中的和尚生活過得極是幸福，美酒美女，應有盡有。聞之大喜，立即飛馬趕往。

到了地方，老和尚迎了出來，「阿彌陀佛，施主，多掏點銀子吧！」

乾隆興沖沖地問道：「禿頭，快告訴朕，你有幾個老婆？」

和尚很是羞澀地回答：「不多不多，小僧就兩個老婆。」

乾隆聽得更是亢奮，「快把你老婆叫出來，讓咱瞧瞧！」

和尚又回答說：「咱這兩個老婆啊，那可不是一般的女人，她們壓根就不是人。夏天的時候啊，竹子是我的老婆，爲我生枝搖曳。冬天的時候啊，弄一只小暖爐當老婆，給我帶來溫暖。施主你瞧，咱這不是有了兩個老婆嗎？」

乾隆聽了，一笑置之……

你置之個啥啊？要知道，國家最高領導人，出入都是有著極爲重要意義的。足跡所到之處，無不是爲了國計民生而考慮，等而次之，也要顧及整個社會的影響。所到之處，標誌著國家政策的發展與扶持方向。可瞧這個乾隆！一聽說寺廟裡的和尚女朋友比較多，就樂顛顛地跑了過去。你說你想幹什麼？難道還想號召廣大僧侶多包些二奶？

總之，乾隆就是這麼不注意影響，沒有起到一個領導人應該起到的表率作用。最要命的是，他好像還特別喜歡到和尚廟裡出乖弄醜，貽笑天下。

有一本書叫《退醒廬筆記》，上面專門記載了這樣一件事：

清高廟南巡時駐蹕鎮江金山寺，相傳方丈僧某，一日隨蹕至江幹散步，上見江中舟楫往來如織，戲問僧曰：「汝知有舟若干艘？」僧從容曰：「兩艘。」上曰：「如是帆檣林立只兩艘乎？汝果何所見而云然？」僧曰：「僧見一艘為名，一艘為利，名利外無有舟也。」上為之怡然。後見江邊有售竹籃者，問此物何用，僧以藏東西對，上曰：「東西可藏，南北豈不可藏乎？」僧曰：「東方甲乙木，西方庚辛金，木類金類之物，籃中可以藏之。南方丙丁屬火，北方壬癸屬水，竹籃決不可以藏水火也。」上為點首者再。謂具此粲花妙古可向眾僧說法。會上欲於寺門外照牆上題一額，詞臣擬「江天一覽」四字，上固短於視者，誤為「江天一覺」，立揮宸翰書之詞，臣相顧愕眙。僧曰：「紅塵中人苦於罔覺，果能覽此江天心頭一覺，即佛氏所謂悟一之旨也。大佳！大佳！」於是竟付御匠敬鐫之，今此四字猶存。按高廟每因短視貽誤，如「西川」之為「四川」，「滸墅關」之為「許墅關」。亦皆當日察視未明，信口誤呼所致，唯以出自綸言，臣下即奉為聖旨，竟改「西川」之「西」為「四」。滸關之「滸」為「許」，相沿迄今，一何可哂。是則此「覺」字之誤，縱無寺僧釋以禪理，詞臣亦斷不敢以改易也。此一則聞之於王志在先生。萃祥先生邃於醫，余家人有疾必延之診視，輒應手而愈，積日既久遂成忘年交，每暇過從，喜縱談古今事，娓娓不倦，惜未筆之於書，今大半遺忘之矣。

這裡說的是乾隆在和尚廟裡鬧出的大紕漏。他老兄到了金山寺，大概是想和白娘子聊一聊，但沒遇到白娘子，就氣勢洶洶地找來廟裡的方丈鬧事，問人家：「禿頭，你來數一數，現在大江之上，有多少條船？」

方丈笑眯眯地道：「陛下，江裡邊就兩條船，不多不少。」

乾隆眨眼再揉眼，看著江中往來的無數條遊船，「禿頭，你真的沒有數錯嗎？」

「肯定沒有。」老和尚搖頭，斷然道。

乾隆傻了，莫非我的眼睛……幸好這時候，老和尚說話了，「跟你這麼說了吧！陛下兄弟，這江中的帆船雖然多，但實際上只有兩條，一條叫名，一條為利。若非為了名和利這兩個字，閑著沒事在江上跑什麼啊？」

笑指和尚罵禿驢，有眼無珠不稀奇。金山寺方丈這麼說話，並非賣弄玄機，展示智慧，而是語有所指，暗中嘲笑乾隆是個近視眼，有眼無珠。饒是乾隆智商不高，可罵自己的話，還是能夠聽得出來的，於是胸中怒火大熾，就要找老方丈的茬，注意到江邊有賣竹籃子，登時樂了，又問：「老禿頭，江邊賣的那玩意兒，是幹什麼用的？」

老方丈還是笑眯眯地道：「那是用來裝東西的。」

乾隆總算是逮住了話柄，「裝東西是什麼意思？為什麼不說裝南北？」

老和尚笑曰：「這個事，施主啊，你真的不知道嗎？東方甲乙木，西方庚辛金，金和木，都是可以用籃子來盛裝的。可是南方是丙丁火，北方是壬癸水，水和火這兩樣物事，籃子能裝得下嗎？」

乾隆聽得雲裡霧裡，知道這老和尚是如此的狡猾，把柄抓不到了，乾脆裝糊塗吧，也免得再丟人現眼。於是吩咐道：「大家看，前面有塊空白匾，你們都知道我的習慣，就是喜歡到風景名勝之地亂寫亂畫，看我寫上一個到此一遊，如何？」

到此一遊，那肯定不妥當。隨行的衆人一合計，合計出來四個字：江天一覽。寫在白紙上，呈送上去。乾隆一瞧就樂了，「這四個字好，這四個字好啊！江天一覺……大夢誰先覺？平生我自知……就寫這江天一覺了！」

御筆一揮：江天一覺，龍飛鳳舞。這四個大字，現在金山寺的和尚還保留著呢，一般人不給你看。故事中接著解釋說，弄出這麼四個怪字來，不是乾隆學問不夠，而是他老人家眼睛近視。爲了證明這一點，接著列舉了大量的證據。

第一：乾隆經常把西川讀成四川。現在所謂的四川，就是因爲他讀錯了，地方官鬧心，不得已改西川叫四川，讓天下人跟著一起錯。

第二：乾隆把滸墅關讀成了許墅關，結果滸墅關也跟著改名了。

依我看，這兩個證據，反倒證明了乾隆根本不是什麼近視眼，這廝就是……不認識字！上帝啊！連字也認不得，怎麼能寫詩呢？

6 陛下有點不正經

兩道菜上來，乖乖！乾隆居然樂得滿地打滾，笑得前仰後合。警衛員真的怕了，悄悄溜出去一打聽，我靠！原來人家說的是黑話。

說乾隆皇帝不識字，這話是沒人相信的。不識字，人家一天寫詩兩首？不識字，人家一輩子寫詩四萬一千八百首？

更何況，這四萬一千八百首詩中，還眞有一首轟動天下。

這首詩的靈感，來源於一個大臣，奉了皇命要撰寫墓誌銘。過去的帝王之墓，旁邊照例有一排石頭人，這排石頭人的名字叫翁仲。可那個大臣犯了糊塗，一不留神，把翁仲寫成了仲翁。寫錯也就寫錯了吧，偏偏又被乾隆發現。這下可了不得嘍，他老兄立即詩興大發，曰：

翁仲如何說仲翁，十年窗下欠夫工。

從今不許為林翰，貶爾江南作判通。

完了！就因爲這麼一個錯誤，好端端的一個翰林郎，被打發到江南做通判去了。

這件事告訴我們，乾隆對自己是無限寬容的，對別人，那可就不客氣了。

說他對自己寬容，那也是有史爲證的，有一本怪書叫《睇向齋秘錄》，說了這樣一段故事：

清高宗南巡至廣陵，一日對近侍曰：「朕嘗聞廿四橋之黃魚與粽子甲於天下，爾輩出外見之否？」近侍奏曰：「滿街都是矣。」上微笑。翌日，御膳房以紅燒黃魚、火腿粽子進，上食之美，但一思內侍之誤會，又忍俊不禁。蓋所謂黃魚與粽子者，乃婦人之天足與纏足也。

這個故事說，乾隆下江南的時候，到了廣陵，就對身邊的警衛員說：「兄弟，聽說了嗎？二十四橋的黃魚和粽子，那可是天下知名啊！你們要不要去嚐嚐味道？」

警衛員笑曰：「首長，黃魚和粽子，這玩意兒滿街都有得賣。」

乾隆聽了，咯咯怪笑起來，笑得人家心裡發毛。

首長心裡在琢磨什麼呢？警衛員不明白，就吩咐廚師上了兩道菜，一道是紅燒黃魚，另一道是火腿粽子。

兩道菜上來，乖乖！乾隆居然樂得滿地打滾，笑得前仰後合。警衛員真的怕了，悄悄溜出去一打聽，我靠！原來人家說的是黑話。這黃魚，說的是大姑娘的腳，這粽子，說的是大姑娘裏的小腳。

看看！這叫什麼首長？跟年輕的警衛員聊這種流氓話，這豈不是害人家孩子嗎？

陛下這個人，眞的有點不正經。

不正經的事，在所多有……

7

「娼妓門」事件

日記本莫名其妙丟失，就這麼過去幾天，忽然之間乾隆傳旨，命紀曉嵐過去。他心說，肯定是乾隆這廝羞惱成怒，要殺自己了。

乾隆時代，文壇曾經爆發一起「娼妓門」事件。

此事件的起因，始自大學士紀曉嵐勸說乾隆別再瞎折騰，搞什麼南巡了，國庫都快花得空空了。這件事惹火了乾隆，當場撕破臉皮，對他破口大罵：「你丫就一個臭寫字的，懂個狗屁國家大事？老子看得起你，讓你領銜編撰《四庫全書》，不過就跟招個妓女一樣，對於國家大事，有什麼資格插嘴？」

汝一書生耳，何敢妄談國事！朕以汝文學尚優，故使汝領《四庫》書，實不過以倡優蓄之耳，汝何敢妄談國事！

被乾隆這麼破口大罵，紀曉嵐立即榮獲了「妓女大學士」的光榮稱號，大臣們一見到他，就熱情地同他打招呼：「老紀……老妓，今兒個打算接幾個客人啊？」

紀曉嵐被臊得沒臉見人，乾脆提筆寫了辭職報告。

辭職報告書到了乾隆面前，他又火了：「老妓，你丫敢跟老子玩這個？不就是罵你兩聲妓女，這有什麼？趕快給老子回房接客……不是，回書房寫你的《四庫全書》，別他媽的惹老子生氣！」

《四庫》書事正繁，汝安可去？汝年少於朕甚遠，安得言老！此即詐也。速供爾職，毋煩瀆以自取戾。

在「娼妓門」事件上，受窘的雖然是紀曉嵐，心裡最彆扭的，卻是乾隆。蓋因他好歹是一個皇帝，卻對臣屬破口大罵髒話，這事往最輕最輕裡說，那也是他缺少了人君之度。

心裡窩火之餘，他又死不認錯，最後想出來個損主意，下一次再下江南，就帶上紀大煙袋。路上多給那傢伙幾次苦頭吃，大家就會忘了「娼妓門」這件事。

《南巡秘記補編》一書中說，乾隆再一次下江南，果然帶上紀曉嵐一路同行。到了揚州，有一家妓館，名叫小迷樓。

他到了樓前就走不動了，曰：「朕今夜就在這裡……幸御了。」於是淫臥於小迷樓上，親切慰問起從事性產業的多名女性工作人員。

正尉問得熱烈呢，偏在這時，紀曉嵐來了。

紀曉嵐一瞧，哎呀呵！乾隆兄弟你行啊！連小迷樓這種地方你都敢來，就不怕染上愛滋病嗎？當場就往裡闖。警衛員們急忙從四面八方跳將出來，懷著對皇帝的赤膽忠心，阻住紀曉嵐，說什麼也不讓他進去。

紀曉嵐火上心來，當場揮毫，在門庭上寫下洋洋萬言：乾隆啊，你身為最高領導，吵著鬧著非要南巡，可知道你所行所至，都是有著重大意義的，對各級領導幹部都會產生巨大的影響。瞧瞧你自己，還有個人樣嗎？自打離開京師以來，非妓院不進，非妓女不親自接見，就這麼折騰下去吧，遲早有一天你會後悔的……

陛下南巡，所以省方觀民俗，於治道關係至巨，而民間瞻仰威儀，觀聽所繫，亦非尋常遊覽可比。乃自出京至此，唯淫逸是耽，唯漫遊是好，所駐蹕之地，倡優雜進，玩好畢陳，雖海內承平不妨遊豫，而宣淫都市寧非褻尊云云……

寫完了，警衛員過來一瞧，樂了，說：「紀曉嵐，你麻煩大了，首長早就說過的，你們這些爛文人，就是和妓女沒什麼兩樣！你丫不說快點躺下，讓首長趴你身上樂呵樂呵，偏要找首長的麻煩，等著修理吧！」

紀曉嵐氣哼哼地翻了個白眼，掉頭回去了。到了自己的房間，打開日記本，開始寫日記。

紀曉嵐的日記，乃中國文化界的一大奇葩。這葩奇在何處呢？總之是很珍貴的人文地理及風土、民俗等資料。自打跟著乾隆南巡以來，每天晚上臨睡前，他都要寫上幾頁。寫到現在，已有厚厚的一大疊子。

且說那一天紀曉嵐正揮筆寫著，忽然眼前一花，筆記本竟然不翼而飛。大詫之下，東翻西找，卻無論如何也找不到。這下子可急了，逼迫著侍童也來四下裡亂找，始終沒有能夠找到。

日記本莫名其妙丟失，紀曉嵐的創作靈感頓時徹底萎蔫，再也提不起精神來寫字。就這麼過去幾天，忽然之間乾隆傳旨，命他過去。他心說，肯定是這廝羞惱成怒，要殺自己了。殺就殺吧！日記本都丟了，再活下去還有什麼意思？

就這樣晃悠晃悠地去了，一進門，就見乾隆坐在御座上，正在翻看那本失蹤的日記，一邊翻還一邊納悶地嘀咕：「紀曉嵐你這個娼妓，老子這麼羞辱你，你怎麼不在日記本裡罵我呢？你要是罵了我多好，正好把你喀嚓一刀！你說你他媽的連罵人都不會，跟你玩又有什麼意思呢？」

文達悶坐逆旅，郁伊無聊，則漫為詩文以自遣。因取出京後所歷風景及事實記錄之，約已盈寸。一日，忽失所在，呼僮責僕，遍覓不得，正擾攘間而有旨宣召矣，遂入。文達以為嚴譴且至，則亦昂首不畏。既入，見上色甚和，不待文達啟齒，即曰：「爾詩文之興大好，所作亦不惡，朕知爾在逆旅中頗能用功，且無怨悱意，尚不失謹厚書生風度，但此後當益自勉，萬勿作出位之言以自取咎。」

這時候的紀曉嵐，想來是無話可說了。

他終於明白了，別看乾隆這廝一點正經也沒有，就是喜歡往三陪女堆裡扎，可這個人，的確擁有可怕的帝王智慧。

8

比血滴子更恐怖

嚴密的社會組織層級，讓整個國家淪為一座龐大監獄。乾隆本人，正是這座超大型監獄的典獄長。

紀曉嵐的日記無故失蹤，接著出現在乾隆手中，這說明兩件事：

第一：雍正時代的密探政治，千眞萬確是存在的。那不僅僅是一個傳說，更是歷史上的事實。

第二：這支黑暗的統治力量，已經落入到了乾隆的手中。又或者，乾隆親自改組了這一支秘密縱隊，使之更具備「戰鬥力」。

證明這一點的，是乾隆於一七五七年頒佈的《保甲法》。這條法令，以立法的形式徹底取消了中國民衆的自由，讓整個國家淪爲一座龐大監獄。乾隆本人，正是這座超大型監獄的典獄長。

中國皇權歷史由來已久，但自古以來就有著「皇權不下縣」的說法。也就是說，皇家的威權只延伸到縣一級。縣級以下，老百姓愛幹啥就幹啥去，領導們不操這個閒心。至於所謂的「滅門知縣」一說，形容的則是哪怕是官職最小的一個縣令，也能夠讓百姓蹈死無路，擁有顛黑倒白的可怕力量。

《清史稿》中記載了這樣一件事：

有個叫樊廷柱的人，娶了美貌妻子張氏。有福啊，老婆過門後接連給他生了兩個大胖小子，然後他卻撲楞楞死掉了，丟下婆婆和兩個兒子給人家撫養。

當地有兩個小地痞，覬覦樊妻的姿色已久，就下定了決心，一定要把這個美貌女人弄到手。

一日，兩個地痞趁樊妻的婆婆與兒子都不在家的時候，突然闖入門來。樊妻知道這兩人不懷好意，拿出一把刀向他們砍。可是女人的力氣終究是比較弱小的，刀子被兩個地痞輕鬆奪過。樊妻被按倒在地，拚命掙扎，頭髮都被扯落了，仍然拳打牙咬，不肯就範。兩人急了，混亂間竟一刀捅在樊妻的咽喉處，鮮血激噴，染紅了他們的衣物。

兩個地痞帶著滿身的鮮血，大搖大擺地從樊家出來。鄰居這才敢進去看看情形，發現樊妻被殺，就敲鑼打鼓地去縣令那裡報告，述說了案發的整個過程。

縣令聽了說：「居然有這樣的事情，強淫人妻，這眞是太不像話了，一定要嚴肅批

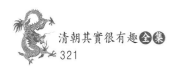

評教育才行。」

大眾說：「縣太爺，地痞逼姦不遂，殺死人命，這是觸犯國法的啊，不可以只是批評教育的。」

「你看你們這些人！那個被殺的婦人，她有沒有小叔子、大伯子？」

「有一個小叔子。」

縣令一聽就興奮起來，當即吩咐道：「三班衙役，與我速速出動，將樊妻的小叔子與本官拿來，嚴刑拷打，秋後問斬。竟敢姦殺親嫂，這還了得！」

「縣太爺，姦殺樊妻的不是她小叔子，是兩個地痞。」

縣令火了，「你們亂嚷嚷什麼？是你們是縣太爺，還是我是縣太爺啊？」

大家回答：「當然是老爺是縣太爺。」

「既然我是縣太爺，那本官就是要抓樊妻的小叔子。你們要想抓別人，哼，等到你們當了縣太爺的時候再說吧！」

眾人一聽，這縣令也太怪異了，放著兇犯不抓，非要抓樊妻的小叔子幹嘛？頓時鼓譟起來。縣令大怒，把辦公桌一掀，不管這事了！

縣太爺生氣不管，這案子竟然就這麼懸著了。直到四年之後，有個河道周銓元擔任按察使，到各地檢查司法工作，聽說了情形，當下說：「如此簡單的一個案子，有無數的證人，有兇犯的名姓，怎麼就沒人管呢？要不我來管一管吧！」兩個地痞這才伏法，樊妻的冤屈也才有了個著落。

在這個案子裡，縣令幾乎是不受任何約束的，可以讓死者蒙冤不白，可以放任兇手逍遙法外，甚至還可以冤屈無辜之人，想幹什麼就幹什麼，沒人管得了。這就是官府對民衆的「合法傷害權力」，也是滅門知縣的最典型解說。

官家的權力是如此的恐怖，如此的遂性由心，顚黑倒白，可想而知，對於民衆的傷害程度有多麼的深。自古以來皇權不下縣，說白了，也是讓老百姓能夠稍微地喘上口氣。但是乾隆這廝，卻連這口氣都不想給老百姓喘，居然將滅門縣令硬生生安到了家家戶戶的炕頭上，這讓人家還怎麼活下去？

乾隆才不管你能不能活下去，他命令，以每十戶爲一牌，設牌頭。每十牌爲一甲，設甲長。每十甲爲一保，設保長。

通過這樣嚴密的社會組織層級，將所有老百姓統統關押起來，以後大家只能是低頭認罪，抬頭喊萬歲，老老實實幹活，再也興不起別的心思。

9 越說越不明白

太監又把老陳家孩子抱了回去，到了地方，老陳家抱過來孩子一瞧，這不對勁啊！抱去的是個兒子，怎麼回來的是個丫頭片子？

現在我們終於明白了，爲什麼乾隆這廝爲人那麼的淺薄，從早到晚就想著逛妓院，再就是眼睛近視，執政能力和水平不是一般的差，卻榮獲了中國歷史上最幸福皇帝的稱號？六下江南，禍害得民不聊生，民衆卻交口稱讚他是個明君，到底明在何處？明就明在，他把全國改造成了一所特大號監獄。

隨便去監獄裡走走，問問哪個犯人，敢說典獄長不「光榮偉大」，除非他不想在監獄裡混了！

保甲制度的建立，意味著密探國家的徹底制度化。在這種國度裡，任何人都有義務向各級領導報告自己老婆兒女家屬親人的「不法行爲」。維繫社會穩定的血族親緣關係不復存在，社會的道德根基，由此徹底崩塌。

從此人人自危，從此人心變得陰毒——橫豎也要被別人密告，還不如搶先下手，將身邊的人全部誣爲叛逆。

乾隆成爲一個明君的代價，就是這麼可怕。

但是話又說回來，他之所以想到了把全國弄成一所大監牢，自己出任典獄長一職，也是沒法子的事兒。

怎麼個沒法子法呢？

來看看《清帝外紀》上的一段記載：

高宗生於雍邸，即雍和宮。富察敦崇《皇室聞見錄》有《辨誣》云：「俗謂雍正在藩邸時，王妃誕生一女，恐失王眷，適有鄰居海寧陳氏恰生一男，命太監取而觀之，既送出則易女矣，男即乾隆也。夫以雍正之英明，豈能任後宮以女易男？且皇孫誕生，應由本邸差派太監面見內奏事先行口奏，再由宗人府專折奏聞，以備命名，豈能遲至數日數月方始聲報耶？其誣可知。」

這段文字，堪稱中華文明史上的一大奇觀。

這裡說，早在乾隆晉升爲皇帝之時，就有高級領導幹部親自提筆，諄諄地教誨廣大人民群衆說：「你們這些不明眞相的圍觀群衆啊，眞是太能扯蛋了，而且可眞敢扯，居然說什麼，上一屆皇帝雍正還在的時候，王妃生下了一個孩子，拿手往下一摸……哇靠！

不帶把。不帶把這可怎麼整呢？生個丫頭片子，老公肯定就不愛自己了。恰好這時候鄰居海寧的陳氏生了一個兒子，王妃就說：『太監啊，你去隔壁老陳家，把他們家孩子抱來我瞧瞧。』太監去了，把老陳家的孩子抱了來。王妃瞧瞧，說：『你看這孩子還眞不錯，有鼻子有眼的，還眞像個人……好了！抱回去吧！』太監就又把老陳家孩子抱了回去，到了地方，老陳家抱過來孩子一瞧，這不對勁啊！抱去的是個兒子，怎麼回來的是個丫頭片子？」

這位領導幹部繼續苦口婆心地勸說廣大人民群衆：「群衆們啊，不是我當領導的說你們，你們就是群氓。說抱進去的是個兒子，抱出來的是個丫頭片子，這瞎話編出來，誰信啊？知不知道？皇宮裡生孩子，那孩子還沒出娘胎，就有負責的領導幹部們蹲在王妃的床邊上，手裡拿著個小本認眞記錄。有那麼多的人盯著呢，就算是領導想作假，也是完全不可能。」

總之，相信群衆，依靠群衆……不對不對！是相信領導，服從領導。身爲群衆者，千萬不要亂說亂動。領導沒允許的話，不說；領導沒允許的歌，不唱；領導沒允許的飯，不吃；領導沒允許的婚，不結。

總之，沒有領導帶領大家，群衆就會瞎胡鬧……

看明白了嗎？乾隆這廝遇到麻煩了。

像他老爹雍正一樣，乾隆一出場，就被人民群衆要求做親子鑑定。以前大家認定雍正的親爹是年羹堯，現在，認準了乾隆的親爹不是雍正，而是海寧的陳大爺——陳老倌。

乾隆之所以絞盡腦汁把全國改造成一所大監獄，讓人民群衆們相互監視，目的就是爲了不讓人說起這事。這事有什麼好說的？越說越說不明白……

事實上，這事還眞說不明白。不但乾隆自己說不明白，就連此後的歷史學家們，也說不明白。

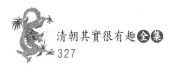

10

皇帝也弄不清楚的事兒

六百里快馬狂追已經發往琉球、越南及緬甸等各國的嘉慶遺詔。費了好大一番力氣追回來。然後，道光拿起遺詔，整個地看過一看，頓時哭了……

乾隆一輩子說不明白的事，一共有三樁：

頭一樁：他出生在哪裡？

第二樁：是誰生的他？

第三樁：那時候，到底發生了什麼事？

這頭一樁，有點怪異。有誰知道自己出生在哪裡嗎？更何況，這種小事，重要嗎？重要！對乾隆來說，太重要了。

有什麼重要的呢？

乾隆的出生地點，決定著生育他的女人到底是哪一個。萬一他眞的出生在海寧陳老倌家的隔壁，豈不是樁大麻煩？乾隆太明白這一點了，所以不斷地正本清源，寫詩、寫日記，一再聲稱：我出生在雍和宮啊雍和宮，我出生在雍和宮啊雍和宮……

乾隆曾在《新正詣雍和宮禮佛即景志感》詩中深情地寫道：「到斯每憶我生初……」這是一條證據。

此外，他也曾在《新正雍和宮瞻禮》一詩中幸福地寫道：「齋閣東廂胥熟路，憶親唯念我初生……」跟上一首詩一樣，是一種自白供述，強調他出生在雍和宮。

不僅如此，還在一首詩下面做過批註，曰：康熙六十一年，始蒙皇祖養育宮中。另一首詩下面也有批註：余實康熙辛卯生於是宮也。這個批註有點奇怪，帶著強烈的委屈情緒，分明是在說：眞的，朕不騙你們，朕要是騙你們朕就是王八蛋！朕眞的是生在雍和宮的！

更絕的是，後來在某一首詩下，他甚至將這兩個批註疊加在一起，曰：予以康熙辛卯生於是宮，至十二歲始蒙皇祖養育宮中。天啊！這麼反覆聲明，重複論證，給人的感覺就好像他正遭受著嚴刑拷打，逼問出生地點一樣。

後來乾隆還有一句詩，曰：來瞻值人日，吾亦念初生。繼續聲明自己千眞萬確是出生在雍和宮。爲了證明自己眞的出生在雍和宮，乾隆差不多要拚了老命。可是沒用，沒過多久，他就遭遇到了來自社會各界的質疑。

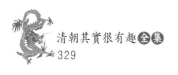

最先質疑的，是一個司局級幹部管世銘。此人看乾隆寫詩寫個不停，火上心來，也寫了一首詩，曰：

慶善祥開花渚紅，降生猶憶舊時宮。
年年諱日行香去，獅子園邊感聖衷。

管世銘的這首詩，寫得四平八穩，氣態祥和，但翻譯成白話文，居然有點鬧心，意思是說：乾隆你丫少瞎蒙，出生不在雍和宮。避暑山莊眞熱鬧，你丫投胎並降生。

管世銘的意見，受到了皇太子嘉慶的高度重視，於是正式宣佈：敬唯皇父以辛卯歲，誕生於山莊都福之庭……

這裡的山莊，指的就是承德避暑山莊。這裡的都福之庭，說的就是避暑山莊的都福之庭。而且這樣的「聲明」，嘉慶曾經搞過兩次，可見未來一任的大清皇帝，也對此一問題表示了高度的關注。

領導們都在關注，遺憾關注的程度明顯不足，等到後來嘉慶死的時候，居然出了大紕漏，而且險些釀成國際事件。

且說大清帝國的嘉慶皇帝死的時候，大臣們瞄到遺書中似乎有「皇祖降生避暑山莊」的筆錄，就照這個說法向國際社會發表了沉痛的哀悼。不想正哀悼著，大清帝國的第八任皇帝道光出場，走到龍椅前，拿起老爹留下來的遺書，從頭細細一看，麻煩了！這個說法原來已被嘉慶皇帝不知不覺地否定了，又改成了乾隆出生在雍和宮。

你說嘉慶這個混球，你改了要告訴人家一聲啊，自己偷偷亂改，現在惹出大亂子了吧！是日也，皇家侍衛紛紛出宮，六百里快馬瘋狂上路，狂追已經發往琉球、越南及緬甸等各國的嘉慶遺詔。費了好大一番力氣，終於追回來。然後，道光拿起遺詔，整個地看過一遍，哭了。

這廝哭什麼呢？

原來，嘉慶把自己曾經發佈過的，有關乾隆出生在避暑山莊的最高指示，改了一部分，但也留下一部分沒有修改，跟著竟把改過的和沒改過的，一起發送到了各級領導幹部手中，讓大家認眞學習。領導們這麼一學，登時全懵了……乾隆這廝硬是有本事，別人只能在一個地方出生，他老人家可好，同時於承德避暑山莊和北京雍和宮兩地出生！佩服，佩服，不服不行啊！

11

超女、傻大姐與醜姑娘

雍正逮到一頭梅花鹿，狂飲了一通鹿血，直覺得渾身火辣辣的。正憋得火燒火撩的時候，恰好一個拾糞的醜丫頭背著糞筐經過，當下撲將過去……

乾隆皇帝到底在哪裡出生？這關係到究竟是誰生了他。

民國時期，國務院總理熊希齡經過認眞研究，終於研究明白了，就告訴大思想家胡適先生說：「小胡啊，你知道嗎？乾隆他媽的這個謎啊……跟你這麼說吧，乾隆皇帝的生母，是一個南方女孩子，智商不是太高，渾名傻大姐是也。」

胡適聽了，飛趕回家把這事記在日記本上，後來公開發表，史家頓時亂作一團。

熊希齡這個說法，卻也不是瞎扯。更早的時候有一位狂士王闓運，他寫了本《湘綺樓文集》，裡邊提到了乾隆的媽媽。書中說：

始在母家，居承德城中，家貧無奴婢，六七歲時父母遣詣市買漿酒粟面，所至店肆大售，市人敬異焉。十三歲入京師，值中外姐妹當選入宮……

王闓運的意思是說，康熙年間，承德有一個小丫頭，出身貧農家庭，後來被父母帶上資本主義的邪路，去超市買酒買麵。再後來，這小丫頭閑極無聊，一個人逛到皇宮，正好那邊在舉辦超女大賽，她跑了過去……結果，就生下了乾隆這個皇帝。

由王闓運肇始，熊希齡加註，胡適寫日記，史學家們就這麼你抄我、我偷你，道聽塗說，捕風捉影。等到了抗日戰爭時期，日本人侵佔了上海灘，中統和軍統的特務們拎著手槍與漢奸們打成一團，這時候，一位叫周黎庵的作家突然出現在特務與漢奸們的隊伍之中，搶了所有人的鋒頭，發佈了《清乾隆帝的出生》一文，將這場扒糞運動推至更高潮。

周黎庵是這樣說的：

大家先別開槍，別開槍……事情是這個樣子的，早年的時候，避暑山莊裡有一支美麗的文工團，清一色美女啊！每當康熙來的時候，大家就排著隊出來，對著老頭唱：「你到底有幾個好妹妹？爲什麼每個妹妹都逮不住你睡？你到底有幾個好妹妹？爲什麼每個妹妹都是那麼憔悴……」

這天正唱得歡，就見康熙一揮手，「那個誰，說妳呢，那個模樣最醜的醜老娘們！我這文工團清一色美少女，妳他媽的怎麼混進來的？肚皮還那麼大！叫什麼名字？」

就見美少女的隊伍中，忸怩忸怩地走出來一個醜姑娘，靦著個大肚子，「首長好，咱爹姓李，負責在避暑山莊掏大糞，大家都叫咱李佳氏。」

康熙火了，「別咱咱咱的，這肚子這麼大，是什麼病？」

李佳氏羞道：「首長你真壞，故意問人家這個問題……」

康熙大詫：「不可能吧？這麼多的美少女肚皮都癟著，妳醜成這樣……快說！到底是怎麼混進來的？又是哪個不長眼睛的把妳的肚子搞大的？」

周黎庵說，康熙皇帝繼續追查下去，樂子可就大了。

原來，就是十個月前，雍正跑來避暑山莊打獵，逮到一頭梅花鹿，當場按倒，一口咬開喉嚨，咕嘟咕嘟，狂飲了一通鹿血。再爬起來，直覺得渾身火辣辣的，身體幾乎要炸裂開來。這鹿血乃純陽之物，照他這麼一個喝法，就好比狂吞了十幾粒偉哥，那還得？正慾得火燒火燎的時候，恰好一個拾糞的醜丫頭背著糞筐經過，當下不由分說，撲將過去……事情就發生了。

弄清楚了始末，康熙抓狂了，「我靠！小兔崽子！放著那麼多的美少女，偏偏挑了個缺心眼的醜丫頭……」

如果這件事情是眞的，周黎庵先生又是怎麼琢磨出來的呢？

這個，周氏的說法也不是空穴來風，是有確鑿依據的。這個依據，來自近代作家冒鶴亭提供的證據。那麼，冒鶴亭又是從哪兒挖出來的證據呢？

冒鶴亭曾經做過熱河都統的幕僚，所以呢，他挖地三尺，弄到了這個秘密。要眞是這樣，乾隆在世的時候，拚了老命地告訴別人，說他出生在雍和宮，也就不是毫無緣由的了。誰閑著沒事天天告訴別人自己的出生地？除非這事有問題。

但是且慢！既然有問題，就絕對不可能輕易被弄清楚。事實上，關於乾隆的生母，歷史上至少有五種說法。

頭一種是王闓運之說，又稱超女派。

第二種是熊希齡、胡適之說，又稱傻大姐派。

第三種是冒鶴亭、周黎庵之說，又稱醜姑娘派。

第四種就是乾隆在世的時候，民間輿論堅持認爲，他是他娘從海寧陳老倌家裡換出來的，原本的乾隆其實該是個丫頭。這個說法，又稱丫頭派。

還有第五種，可這說法沒什麼依據，反正就認準了乾隆是漢人，因此又稱瞎說派。

有關乾隆的身世，至少存在著五大門派，如果再加上認定他確實是滿人的派別，那就更多了，多到了數不過來的程度。

12 諫臣時代的重現

乾隆南巡到了蘇州靈隱寺，找到一棵好大好大的樹。正對這棵樹表示出親切的關懷，大臣察爾奔泰忽然衝上前來，做勢拔刀要砍樹……

哪怕乾隆把全國改造成一所大監獄，也堵不住老百姓的瞎說之口，所以在輿論陣地上，民間百姓與皇帝的廝殺從未曾止息過，而且愈演愈烈。

《滿清外史》中，記述了這麼一段故事：

弘曆漁色甚至，傅恆之妻，孝賢皇后嫂也。以椒房戚，得出入宮掖，弘曆乘間逼幸之。傅恆妻不敢拒，遂有娠，未幾生一男，即福康安也。傅恆凡四子，其三子皆尚主為額駙，寵眷反不及福康安。而福康安獨不尚主，其故可想見矣。

弘曆愛福康安甚，屢欲封之為王，使與諸皇子均，而絀於家法，不得如願，乃俾福康安總師幹建軍功，以為分封之基礎。是以福康安所至之地，必妙簡名將勁旅以輔之。

他將亦默為迎合其意，故作不勝狀，以讓功於福康安，已晉封貝子矣。然終不及封王而死。其死也以郡王贈之。

大作家蔡東藩作《清史演義》，還把這段故事狠狠花俏了一下，故事中說，傅恆夫人來皇宮裡吃飯，桌上有乾隆，有皇后。

爲了助興，大家聯詩湊趣，乾隆先來第一句，曰：坤闈設悅慶良辰。皇后來第二句：奉命開筵宴衆賓。傅恆夫人來第三句：臣妾也叨恩澤逮。這時候乾隆已經控制不住自己了，曰：兩家並作一家春！不由分說，衝上前將傅恆夫人按倒，就要「一家春」。皇后急忙上前相勸，慘遭暴打……

但是，這樣的故事，對乾隆的傷害程度太過於微弱。畢竟在保甲制度之下，民衆基本上沒有任何對抗的能力。

所以，乾隆時代，重現了中國歷史上久已絕版的「諷諫之臣」。

乾隆南巡駐蹕蘇州靈巖，靈巖有古梅，大逾合抱。時正繁花如雪，乾隆時摩挲愛惜之。內大臣察爾奔泰忽拔佩刀作欲斫狀，乾隆大驚止之。曰：「恨其不生於京師圓明園，致聖主有跋涉江湖之險也。」

乾隆聞奏默然。於是察爾奔泰善諫之名乃大著於世。

故事說，乾隆南巡到了蘇州靈隱寺，大概是想找濟公活佛聊聊。沒找到，卻找到一棵好大好大的樹。正對這棵樹表示出親切的關懷，大臣察爾奔泰忽然衝上前來，做勢拔

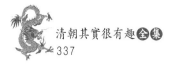

刀要砍樹。

乾隆驚問曰：「你丫發什麼神經？」

察爾奔泰大哭曰：「我恨這棵樹啊，我恨死它了！你說這棵破樹怎麼就不長在圓明園呢？要是長在圓明園，不是省了首長長途奔波勞累了嗎？」

密探時代的諫臣風采，眞是令人神往。

第7卷

不嘉也不慶的窩囊人生

單以帝王史上的名氣論，如果說，乾隆是喜瑪拉雅山頂的一棵大樹，那麼，他的繼任者嘉慶，就是馬里亞納海溝底部的一隻小蝦米。

1

沒有姦夫的姦殺案

兩人都不知道，李波的老婆早就摸下了床，此時正躲在門後。瞥見有男子悄悄走進來，不由分說，上前就是一刀……

某個鎮子裡，住著一個以窩賭爲生的男子，叫張辰五。此人既然是博彩業的大老闆，自然是相當的有錢。當地還有一個李波，嗜賭如命。

有一天，張辰五與李波在街上相遇，正在說話，一個美貌的女子從身邊走過。張辰五驚爲天人，緊盯著人家，失聲問：「這是誰家的女人？這麼漂亮！我要是能和她睡上一覺，宰了我都樂意！」

李波回答道：「她就是我老婆。」

張辰五更驚訝了，「瞧你丫這操行，居然娶了個仙女當老婆！讓給我吧！」

李波膽怯地拒絕道：「張大哥，世上哪有把老婆讓給別人的道理？」

「老子讓你讓，你就得讓，不想讓也得讓！」張辰五蠻橫地喝道：「你要是敢不讓，信不信老子宰了你？」

李波害怕地道：「就算你宰了我，她不答應也沒用。」

張辰五就說：「那這樣好了，我給你兩千錢，把你老婆給我睡一次，咱們就兩清了。」不由分說，把一堆銅錢往李波的手裡一拍，這樁協議就算是完成。

李波害怕挨打，不敢拒絕，更不敢把錢還回去，就小聲地說：「我老婆性格剛烈，怕她不肯答應，你等我回去勸勸。」

回到家裡，正不知道該怎麼跟老婆說，她已經先罵了起來，「說過你多少次了，少跟那些不三不四的人來往！你看你今天和什麼人在一起？賭場的老闆，那是好人嗎？值得你那麼巴結他？再這樣下去，遲早會惹出禍來！」

李波囁囁地道：「老婆妳說得對……很對……」什麼也不敢再多說，耷拉著腦袋出了門。

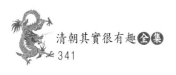

張辰五已是急不可耐地等在了門前，「講好了沒有？」

李波連連搖頭，「她……不答應……」

張辰五勃然大怒，「這還由得了她了？我的錢都花了，她不答應就不答應？這還有沒有王法？還講不講道理了？」罵聲中，一咬牙，啪的一聲，又掏出兩千錢來，「行了，他媽的！算老子倒楣，虧透了！你還真拿自己老婆當仙女了？睡一次四千錢，拿老子當冤大頭啊！我告訴你，今天晚上我就來，你要是再跟我推三阻四，別怪老子不客氣！」說完，怒氣衝衝地走遠了。

李波拿著錢，又回家了。

老婆一看那麼多的錢，起了疑心，問：「你哪來的這麼多錢？」

「這是……是我從張辰五那裡贏來的。」

「你也能贏錢？吹牛吧你，什麼時候贏過？」

「我怎麼就贏不了，這不是贏來了嗎？」

老婆看丈夫神色詭異，心裡知道有事，悄悄找了柄小刀，藏在懷裡。

到了晚上，兩人上床安歇。李波翻來覆去，不敢入睡，害怕張辰五真的找來。偏偏怕什麼就來什麼，正在擔心著，就聽砰砰砰，外邊有人敲門。

張辰五來了！李波嚇壞了，急忙爬起來，先搖晃了兩下老婆的身子。見她不動，放心地下了地，走到外邊開了門，放人進來。

「說好了吧？我可告訴你，別耍我，否則老子宰了你！」

李波急忙搖頭，拉著張辰五走到一邊，低聲說：「這事……你現在就進去，我老婆正在床上睡覺呢！你悄悄摸上去，她肯定會以爲是我，然後你就……完事後你悄悄離開，我再回來，她也不知道，這樣好不好？」

「你他媽……」張辰五罵了半句，還是跟在李波的身後，躡手躡腳地向屋子裡去。

兩人都不知道，李波的老婆早就摸下了床，此時正躲在門後。瞥見有男子悄悄走進來，不由分說，上前就是一刀。便聽一聲痛叫，李波胸前被戮一刀，軟軟地倒在了地上。後頭的張辰五眼見得不好，一掉頭，飛也似地逃了。

殺了人，李家嫂子掌燈仔細一瞧，見躺在地上的竟然是自己的丈夫，頓時嚇得呆了，失聲大哭起來。鄰居聽到哭聲，急忙趕來，進屋一瞧……噢！明白了，這女人身上有刀，刀上帶血，地上躺著中刀身亡的丈夫，還用得著問嗎？馬上將狠娘們兒扭送官府吧！

李波的老婆被扭送到官府，細說原委，卻是無論如何也說不清楚。她說張辰五趁夜進她的家，自己才動刀子殺人，可人家矢口否認。官府則認準了是這女人與別的男人通姦，被丈夫堵住，索性一刀捅死人，現在又想瞞天過海，於是大刑伺候，直打得她死去活來，可仍不肯招供。

愛招不招，官府才不管那麼多！將女人問成死罪，打入囚籠，上報請求千刀萬剮。至於姦夫嘛……先剮了女人再說吧！

案件報到了刑部，刑部官員一看有女人要挨刀，登時大喜，急忙批了個立即執行，然後再上報。

報到了一個人面前。

這個人看著卷宗，好久好久，說了一句：「好人難做啊！」

「爲啥呢？」刑部官員急著剮人，不明所以。

這個人道：「這個案子，眞是簡單到不能再簡單了。你看看，說女人有姦夫，可這姦夫是誰？連姦夫是誰都找不到，憑什麼硬說人家是爲了姦夫而謀殺親夫？如果這個姦夫存在，根本就無法瞞過別人，現在找不到，只能證明根本就不曾存在。」

「既然姦夫不存在，女人又爲什麼要殺死自己的丈夫呢？供詞放在這裡，明擺著的事情，這是有人花錢買姦，她的丈夫賣姦，只是她抵死不從，因而誤殺自己的丈夫。如此剛烈的女子，你們這些當官的卻非要活剮了她，心眼怎麼就那麼壞呢？」

替受了冤屈的剛烈女子說話的人，就是大清的第七屆皇帝，嘉慶。

如此明顯的冤屈之案，居然也能夠達到嘉慶的案頭，可知他從老爹乾隆手裡接過來的，是一個什麼樣的爛攤子。他所裁斷的這個案子，更是一個象徵意味極其濃厚的寓言，標誌著其人的性格與執政能力。

好人難做！充滿悲涼的四個字，浸透著酸澀而無奈的心境。

2

嘉慶這個人

洋人跑來了，亂民也開始鬧事了，官員們更是狂撈特撈，有恃無恐了。俗話說時勢造英雄，嘉慶倒楣就倒楣在沒趕上一個好時候。

不考慮實際的能力與水平，單以帝王史上的名氣論，如果說，乾隆是喜瑪拉雅山頂的一棵大樹，那麼，他的繼任者嘉慶，就是馬里亞納海溝底部的一隻小蝦米。乾隆之名，即使是不識字的農家子弟，也多少聽說過。而嘉慶之名，即使是在史學家那裡，也鮮少有人關注。康熙是盛世，乾隆是盛世，怎麼到了嘉慶，就混成了這麼一個沒出息樣？

還是看看個人簡歷吧！

- 姓名：愛新覺羅．顒琰
- 出生年月日：一七六〇年十一月十三日

- 籍貫：北京圓明園天地一家春
- 屬相：龍
- 星座：天蠍座
- 血型：A型
- 身高：一百七十公分
- 體重：五十四公斤
- 職業：皇帝
- 特長：扮演為難的好人
- 社會關係：

父親：愛新覺羅．弘曆

母親：魏佳氏

三十七歲：父親乾隆正式辦理了退休手續，接班，升職為大清皇帝。湖北、四川、陝西等地白蓮教焚香興兵，群體事件頻發。

四十歲：退休老幹部乾隆逝世，重臣和珅下獄，令其自殺，抄沒家產。

四十五歲：白蓮教叛民平定，前後為時九年。

四十九歲：英國艦隊十三艘進泊廣東香山，兩廣總督吳熊光勒令英軍立即撤出，英軍不睬。朝廷將吳熊光革職，充軍伊犁。

五十四歲：天理教林清密結宮中太監，夜襲紫禁皇城，遭皇子旻寧持鳥槍擊退。

五十五歲：河南鄉民裹紙燃火而行，稱之為撚，白晝行劫，四方脅財，撚事開始。

五十六歲：西洋傳教士蘭月旺入湖南，巡撫巴哈布捕之，下獄絞殺。

五十七歲：英國遣使來朝，拒行跪拜之禮，嘉慶怒，革理番院尚書和世泰職。

六十一歲：卒。

嘉慶的簡歷一拿過來，我們就會搖頭帶皺眉，不妙！不妙！難怪他會力排眾議，堅持爲一個受到冤屈的剛烈女子平反昭雪。沒別的原因，實在是這兄弟和那個女子一樣，都是處身於極爲惡劣的條件之下，有內憂，有外患，猛症爆發，痼疾大作……總之，運氣糟糕到了不能再糟糕的程度。

到嘉慶出任大清帝國皇帝的時候，洋人跑來了，亂民也開始鬧事了，官員們更是狂撈特撈，有恃無恐了。俗話說時勢造英雄，他倒楣就倒楣在沒趕上一個好時候。在他這個時代，即使是把奴爾哈赤、皇太極、康熙再加上乾隆，所有的大腕都湊在一起，怕也沒辦法幹出名堂來。更糟糕的是，剛剛晉升爲帝國皇帝的嘉慶，還面臨著一個更爲可怕的政治對手——權臣和珅。

3 懸在頭上的一柄刀

嘉慶的手中，屁大一點的權力也沒有，只要他對乾隆稍有拂逆，怕是腦袋都有點不保險。這個皇帝，當得可真他媽的夠嗆！

西元一七九六年，大清帝國的第六任皇帝乾隆，已經趴在龍椅上足足六十年了。此前，他曾經說過一句話：如果能跟我的爺爺康熙一樣，在皇位上趴足六十年，我就要辦退休，將皇位傳給兒子……言猶在耳，六十年的大限，到了。

於是乾隆皇帝在勤政殿召集皇子、皇孫、王公大臣們，舉行了一次皇代會。會議上，他高瞻遠矚地指出：「實現幹部的年輕化，是我們帝國堅定不移的方針，因此，我決定正式辦理退休手續。同時我建議，就由咱們家的老十五、嘉親王愛新覺羅·顒琰擔任大清的皇帝。不過，正式退休同時，我的一顆心，仍然牽掛著家國大事，仍然渴望著爲皇家貢獻我的一份力量，渴望著繼續發揮餘熱。所以啦，以後的皇帝就是咱家的嘉慶了，但是家國的大事小情，還是由我說了才作數……嘉慶，你沒意見吧？」

扶上馬，送一程，乾隆退休歸退休，嘉慶皇帝還是必須「朝夕敬聆訓諭」。

這個應該算是早期的垂簾聽政了，嘉慶的手中，屁大一點的權力也沒有，只要他對乾隆稍有拂逆，不要說再繼續當皇帝，只怕是腦袋都有點不保險。

這個皇帝，當得可真他媽的夠嗆！但是嘉慶沒辦法，只好咬牙忍住，橫豎他才三十七歲，而乾隆已經八十五歲了，要是再活得比他年頭更長，那才叫見了鬼！

從這一天開始，帝國的皇帝，就生活在了權臣和珅的腳趾頭縫裡。

關於權臣和珅，受電視劇的影響，我們很容易想到一個滿臉肥肉，奴顏媚笑，只知道一味的溜鬚拍馬，經常遭受到名臣紀曉嵐、劉羅鍋等人修理的這麼一個藝術形象。然而歷史中真實的和珅，並非如此。

和珅這個人，是有眞才實學的，說他的才學不在名臣紀曉嵐之下，也不誇張。

《歸雲室見聞雜記》一書中，講了這麼一段故事：

有一年，乾隆去山東瞎轉悠，乘坐一輛「寶騾車」——由騾子拉著的小車，每走十里就換一次騾子，疾行如飛。皇帝坐在騾車上瘋狂飆車，和珅則以一名勤務兵的身份，跟在騾車邊上，拿著兩隻腳和騾子賽跑。

跑著跑著，乾隆樂了，故意逗和珅，同他打招呼：「哈囉！」

「首長請吩咐。」

「你丫辛苦了。」

「首長辛苦。」

「你現在是什麼行政級別？」

「報告首長，我是一名光榮的文員。」

「哦，你原來是個小文員。怎不去參加高考呢？」

「報告首長，參加過的。」

「那你肯定是落榜了，不好好學習，活該！還記得當年的考試題目嗎？」

「報告首長，題目我記得，是孟公綽一節。」

「文員和珅，把你的答題內容背給朕聽聽。」

乾隆讓和珅背試卷，不過是戲弄他。先不要說這世上沒幾個人能夠把自己的答題寫作內容背下來，單說皇帝是坐在寶騾車上，疾行如飛，小文員卻是拿兩隻腳在地上攆，上氣不接下氣的，根本沒辦法背啊！

奇怪的事情卻發生了，就見和珅臉不紅，眉不皺，一邊瘋狂追趕著寶騾車，一邊大聲地背誦出自己當年寫的文章來。乾隆越聽眼睛瞪得越大，聽到最後，脫口大叫：「你丫有水平，這麼好的內容，怎麼會落榜呢？」

這就是和珅。但，不是和珅的全部。

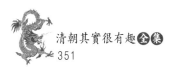

4 暗算無常死不知

乾隆眼睛也不睜，只是嘴巴動來動去，好像在念叨什麼。嘉慶無論如何也聽不清，正在焦急的時候，乾隆突然問道：「都叫啥名啊？」

歷史上的和珅，絕非簡單的趨炎附勢之徒。不僅有才學，而且還有一個別人比不了的體力優勢。此外，他還是語言天才，精通滿文、漢文、蒙文和藏文。除此，另有辦事能力極強的特點。

乾隆四十五年時，三十一歲的和珅奉命去查辦大學士、雲貴總督李侍堯貪污一案，從接受任務到弄清楚事實眞相，將李侍堯下獄查辦，總共不過花費兩個月，其精明幹練，當非徒有虛名。

乾隆在後宮裡生了一大堆的兒子，外加一大堆的丫頭，其中有一個小女兒叫固倫和孝公主，才剛剛五歲的時候，他就有點著急，說：「這丫頭多聰明，你看那小模樣，長得跟朕一模一樣！快點找個人嫁了，千萬別耽誤了。」

可憐的小公主才五歲，老爹就迫不及待要把她嫁掉，大清帝國在這方面的辦事效率，實在是點過高了。

公主嫁給誰好呢？乾隆說：「我哥們兒和珅有個兒子，叫豐紳殷德，這小夥子不賴。咱們家快一點，別讓別的丫頭把這小夥子搶走！」

於是，倒楣的小公主被老爹強行塞進轎子裡，給和珅的兒子送去了，附帶大量的珠寶珍玩。從此，乾隆與和珅的關係更加牢固。他們不再是簡單的皇帝和臣子的關係，而是親家了。

和珅用事，權柄顯赫，但人家之所以權勢顯赫，也非無憑無據。

據《滿清外史》一書中記載，就在乾隆正式辦理了退休手續，將皇位傳下去之後不多久，新皇帝進宮來，親切慰問老幹部。

騎上馬，送一程。誰都曉得乾隆的退休只是說說而已，至少嘉慶是不敢當眞的，所以進來之後，看到老爹面南而坐，閉目養神，當下不敢造次，找了個沒人的角落，老老實實地跪下去，屁股撅起來朝天，腦袋瓜子貼地，一聲也不敢吭，等老頭發話。

卻見乾隆眼睛也不睜一下，只是嘴巴動來動去，好像是在念叨什麼。嘉慶揪住自己的耳朵，拚命聽啊聽，卻是無論如何也聽不清。正在焦急的時候，乾隆突然睜開了眼睛，問道：「都叫啥名啊？」

嘉慶一下子傻眼了，這句問話，沒個頭也沒個尾，連問什麼都不知道，這可如何回答？正在窘迫之中，恰好和珅進來了，介面回答道：「啓奏陛下，一個叫高天德，另一個叫苟文明。」

「哦，知道了……」乾隆閉上眼睛，繼續念叨。

嘉慶驚得面無人色，那表情一如見了鬼。自己連老頭問什麼都不懂，對和珅的回答更是摸不著頭腦，眞是太邪門了！想問又不敢問，只好強忍著滿肚子的狐疑，繼續趴在地上聽老頭小聲叨咕。

如此不知過了多久，嘉慶終於從乾隆的房間裡退了出來，指一把額頭上濟濟的冷汗，一把揪住和珅，「王八蛋……和大爺，剛才你和我爹說的都是啥呀？」

「沒說啥。」

「那你說的那兩個人名，高天德和苟文明，是什麼意思呢？」

「哦，這個高天德和苟文明啊，是白蓮教的兩個首領，都是非法群衆組織的壞頭目。」和珅解釋。

「你怎知道我爹問的是這兩個人？」嘉慶更不明白了。

「這有什麼難的？」和珅笑道：「你看不到你爹嘴巴一直在動嗎？只要他的嘴一動，肯定是在詛咒罵人。這老頭罵了一輩子人，活得眞爽……哦！我是說，你爹他剛才是在施展邪術，念一個非常惡毒的咒語，大意是：你他媽的不讓老子快活，老子就咒死你！咒死你！咒死你！你說這天底下，誰敢不讓你家老爺子快活？還不是非法群眾組織白蓮教的兩個頭目嗎？說出兩個頭目的名字，準沒錯。」

嘉慶不由得仰天長歎，治理國家我不怕，可要猜這種怪謎語……乾脆宰了我算了！

乾隆六十年，雖禪位，然仍有訓政事。一日，早朝已罷，獨傳和珅入見。珅至，則弘曆南面坐，顒琰西向坐一小杌。珅跪良久，弘曆閉目若熟寐然，口中喃喃有所語，顒琰雖極力諦聽，終不能解一字。久之，弘曆忽張目曰：「其人何姓名。」和珅應聲對曰：「高天德、苟文明。」弘曆復閉目誦不輟。移時，始麾之出，不再詢一語。顒琰大駭愕。他日密問和珅曰：「汝前日召對上皇作何語？汝所對六字，又作何解？」對曰：「上皇所誦者西域秘密咒也。誦此咒知所欲死者，必為白蓮教中之首領，故竟以此二人名對也。」顒琰由是知和珅亦嫻此術，誓必誅之。雖然，之誅固當，獨怪弘曆已尊為太上皇，而猶效西域奸僧之所為，實不足為後世法矣。

書中說，乾隆詛咒白蓮教首領，用的是一種西域的邪術。這種邪術不僅是乾隆會用，和珅也會，萬一他瞧嘉慶不順眼……

「和大爺，你就饒了我吧，千萬別用咒語咒我！」嘉慶在心裡說。

5 沒咱爺們兒說話的地方

受到重視的和珅眉開眼笑，檢查起嘉慶的家庭作業來。突然發現這小傢伙竟然瞞著自己偷偷發出了一道調令，說要調廣東巡撫朱珪回京。

和珅成爲了懸在嘉慶頭上的一把剛刀，說不定什麼時候，這把刀就會刷的一聲落下來，到時候可就慘了。

早在乾隆正式辦理退休手續，宣佈將皇位傳下的前一天，嘉慶正在家裡鬱悶，突然有人登門，原來是和珅派來的，說要送一件禮物。

什麼禮物呢？

一柄玉如意。

玉如意，是古時候最典型的奢侈品，因爲這東西吃也不能吃，喝也不能喝，只是有錢人家或是宮禁之中，用來擺放裝飾的吉祥之物。玉如意玉如意，意思就是玉成好事，諸事如意。

當時嘉慶心裡就揣摩了起來：莫非，和大爺的意思是……我有可能當上皇帝？

再一想，不大可能吧？要知道老爹乾隆別的玩意兒未必有，偏偏就是兒子一大堆，自己再怎麼往前排，也只是排了個老十五，前面還有十四個兇神惡煞一般的哥哥呢！這些哥哥哪一個不是德才兼備的好幹部？哪一個不是對父皇忠心耿耿的接班人？哪一個不是又紅又專？哪一個不都在小心翼翼侍候著老爹？

放著這麼多的強勢競爭者在這裡，就算是摸彩抓鬮，帝位也未必落到頭上。這肯定是和大爺逗我開心呢！

嘉慶這麼想，不料到了第二天，乾隆宣佈任命，竟眞的撇開前面十四個忠心耿耿的好幹部不顧，直接任命了老十五當皇帝。

可想而知，嘉慶心中，對和珅是何等的畏懼。

太可怕了！自己的這個皇帝，該是和珅任命的吧！

他能夠任命自己，也就隨時可以撤掉自己。

嘉慶正在害怕的時候，有大臣撲楞楞一聲跳了出來，「啓奏陛下，和珅那廝欺上瞞下，橫行不法，搶男霸女，爲所欲爲，咱們把他給法辦了吧？」

當下嘉慶勃然大怒，痛斥道：「你丫是什麼居心？竟然敢肆意詆毀我和大爺！誰不知道我和大爺對大清國忠心耿耿，兩袖清風，人民群眾交口稱讚……立即在我眼前消失，要是再讓我聽到你說和大爺一句壞話，當心小命！」

然後，嘉慶將案頭上的奏章全都抱起來，送到和珅面前，說：「和大爺，這是我準備向我爹彙報的一些工作，你忙不忙？要是不忙的話，替我檢查一下，看看有沒有什麼疏漏……」

「不忙，不忙。」

受到重視的和珅眉開眼笑，檢查起嘉慶的家庭作業來。正檢查著，耳聽六路，眼觀八方，突然發現這小傢伙竟然瞞著自己偷偷發出了一道調令，說要調廣東巡撫朱珪回京，當場就火大了，立即轉身去找乾隆告狀：「陛下，這不行啊，嘉慶這孩子……太成熟了！他怎麼可以亂來呢？怎麼可以把朱珪調回來呢？」

「豬龜是什麼動物？」乾隆流著口水問道。

史書上說，乾隆到了晚年，記憶力猶如江河一日千里，急速下降。口渴了，剛剛端起茶杯就忘記了喝水這回事，忽然想起耳朵癢癢，拿茶杯當耳挖勺，順手就塞進耳朵裡……總之，老年癡呆症，這個病是各級領導幹部都要患上的。

朱珪是誰？他可是嘉慶這孩子的老師啊，以前當過家教的。和珅耐著性子解釋說：「要是他也來到京城，和嘉慶兩人往朝堂上一站，到時候一唱一和，有說有笑，那還讓咱們爺們兒怎麼混啊？陛下你快擬旨！」

「擬啥旨啊？小嘉慶昨夜是不是又尿床了？」

「擬旨，把朱珪從兩廣總督降爲安徽巡撫！眞是太不像話了，咱爺倆還站在這兒呢，哪輪到他來說話？」

於是廣東巡撫朱珪的官，一日之間連升帶降，先是被學生嘉慶晉升爲兩廣總督，馬上又被和珅貶爲安徽巡撫，倒楣至極。

辦妥了這件事，和珅心裡又想：不行，我雖然年邁，可還是要爲祖國站好最後一班崗。嘉慶這孩子不懂事，太年輕，辦事毛毛躁躁的，我還是派個忠誠的老幹部，照顧著他點吧……

6 乖！聽師父的話

吳省門奉了和珅之命，拿著嘉慶的詩稿來挑錯，卻發現滿篇滿紙寫的都是同一個主題：我有錯，我有錯，我ㄚ從頭錯到尾……

和珅派出了他的學生兼親信吳省門，去嘉慶那裡工作，主要的任務就是給嘉慶當秘書，整整詩稿。

這個時候的嘉慶，基本上來說就算是死定了。想他一天到晚亂寫東西，說不定會在哪張紙片上寫句什麼，萬一要是讓吳省門給「整理」出來，遞交到乾隆面前，少不了撤職處分。無論是後世的史學家，還是當時的有識之士，當下都認爲嘉慶這倒楣孩子，眞的沒什麼希望了。

《唐代宗論》有云：「代宗雖爲太子，亦如燕巢於幕，其不爲輔國所讒者幾希。及帝即位，若苟正輔國之罪，肆誅市朝，一武夫力耳！乃舍此不爲，以天子之尊，行盜賊之計，可愧甚矣！」

當時的史家們紛紛評說，嘉慶這孩子完蛋了，眞的完蛋了，沒得救了！其不被所譏者，幾希。這裡連「幾希」都出來了，意思是說：太稀罕了，太少有了，小機率事件，大家就不要浪費力氣琢磨了。

卻說那吳省門一檢查嘉慶的詩，果然發現了問題：

聖人無過額知過，予過誠多愧寸心。敷政不能化民俗，立綱猶未肅官箴。言多應合身家重，事總因循習染深。克己省愆唯自責，形端表正勉君臨。

嘉慶皇帝寫了許多詩，但幾乎所有的詩，都跟這一首沒什麼區別。這其實也不能叫詩，最多是七言檢討悔過書。在這封僞裝成詩的悔過書裡，嘉慶兄弟深切自責道：我錯了，我錯了，我錯了耶我錯了，到底哪裡做錯了？反正統統都錯了……

這多半是他的老師朱珪出的損主意。想那朱珪既然能夠成爲嘉慶的家庭教師，引起和珅的忌憚，史書多少是讀過幾本的，當然知道歷史上的太子諸君，就猶如放在鍋裡烹煎的肥魚，不被人吃下肚裡的可能，幾希。

朱珪既然當上嘉慶的家庭教師，當然要竭盡全力抱住這根粗腿，想盡辦法幫這孩子當上皇帝。帝師啊！這是中國文化人最大的榮耀，皇帝算得個鏟鏟？咱是皇帝的老師！不難想見，他肯定早就告訴過嘉慶：「阿慶啊，不是當老師的說你，你丫太不懂事了！你知道你是個什麼職務？你是儲備皇帝耶！這是天底下危險性最高的職業了。你看好了，你上面有十四個阿哥，這十四個阿哥不管誰做了皇帝，都沒你好。所以，你要想成功活下去，就必須聽為師的一句話。為師告訴你啊，做人啊，千萬千萬不能說眞心話，任何時候眞心話一說出來，那就死定了。而說眞心話最可能的途徑，就是寫詩，因為詩言志啊。不管你平時裝得多麼人模狗樣，一寫詩，鐵定會有眞實的心跡留露，鐵定會露餡。好啦，徒兒過來，為師的教你一個乖……」

帝師第一課，就是要教自己的學生怎樣才能夠做到隱藏眞實的內心，避免讓人抓到把柄。這朱珪，肯定是教導過嘉慶的：「你要是憋不住非要寫點什麼的話，那你就照這麼個寫法：我有錯，我有錯，我丫從頭錯到尾，但是別問錯在哪兒，反正我錯就是。照這麼寫下去，能不能當上皇帝不敢說，小命至少是保得住的。」

可想而知，吳省門奉了和珅之命，拿著嘉慶的詩稿來挑錯，卻發現滿篇滿紙寫的都是同一個主題：我有錯，我有錯，我丫從頭錯到尾……此人的腦袋，一定瞬間大了兩圈還不止。

嘉慶這廝眞是太深沉了！連寫詩都作偽，讓和珅如何下殺手？

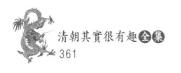

7 吾皇萬睡慢慢睡

和珅沒奈何，只好拿起衣服往身上穿，卻是奇怪，那件衣服做工精細，樣式新穎，偏偏衣袖不對勁，手怎麼也無法伸到袖子裡去。

正當和珅的親信蹲在嘉慶身邊挑錯的時候，嘉慶突然獲知一個絕對的利多消息：乾隆老頭嚥氣了！老頭這口氣嚥得太是時候了，要是晚幾天，說不定那吳省門真的會挑出什麼毛病來。當下嘉慶欣喜狂奔，飛奔進了皇宮，先照老頭屍體上哐哐哐狠踹幾腳，然後封鎖消息，傳和珅進宮。

據《南亭筆記》中說，嘉慶假乾隆老頭的名義，召和珅入宮。那和珅不知死活，飛跑了前來，一進殿，就見嘉慶坐在一張椅子上，問道：「和大爺，我好歹也是皇帝耶，你見了我怎就不磕頭呢？」

和珅翻了一個好大的白眼，無奈跪下磕頭，「吾皇萬歲，我先進去看看太上皇……」

「不急，不急。」嘉慶笑道：「朕命人趕製了一件衣服，要給和大爺你穿上。」

穿衣服？和珅狐疑地看著太監拿過來的一件怪衣服，「先放這兒吧！等我見過太上皇……」

嘉慶一板臉，「和大爺，你丫敢抗旨？」

和珅嚇了一跳，沒奈何，只好拿起往身上穿。卻是奇怪，那件衣服做工精細，樣式新穎，偏偏衣袖不對勁，手怎麼也無法伸到袖子裡去，只好苦著臉道：「小嘉子……不是，陛下，你這衣服的袖子太小了。」

就聽嘉慶冷笑道：「不是袖子小，是你的拳太大了。」

拳太大了，就是說權太大了。霎時間和珅神色大變，撲通趴在地上。

嘉慶興高采烈地站起來，帶著和珅進去看死老頭。一見屍體，和珅立時放聲嚎啕，哭得死去活來。完了！他的榮華富貴，他的遮天權勢，全在乾隆老頭的身上！可這老頭說嚥氣就嚥了氣，這讓人家怎麼整啊？

正悲傷之際，就聽嘉慶笑瞇瞇地在旁邊問道：「和大爺，咱爹在世的時候，對你怎樣啊？」

「那還用你說嗎？我們哥倆兒的交情……嗚嗚……」和珅早已泣不成聲。

嘉慶樂了，「怪不得咱爹死前有話，說一定要讓你和大爺陪葬，也好讓你們老哥倆到了地下，還能夠一起嘮嗑。」

啥玩意兒？不會吧？猶如當頭一棒，駭得和珅連哭都不會了，「這……不是說以人爲本嗎？怎麼咱大清國又倒退回了活人殉葬的時代去了？肯定是弄錯了！」

沒有錯！現在說話算數的是嘉慶。以前他說自己有錯就有錯，沒錯也是錯。現在他說自己沒錯，那肯定就沒錯，錯了也沒錯！

嘉慶曰：「皇考棄天下時，遺詔以汝為殉，汝前云誓以死報朕躬，猶憶之否？皇考待汝不薄，死以身殉，義不容辭。汝今日之死，不過略報涓埃。苟得其所，死可無憾。」因出遺詔示之。

書上說，被嘉慶如此一番逼迫，和珅萬般無奈，伏地大哭。

和大駭，淚墜如斷綆，跪奏：「家有老母，奴才死，母無生理。奴才死不足惜，如老母何？」嘉慶笑曰：「言猶在耳，忠豈忘心，汝今日云云，負皇考甚矣。」言已，縱之使去，和危疑慘怛，遂成心疾。

這本書把和珅描寫得實在是不堪，一點不像朝廷重臣，倒像是遇到強盜劫色的農村老大娘。但不管怎麼說，嘉慶再怎麼著也不可能當著他爹的屍體掐死和珅，所以這君臣二人，還是達成了和解。當然，只是暫時和解。新的衝突，已在醞釀發酵之中。

8 哥哥，別殺我老公

嘉慶皇帝沒有碰十公主的丈夫一根手指頭，抄和珅的家財時，還特意將私人財物分開。於是十公主關了臥房門，和老公蹲在屋子裡，又是好多年。

乾隆老頭的死，爲嘉慶與和珅之間的「友好」關係，掀開了新的篇章。

和珅與朝貴偶語，必盛稱太上皇，嘉慶密偵得之。怒詈曰：「和珅奴才，可恨，蔑視朕躬，不給他一個信，他還做夢哩。」翌日，召見便殿。低聲語和曰：「太上皇待你好麼？」和頓首答曰：「太上皇恩典天高地厚。奴才雖死不忘。」嘉慶又問曰：「然則朕待你如何？」和又頓首答曰：「陛下待奴才恩典雖異於太上皇，奴才誓以死報。」嘉慶又曰：「好個誓以死報。」又問：「太上皇與朕孰賢？」和頓首謝曰：「奴才不敢說。」強之，乃曰：「太上皇有知人之明，陛下有容人之量。」嘉慶笑曰：「好個容人之量，你候著罷。」和戰慄辭歸，汗流浹背，重棉為濕。

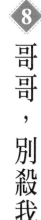

這裡有《南亭筆記》上的一段記載，記載中說，嘉慶與和珅之間的矛盾，日愈尖銳化，日愈不可調和，已經發展到了你死我活的程度。嘉慶也學了和珅的招數，在他身邊安置了密探，隨時將思想動態報告上來。

結果很是不幸，嘉慶發現和珅這廝沒有換腦筋。不能換腦筋，那就換幹部，這是自古以來的管理學鐵律。沒別的說了，打掉反皇帝集團吧！

打掉和珅的反皇帝集團，嘉慶透過六個精密步驟實施：

步驟一：委派和珅及其親信死黨，負責前皇帝乾隆治喪委員會的一應工作，命令和珅在乾隆棺材前徹夜守靈，不得擅離一步。

步驟二：急調自己的老師朱珪入京。有朱老師在，嘉慶心裡也就有了主心骨。

步驟三：朱珪朱老師來到京師，憤怒地控訴了派去鎮壓白蓮教的前線軍官們玩嬉冒功，理應嚴懲，因此撤銷了和珅的軍機大臣之職務，解除兵權。

步驟四：嚴加命令和珅必須趴在乾隆的棺材前大聲哭，不許亂動，不許離開。這等於實際上削奪了他所有的軍政大權。

步驟五：朱珪朱老師命令給事中王念孫等大臣上書，彈劾和珅對朝廷對人民犯下了嚴重的錯誤。有錯誤那就好辦，三天後，趴在乾隆棺材板前嚎啕大哭的和珅，被一群武裝人員強行拖到了監獄裡。

步驟六：掀起批判反皇帝集團的政治運動，朝廷官員排著長隊上書，踴躍揭發檢舉，就連和珅的親信們也都反戈一擊，重新做人。於是，和珅狼子野心大暴露，暴露的結果，是嘉慶吩咐和珅快點自殺算了，再活下去只能給大家添亂。

幹掉了和珅，接著就要幹掉和珅全家。嘉慶這邊剛剛發佈命令，突然聽說十公主固倫和孝進宮裡來了。妹妹來了，嘉慶急忙吩咐請進，問道：「小妹，找我有啥事？」

十公主放聲大哭，「皇帝哥哥，妹妹求你了！別殺我老公，我不要做寡婦……嗚嗚！求你了，皇帝哥哥……」

嘉慶很是納悶，「小妹快起來……這是幹啥呀？妳老公是誰啊？我連認識都不認識他，又怎麼會殺他？」

十公主說：「皇帝哥哥你忘了，我老公就是和珅的兒子，豐紳殷德啊！」

「啊！還有這事？」嘉慶終於想起來了，只好說：「既然如此，快點帶妳老公回房間，只要他老老實實蹲在妳身邊，我就不會碰他一根手指頭。」

嘉慶皇帝說到做到，真的沒有碰十公主的丈夫一根手指頭，而且抄和珅的家財時，還特意將十公主的私人財物分開，歸還給她。於是，十公主關了臥房的門，和老公蹲在屋子裡又是好多年，直到四十五歲，這才幸福地死去。

嘉慶躊躇滿志，轉向了萬里河山。但還沒等動手，身邊又爆發一樁千古懸疑怪案。

9 御廚中的武學高手

御膳廚中有位廚子，名字叫成得，提著一桶泔水路過。見額駙一腳就踢斷七根手臂粗細的木樁，大為詫異，「劈柴的，你這柴劈得也不齊整啊！」

話說朝廷為了保護皇帝的安全，專一在紫禁城中設立了警衛營，警衛營中的侍衛們，個個都是精選出來的戰士，人人身懷絕技，身手不凡。這其中，身手最驚人的，當屬一位額駙。

此額駙者，自幼習練流星扯皮腿。曾命人拿來許多二尺多長的木樁子，粗逾手臂，十幾根一排釘在地上。他躺在地上，拿腿一掃，只聽嘁哩哢嚓，一腿下去，能掃斷七根木樁。由是，這位額駙在宮廷中名聲大振。每當皇家馬戲團的小狗小貓病了，不能表演，就會把他叫去湊個數。額駙感懷於領導的重視，更加注重於技藝的提高，每天躺在地上，發奮苦練。

這一天，他正躺在地上勤學苦練，恰好御膳廚中有位廚子，名字叫成得，提著一桶泔水路過。見額駙一腳就踢斷七根手臂粗細的木樁，大爲詫異，「劈柴的，你這柴劈得也不齊整啊！廚房裡沒法用。」

一句話，險些沒把額駙給活活氣死，「你丫長眼睛沒有？我這是在練習武術。」武術？廚子成得咯咯樂了，一邊樂一邊蹲下來，「柴禾劈得不好沒關係，慢慢劈就會學會的，別說什麼武術……咱們能不能別太丟人？」

額駙快要被活活氣死，騰的一聲跳了起來，揪住人家的衣服，「你給老子聽清楚了，劈柴是人人都會的粗活！你敢說老子這是劈柴，那你給老子劈一個看看！」

廚子成得翻了一個白眼，「劈就劈，這有什麼大不了的？你看你急成這個樣子……」說著話，學著額駙的樣子，四仰八叉躺了下來，一抬腿，只聽嘁哩喀嚓，一下子掃斷了十二根木樁。「怎麼樣？比你強多了吧？」

額駙頓時傻了眼，「這木樁的質量太差勁了，一碰就斷！你再踢這幾根試試！」又拿來幾根木樁，用了大力釘在地上，就見廚子成得腿一抬，嘁哩喀嚓，又是十二根齊齊折斷。額駙看得目瞪口呆，說什麼也無法相信，「你再試這一次！剛才肯定是碰上巧勁了……」

不管怎麼試，廚子成得只要飛起一腿，必定能夠輕易踢斷十二根木樁，比天下第一武學高手額駙還多五根。事情很快在宮廷裡傳開了，嬪娥彩女、公主太監，全排著長隊來御膳房看表演。看到成得的確比額駙能多踢斷五根木樁，無不欣慰點頭說：「我早就跟皇上說過的，廚子天天踢木樁，肯定會影響到炒菜做飯的本職工作，這樣下去可不得了。宮裡應該加強職業道德教育，防止炒菜時走神溜號……」

如此議論過一番，大家又漸漸地把這事給忘記，各忙各的去。廚子成得繼續每天炒他的菜，做他的飯。

又過了一段時間，一天，嘉慶無事可幹，忽然興起，想視察一下警衛營的伙食，就來到了警衛營的廚房。衆侍衛們急忙迎駕，「首長好！首長吃了沒？」

嘉慶親切地打招呼：「馬上就吃，等進廚房一起吃……」

正聊著閑天，突然廚房門口閃出一人，目光兇狠，手持切菜刀，正是廚子成得。只見他將切菜刀向嘉慶一指，「呔！嘉慶你個王八蛋！老子找還找不著你了，你居然自己送上門來了，那正好，吃老子一刀！」不由分說，疾衝上來，摟頭蓋腦，一菜刀剁向嘉慶的天靈蓋。

說時遲，那時快，就聽嘩啦一聲，所有的侍衛們全都行動起來——以嘉慶爲圓心朝四面散開，躲得遠遠。誰都知道這廚子一腳能踢斷十二根木樁，身手高得怕人，大家腦子又沒有毛病，誰還敢往他跟前湊？能躲多遠就躲多遠吧！反正他劈的又不是自己。

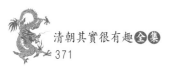

10 真兇潛伏四百年

暗中買通成得動手的，估計是這十四個阿哥中的一個，可到底是哪一個，誰猜得出來？直到今天，快要過去四百年了，仍舊無人能夠猜出。

宮中遇險，侍衛逃散，嘉慶遭遇到的這件奇事，足以讓他鬱悶一輩子。更離奇的是，當成得瞄準了嘉慶的腦殼，摟頭一菜刀劈下之時，侍衛額駙卻竄了上來。

此人雖是天下武學第一高手，但一腳只能踢斷七根木樁，與廚子成得相比要差得遠，所以一把抱住了人家的腰，口中卻急忙勸解道：「有話好好說，好好說！千萬別動手傷了和氣……嗯，要文明，要禮貌，不要動手打架……」

讓額駙一打岔，嘉慶猛一個激靈醒過神來，叫一聲媽，掉頭便走。

廚子成得還待要追，可是額駙死命抱住他的腰不肯鬆，「老成老成你消消氣，別動手……大家快來幫幫勸勸老成……」

眾侍衛終於也醒過神來，轟的一聲湧上前，七手八腳齊上，有的架住成得的胳膊，有的抬起成得的腿，「老成你別生氣，有話好好說！皇上到底怎麼著你了？跟哥們兒說說，哥們兒保證替你出這口氣……」

哐的一聲，眾人齊心協力，終於將成得掀翻在地，用力奪下菜刀，捆綁起來。

廚子成得不安心本職工作，亂踢木樁不說，還拎著切菜刀狂砍嘉慶，這下子事情可鬧大了！刑訊立即展開。王公大臣，六部九卿，朝廷所有當官的統統到場，共同參加對廚子成得的審問工作。

成得只管垂目而坐，始終不發一言。眾人衝他連吼帶叫，連踢帶打，折騰了好長時間，他才終於睜開眼睛，吼了聲：「吵什麼吵？讓老子安靜一會兒就不行？」

眾官員呆了一呆，「成得，你快老實交代，是誰讓你拎切菜刀砍皇上的？」

成得微微一笑，「都這時候了，還扯這些沒用的幹啥？你們問得再多，老子這裡就一句話：這件事功敗垂成，真是讓人遺憾。如果成功了，現在坐在官位上的就不再是你們，而是老子了。」

「幕後指使人是誰？」官員們追問道。

成得閉上了眼睛，「你猜，猜中了有獎。」

你奶奶的！這讓大家從何猜起？嘉慶光是哥哥就有十四個，暗中買通成得動手的，估計是這十四個阿哥中的一個，可到底是哪一個，誰猜得出來？

從成得向嘉慶劈出那一刀，直到今天，都快要過去四百年了，謎底仍舊無人能夠猜出。這個幕後主凶，端的是一個了不得的人物！這廝已經潛伏了四百年，未來必定會繼續潛伏下去。

成得拒不招出幕後主使人，眾官員無計可施，只好草草結案，曰：成得謀逆，按律當誅九族，凌遲處死。

眾侍衛衝入成家，將成得的兩個兒子拖了出來。這時候人們才注意到，廚子成得有兩個兒子，老大十六歲，小的才十四歲，都是長得粉雕玉琢般的美貌小男生。成得不過是廚子，雖然能夠一腳踢斷十二根木樁，最多也不過是一個懂得武功的廚子，如何能夠生得出來如此雪白美貌的兒子？

莫非……兩個孩子另有來歷？

不管那麼多了！按照律法，倆漂亮孩子跟他爹一塊拖往刑場。

已乃割得耳鼻，及乳，從左臂魚鱗碎割，欲及右臂以至胸背，初向見血，繼則血盡，只黃水而已……

行刑現場慘不忍睹，如此這般的殘酷毒刑，也實是讓人不忍卒聞。

過程中，成得上半身的皮肉全部剮淨，只餘根根雪白的肋骨。劊子手正蹲下身，開始對下半身動刀，他老兄說話了：「你他媽的還有完沒完？能不能快點？」

劊子手嚇了一跳，站起來小心翼翼地解釋道：「兄弟，皇上說過了，你丫死活不肯說出幕後指使人，所以要讓你多遭點罪。沒意見吧？」

能有什麼意見？唯閉目待剮。

廚子成得任人宰割，有意見也沒辦法再提了。但是，嘉慶以酷戾暴毒的手段對待成得，卻激怒了江湖豪傑，遂有北京市大興區黃村天理教秘密結社，召開會議，要夜攻北京城，決戰於紫禁之巔，替兄弟報此千刀萬剮之仇。

舉火燎天禁宮亂，嗚槍飛羽夜心驚。正因著天理教衆夜攻紫禁城，引發兩聲槍響。而這兩聲槍響，隆重推出了大清的第八屆皇帝：道光。

第 8 卷

閉著眼睛看世界

捷報頻傳，不斷地從一個勝利走向另一個勝利。最鼓舞人心的戰報，當屬寧波方面的中國守軍，他們發佈戰報說：英國女皇的妹妹被逮到了！

1 小孫子的黃馬褂

終於輪到了一個排不上的小孫子，縱馬過來，嗖嗖嗖，一連三箭。肥獐四腳朝天，仰面栽頭於塵埃之中。再細看身體之上，竟是中了三箭。

早在乾隆五十四年的時候，大清帝國的第七屆皇帝嘉慶還只是帝位的候選人之一，排在他前面的有十四個阿哥。

就當時的政治鬥爭格局而言，嘉慶當皇帝基本上是沒戲的。所以那時的他，只能跟在老爹屁股後面跑跑顛顛，捎帶腳寫幾句自我批評詩。

恰逢秋高氣爽，獐肥鹿胖的大好季節，乾隆老頭心血來潮，牽了皇子皇孫們衝入深山野林，肆意屠殺野生動物。

十四個阿哥跟在他屁股後面跑，嘉慶跟在十四個阿哥的屁股後面跑。跟在嘉慶屁股後面的，是一大堆由他及十四個阿哥生出來的孫子們。

這一票人馬正在張家灣的山野間橫衝直撞，突然前面閃出一隻肥胖的獐子，見了這許多怪人，掉頭飛逃。

乾隆發出怪叫，就聽四面八方，頭插樹枝的皇家警衛營士兵們全都站了起來，大呼小叫，將那頭肥胖的獐子又給轟了回來。

乾隆哈哈大笑，引弓搭箭，嗖的一聲，沒射著。趕緊再來第二箭，還是沒射著。

「你們看好了，凡是射不中的箭，就是這樣一個射法。現在老子給你們一個機會，看看誰能射中！」

連皇帝老頭都射不中的獵物，餘人哪敢胡亂射中？當下十四個皇家阿哥紛紛出馬，箭射得滿天都是，就是沒人能夠射中獐子。

輪到了嘉慶，他老兄不傻，當然也不肯射中。

兒子們都沒射中，那就看孫子們的了。

孫子們年齡小，還不到爭奪帝位的時候，沒那麼多心眼，一個個拿箭認眞狠射。可這幫孫子養尊處優慣了，許多人連弓都拉不開，更遑論射中了。

見這情形，乾隆發話了：「孫子們，你們誰要是能夠射中，爺賞他件黃馬褂。」

此言一出，大家更加賣力，卻仍無人射中。

終於輪到了一個排不上的小孫子，不過八歲，就見小東西縱馬過來，嗖嗖嗖，一連三箭。肥獐立時氣憤憤地叫了一聲，四腳朝天，仰面栽頭於塵埃之中。再細看身體之上，竟是中了三箭。

乾隆大喜，「這是誰家的孩子？」

嘉慶嚇得滿頭大汗，急忙出列，「回皇阿瑪的話，這是咱的兒子，名字叫……叫什麼來著？對了，叫旻寧，沒錯，就是旻寧。」

乾隆說：「不錯不錯，你丫挺會生的。讓你的孩子起來。」

嘉慶趕緊招呼兒子，「乖寶寶，快起來，到爹爹這裡來。」

不想小旻寧跪在地上，噘著小嘴，一聲也不吭。

乾隆心下狐疑，「這個孩子是不是有中耳炎啊？」

小旻寧搖頭，表示自己聽力正常，還是不說話。

乾隆困惑了，「那是什麼毛病呢？」

嘉慶心裡明白，有點忐忑地說：「這大概……嗯……也許吧……或者……我的意思是……馬褂……對不對？」

經兒子提醒，乾隆終於想起來了，「對了，我是答應過孫子們，說誰要是射中了的話，就賞他一件黃馬褂。可這荒山野嶺，原始森林，根本找不到裁縫趕工啊！」

要不，咱們這次就算了？

那可不行，皇帝金口玉言，說出來的話，豈有反悔之理？更何況八歲的小旻寧還跪在地上呢！你不給他黃馬褂，這孫子是不肯起來的。

事情該怎麼個處理法呢？乾隆眼睛一眨，忽然發現有個侍衛正穿著黃馬褂，頭插樹枝，蹲在樹後冒充野生動物呢！當下大喊：「那個誰……對！說的就是你……過來過來，給朕把你身上的衣服扒下來！」

不由分說，扒下侍衛身上的黃馬褂，往小旻寧身上一穿。小旻寧總算甘願了，往前一邁步，誰知正踩在長長的衣袖上，啪唧一聲，摔得滿臉開花，看得乾隆咯咯直樂……

小旻寧，就是大清帝國的第八屆皇帝，道光。

這次狩獵，現場湊齊了乾隆、嘉慶和道光三個皇帝，堪稱三皇之會。當史家興高采烈記述的時候，顯然沒能料想得到，那件太大的黃馬褂，於道光而言，恰恰象徵著支離破碎的山河，他擺弄不了的一個大亂局。

不唯是他，沒有人能夠擺平行將到來的亂世。

2 怪我太傻太天真

鄉勇們全都傻了眼，賣了老命的和白蓮教死拚，不想滅了白蓮教之後，連回家的遣散費用都沒領到一文，這讓大家如何是好？

就在小昇寧沐浴著乾隆、嘉慶兩代帝王的神聖光輝，幸福而茁壯地成長的時候，社會上出現了不安定因素：白蓮教。

說起這白蓮教，那歷史實在是太悠久、太悠久了。這個教派是盛唐時代流入中國的基督教——當時叫景教——與摩尼教混和之後的變異體，後來於元末時化身爲明教。教中兄弟朱元璋正是依靠了這支民間力量，推翻了元人的統治，建立起了大明帝國。而後，朱元璋轉手將明教徹底滅掉，免得這支教派裡再冒出新的動亂分子。

明教消失之後，餘眾藏匿於民間，又經過了明亡清興這麼一段時間，終於成長爲白蓮教。教義沒那麼多的講究，就是「造反」兩字，簡單易學。

由是，白蓮教崛起於川、陝、楚、甘、豫五省，頃刻之間席捲天下，教眾一度多達十數萬人，總之是不和諧得緊。

但這白蓮教生不逢時，恰好乾隆剛剛建立起保甲制，將大中國改造成爲了一座滴水不漏的鐵籠子。雖然此時八旗勢力衰弱，奈不得這只龐大的鐵籠子裡，呈棋盤狀網格狀分佈著無以數計的民間武裝集團——鄉勇。

四川募集鄉勇三十七萬人。

湖北募集鄉勇三十六萬人。

這兩個省的鄉勇加起來，就接近百萬之眾了。區區十數萬人的白蓮教，哪裡折騰得過？眨眼間九年工夫過去，十餘萬人眾的白蓮教被鄉勇砍得還剩下兩萬四千人。這些教民惹不起鄉勇，就逃到陝、川、楚三省的交界處，找了個三不管的地盤，安營紮寨，過起小日子來。

正過著日子，又跑來了兩百名教民，個個都是膀大腰圓，身手敏捷。來到之後，受到了根據地父老兄弟們熱烈歡迎。

卻不想歡迎酒會剛剛結束，他們突然翻了臉皮，亮出鋼刀，不由分說，照準教民兄弟們的腦袋就是一陣亂砍。

原來，這所謂的兩百名教民，不過是官兵派出來的神風特攻隊，領頭的是一名叫林清的武學高手。一邊動刀子，一邊於營寨中放火，同時砍開寨門。早已埋伏在寨外的官兵蜂擁而入，將可憐的教民砍得胳膊腿滿天亂飛。

這場戰役，徹底終結了白蓮教在歷史上的折騰。

掃平了白蓮教，官兵將戰果報至朝廷，嘉慶皇帝看了戰報，嘉許曰：很好很強大。命人去國庫中劃拉劃拉，有多少銀子統統搬出來，重賞破敵有功的將士們。

皇家賞賜的金銀撥到了官兵領導的帳戶上，統領們看了就說：「金錢乃萬惡之源，朝廷竟然給了這麼多的銀子，很黃很暴力。咱們就別用這些銅臭污染將士們純潔的心靈了，全分了吧！」

軍方的高層領導們將皇家賞賜瓜分殆盡，一毫銀子也沒給鄉勇們留下。再召集鄉勇們開會，說道：「內戰已經結束了，當前最重要的政治任務，是以經濟建設爲中心。希望你們復員轉業之後，回到地方，能夠再接再勵，再立新功……立正，稍息，向後轉，解散！」

不過三兩句漂亮話，就把人統統打發了。

這下子鄉勇們全都傻了眼，他們爲了國家和皇上，賣了老命的和白蓮教死拚，不想滅了白蓮教之後，連回家的遣散費用都沒領到一文，這讓大家如何是好？

最憤怒的，當屬率兩百名敢死隊徹底剿滅白蓮教的武學高手林清了。面對朝廷如此惡搞，他悲憤地說：「我們好傻好天眞，居然上了朝廷的當！既然朝廷如此對待我們，乾脆再把白蓮教恢復算了！」

然而這時候的白蓮教，慘遭林清惡砍，早已不成氣候。爲了逃避官方的追殺，餘下來的教民們先改名爲榮華會，後又改名爲天理教，搬到了一個極爲安全的地方——北京大興區的黃村，就在當地隱匿起來。

於是有介紹人在前面引路，帶著林清來到大興黃村，見到了天理教的最高領導人：大佬李文成。

李文成說：「林清兄弟，聽說你以前是鄉勇，是我們天理教的死敵，但是現在你覺悟了，參加革命了。革命不分先後，殺人全憑刀快！你有什麼本事，不妨亮出來讓我們瞧瞧，也好給你安排工作。」

林清說：「我沒啥本事，就是會賣死力氣。」

李文成說：「只是會賣死力氣，那可不成，現在我們和朝廷的競爭，實質上是人才的競爭。十六世紀啥玩意兒最貴？人才！咱們天理教的理念是人人是人才，賽馬不相馬。林清兄弟，究竟有什麼本事，你儘管使出來吧！」

林清還是那句話：「俺眞沒啥本事，就是會賣死力氣。」

李文成搖頭，「不對呀！兄弟，怎麼聽說你在剿滅白蓮教的時候，顯露的身手十分駭人呢？要不這樣好了，我替你找個對手來，你陪著他練一練吧！」說著一抬手，一個模樣精猛的漢子出現，以凌厲的眼神盯著林清。

「怎麼樣？你們兩個練練如何？」

林清搖頭道：「不用練了，他不是我的對手。」

「什麼？」李文成大笑起來，「林清兄弟，你是不是嚇糊塗，把話說反了？應該說，你不是他的對手。」

林清繼續搖頭，「我沒有說錯，他的確不是我的對手。」

李文成捧腹大笑，「林清兄弟，你是真的嚇糊塗了！我告訴你他是誰吧，他便是雍正年間的著名俠客甘鳳池的嫡系傳人，江湖上人稱八尾怪狐的便是。你當然不是他的對手，不唯是你，只怕這普天之下，都沒有他的對手。你可曉得，我花了多大的代價，才請到他出來的？」

林清笑了笑，一個勁地搖頭。

李文成轉爲冷笑，「怎麼樣？現在還敢說大話嗎？」

「這個人只是浪得虛名罷了，他確實不是我的對手。」

話音未落，八尾怪狐氣憤地狂吼一聲，凌空一腳，向著林清的臉部飛踹過來。林清將身子順勢向後一飄，並不還手。

李文成看得極是驚訝，「爲何不敢還手？」

林清還是笑道：「教主，我是眞的有點爲難啊！」

「你殺了我們那麼多的兄弟，眼下又有何爲難？」

「教主，就跟你這麼說吧！若是這個人不懂得武術，倒還罷了，我最多不過是踹他幾腳，打他一頓，給他個教訓就是。偏偏他乃習武之人，事情就麻煩了，我擔心一動手，這老兄的性命堪憂啊！」

李文成沉下了臉，「姓林的，你只管動手好了。加入天理教的人，都已經把命交給了教主，既然動手，是生是死，聽天由命，沒人會怪他，也沒人會怪你。」

「那好吧……」林清無奈點頭，驟然上前一步，出其不意地一把抄起八尾怪狐，將他高高舉了起來。

李文成嚇了一跳，再看八尾怪狐，竟然像小綿羊一樣乖乖地任由人舉起，絲毫不見反抗的意圖，當下既驚且詫，「姓林的……林清兄弟，你先放下他，慢慢動手，慢慢再動手！」

林清搖頭，「教主，我不能放開他。」

「為啥？」

「現在的情形是，放下他，我死；不放下他，他死。」

「這個……」

李文成還不知該如何回答，林清已然放開了手。

只聽啪唧一聲，八尾怪狐的身體跌落在地。眾人大駭，上前細看，咽喉之處多出了兩個血洞，竟然是用手指頭生生戳出來的。

這下子李文成嚇壞了，撲騰跪下，「林清兄弟……我是說，長官……我們並不是什麼非法群衆組織，其實都是對大清朝廷忠心耿耿的良民啊！剛才的事兒……只是鬧著玩的，嗯，鬧著玩的！」

林清道：「教主，你用不著擔心，我加入天理教，是眞心的。」

「你眞的是眞心的？」李文成表示嚴重懷疑。

「是的。」

「那你……這麼個搞法，是爲了啥呢？」

就見林清的臉色變得凝肅，仰天長嘯，壯懷激烈，「月圓之月，紫禁之巔。一劍東來，天外飛仙。我需要天理教的兄弟協助，與我殺入紫禁城中，砍了嘉慶那個狗日的！」

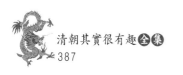

3 決戰紫禁之巔

旻寧走出兩步，耳邊一陣風聲，猛一抬頭，就見一個黑衣人躍到宮殿的屋脊之上，手執一面令旗，正是這次行動的指揮官林清。

西元一八一三年九月十五日，皇宮小太監劉全出宮採購。出了宮，逕自來到了永定門外的一幢宅子前。

宅門口，有兩個模樣不起眼的漢子，正躺在台階上曬太陽。他小心翼翼地走過去，「兄弟……讓一下路……」

兩名大漢猛地厲吼一聲：「天王蓋地虎！」

劉全嚇得一愣怔，隨後疾速回答：「寶塔鎮河妖！」

兩名大漢坐了起來，兇狠的目光緊盯過來，「摸哈摸哈，臉黃什麼？」

「臉黃……」劉全兩眼發直，「防冷，塗的蠟。」

兩名大漢疾跳起來，撲到面前，掐住他的脖子，「怎麼又黃了？」

劉全被掐得直翻白眼，「又又又……又塗了一層蠟。」

兩名大漢總算放開了劉全，與他熱烈握手，「親人哪，終於見到你了。快進屋，領導正等你彙報工作呢！」

劉全這才鬆下一口氣，邁步進了宅院，早有兄弟在裡邊迎著，帶他進了一間屋子。屋中燃燒著一盆熊熊火焰，林清神色淡定，坐在一把椅子上，「劉全兄弟，你在敵營十八年，辛苦了！都安排好了嗎？」

「安排好了。今夜，教中兄弟可兵分兩路，一路經西華門，一路經東華門，宮中也有我們的人，負責居中接應。只要天理教的兄弟們攻入皇宮，這皇帝之位，從此就是我們教主的了。」

林清面有喜色，「那狗日的嘉慶在宮中嗎？」

「嘉慶？」劉全搔了搔頭，「嘉慶前天出差了，說是上承德避暑山莊慰問女文工團的新團員去了。」

林清有些失望，「沒關係，只要我們攻下皇宮，教主登基，然後發佈海捕文書，懸賞花紅，不愁那流竄犯不被人民群眾扭送公安機關。現在我宣佈：沙漠風暴作戰計劃，正式開始！」

正式行動開始了！一百零八名江湖幹部齊刷刷在院子裡列隊，按天罡地煞、九宮八卦方位排列。一隊由林清親自率領，攻取東華門。一路由教中另一位武學高手統領，攻取西華門。

是夜，皇宮東華門外，突然殺聲震天，火光明亮，駭得太監忙不迭閉了宮門，躲在床底下，屁也不敢放一個。宮中的嬪娥彩女、貝勒太監，聽到驚天動地的喊殺之聲，唬得魂飛天外，無不放聲嚎啕，爲恐怖的夜晚憑添了幾分熱鬧。

此時宮中尚有一人，嘉慶的兒子旻寧，就是當年在乾隆面前連續三箭命中獐子的小傢伙。這一年他三十二歲，正在一間屋子裡認眞地讀書。「大學之道，在明明德，在親民，在止於至善……啥玩意兒叫至善啊？」

還沒弄清楚啥叫至善，就聽到喊殺聲四面而起。旻寧慌了神，急忙操起彈弓——這彈弓，乃是他自幼練就的武學絕技。

由於當時衛生條件不夠達標，尤其是夏天的時候，白天蒼蠅飛，晚上蚊子鬧，就連嘉慶皇帝都經常被蚊子叮咬得滿身包，皇族親眷更不能免。於是旻寧拿了張彈弓，不管是見到蒼蠅還是蚊子，挾一枚彈丸，嗖的一彈弓打過去……就這麼打了幾年，眞是練出了一手絕技，說打蚊子腿，絕對不打蒼蠅腰。蒼蠅蚊子只要見到旻寧，莫不是發出淒厲的嗡鳴聲，忙不迭地掉頭飛逃。

且說旻寧拿著彈弓飛奔出來，恰見牆頭之上，露出幾個天理教教民的人頭，正要翻牆越入宮中。當下叫一聲：「丫好大的蚊子！」嗖嗖嗖幾彈弓射出。可憐的教民們連聲慘叫，跌落牆下。

關於這段故事，皇家在事後是發佈了戰報的，內容如下：

道光才藝超邁，而尤嫻騎射，所御彈弓，能於百步外瞄準，擊飛鳥百不失一二。天理教徒之變，宮門戒嚴。亂匪已定期圍宮，是夜適大雷電，道光親挾彈弓，巡行各處，見匪已越登宮牆，急發彈擊之。無不應弦而倒。

將想翻牆進入宮中的天理教民擊退後，旻寧四下裡一瞧，不好！宮中的人全都躲藏了起來，就他老兄一個人傻乎乎地待在外邊。這外邊的人要是衝了進來，焉有命在？當下絲毫也不猶豫，掉頭就走。

走出兩步，耳邊卻聽一陣風聲，猛一抬頭，就見一個黑衣人躍到宮殿的屋脊之上，手執一面令旗，正是這次行動的指揮官林清。

林清揮動手中的小旗，大聲喝令道：「大家不要慌，不要亂，聽我命令！一班向左，二班向右，三班搬運乾柴升火，四班負責煮飯……」

他只顧發佈命令，卻不曾想到螳螂捕蟬，黃雀在後，另一位武學高手正在屋子下面盯著他呢！

當時旻寧就想，看樣子，這廝莫不是一位領導？乾脆我給他一彈弓算了！伸手一摸彈丸，囊中卻是空空如也，原來奔出時過於匆忙，未曾攜帶足夠的彈丸。

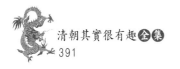

沒有彈丸，怎麼辦呢？

眼珠一轉，計上心來，伸手從衣服上揪落一粒金鈕扣，二十四K純金的，拇指般大小，重三兩四錢，充當彈丸，瞄準了林清，叫一聲：「著！」

可憐那林清，枉負絕世身手，如何會想到宮中竟然有人跟他玩彈弓？只覺眼前一花，被金鈕扣正中面門，啊呀一聲，跌落於塵埃之中。

林清摔落地，忍痛一個鯉魚打挺，正要躍起，卻聽刀聲霍霍，守護宮禁安全的禁衛軍都趕來了，幾十把鋼刀稀哩嘩啦全架在了他的脖子上。

首腦被逮，行動徹底失敗，攻入皇城中的天理教敢死隊員，統統遭到禁衛軍滅絕人性的斬殺。

此次事件之後，旻寧的飛彈擊賊絕技，迅速地不脛而走。大清帝國的第八屆皇帝人選，不再是一個懸念。

4 智商有點靠不住

道光皇帝沒什麼文化，偏偏愛好附庸風雅，叫來自己的一個親信，親切問曰：「朕早就說過的，你要多讀書，讀好書，你丫最近在讀什麼書？」

第八屆皇帝終於橫空出世，這位身負不世絕學的武林高手，治國的水平與能力，又是如何呢？

《南亭筆記》中有一段記載，對道光的執政能力做出公正的評價：

道光御便殿，召見最親幸之某旗員，時長晝如年。道光倦甚，因問有何消遣之良法，某對曰：「臣以為讀書最佳。」道光曰：「讀書固佳，然書貴新奇，耐人尋味。內府群書朕已遍覽，不識外間有何妙書足供寓目否？」某率爾對曰：「妙書甚多，即如奴才所見之《金瓶梅》、《紅樓夢》、《肉蒲團》、《品花寶鑑》等，均可讀之以消遣。」道光聞而茫然。略記其名，頷首稱善。明日於軍機處見潘文恭公，笑問曰：「聞卿家藏書甚富，如某某等書，諒必購置。」公大驚，伏地叩頭不起。道光曰：「第欲問卿借書，何遽至此。」公乃婉奏：「此皆淫書，非臣家所敢蓄。不識聖聰何以聞之。」道光默悟，即降手諭將某嚴行申斥。

這段故事說的是，道光皇帝沒什麼文化，偏偏愛好附庸風雅，於是他叫來自己的一個親信，親切問曰：「朕早就說過的，你要多讀書，讀好書，不讀書沒文化的人，會影響到朝廷的執政能力的。你丫最近在讀什麼書？」

親信答曰：「陛下所言極是，臣始終牢記陛下的教導，多讀書，讀好書。臣最近剛剛讀了《金瓶梅》，《肉蒲團》等書，端的是讓臣子的道德水準和業務水平，得到了突飛猛進的提高。俗話說得好，金針刺破桃花蕊，不敢高聲暗皺眉。臣建議，陛下也該讀一讀這幾本好書。」

道光聽了大喜，馬上召集群臣，就要在群眾中掀起一場轟轟烈烈的讀淫書運動，幸虧被大臣攔住了，不然非得出大亂子不可。

皇宮秉燭夜讀淫書，群眾歡欣深受鼓舞……單從這件事情上看起來，道光這兄弟雖然打蒼蠅蚊子是一把好手，但是他的智商，明顯靠不住。

證明道光的智商不太牢靠的，還有一件事：

一日，帝偶思食粉湯，命依所言之制法制之。內務府上言，若依此制法，須另蓋一廚房專人司之，須經費六萬兩，常年費尚須一萬五千兩。帝攢眉曰：「朕知前門外有一飯館，能做此湯，每碗只售四十文耳。每日可命太監往購之。」逾數日，內務府復上言，前門外之飯館已關閉。帝歎曰：「朕向不為口腹之欲，濫費國帑，但朕貴為天子，而思食一湯不能得，可歎也。」

這是《清室外記》中的記載，說道光這廝霉運當頭，臨到他執政的時候，爺爺乾隆已經將國庫花了個底朝天，他老兄想喝一碗湯，內務府敢開出六萬兩銀子的高價，常年維護費用也要一萬五千兩銀子。無奈之下，只好吩咐小太監出門去找餐館買，可是人家小太監懶得搭理他，應付了一句：餐館今天不營業……就算打發了。

明擺著的，手下人在玩弄領導。試想一想，如果奴爾哈赤想喝一碗湯，如果康熙想喝一碗湯……甚至是如果嘉慶想喝一碗湯，哪個敢這樣玩？

道光好歹也是一位身負絕技的武學高手，又是權勢赫赫的帝王，怎麼把自己混成這麼一個慘樣呢？

5 沒有一天消停過

看看這個倒楣的道光，他在位三十九年，竟然沒有一天消停過，不是國內爆發大規模群體事件，就是洋鬼子趕來湊熱鬧。

說起道光來，絕大多數人都不熟悉。說起他的個人簡歷，卻會牽涉到我們求學時必讀的歷史篇章。

- 姓名：愛新覺羅．旻寧
- 出生年月日：一七八二年九月十六日
- 籍貫：北京市長安街一號紫禁城擷芳殿走廊東側拐角
- 屬相：虎
- 星座：處女座

・血型：O型
・身高：一百七十七公分
・體重：六十公斤
・職業：皇帝
・特長：打彈弓
・社會關係：
父親：愛新覺羅・顒琰
母親：喜塔拉氏

八歲：參加三皇盛會，三箭命中肥獐，榮獲太大的黃馬褂一件。
十三歲：成家結婚。
三十二歲：與天下第一武學高手決戰於紫禁之巔，暗發彈丸擊之，贏得此戰勝利。
三十九歲：晉級為大清帝國第八任皇帝。叛亂分子張格爾從中亞潛入新疆，掀起叛亂，遭到全國各族人民的一致譴責。
四十三歲：叛亂分子張格爾第二次叛亂，再次遭到全國各族人民憤怒聲討和譴責。
四十五歲：叛亂分子張格爾第三次叛亂，再次遭到全國各族人民憤怒聲討和譴責。
四十七歲：叛亂分子張格爾第四次掀起叛亂，被六千名愛國官兵扭送公安機關，地方領導擔心此人見到道光皇帝時，會發表一些不適當不和諧的言論，遂以啞藥灌之。張格爾被押解入京，口舌潰爛，口角吹沫，連翻白眼，情狀悲苦。道光問其為何一再策動大規模群體事件，無法回答，遂剮之，以其肉飼犬。

五十歲：白蓮教再起江湖，更名為天地會，嘯聚於廣東湖北一帶，屢奪傜民之耕牛。傜民群起而反，殺教眾三百人。朝廷聞之，派維和部隊進駐，殺傜民十四人，傜民遂反。

五十一歲：朝廷維和部隊進駐九嶷山，沿途傜民紛紛反叛，擊之，殺六千人，廣東連州八排傜民聞之怒，遂反叛。朝廷展開心理攻勢，言稱降者重獎，於是百餘人出降，當地局勢恢復穩定。

五十二歲：四川越西夷民叛亂，擊之，當地局勢恢復穩定。

五十三歲：英國通商總監拿皮樓致電朝廷，要求通商，朝廷拒之。拿皮樓怒，驅英艦兩艘突入虎門，遭當地各族人民強烈抗議。拿皮樓詫異之，遂退兵，不久鬱悶而死。

五十五歲：湖北武崗傜民再叛，擊之，當地局勢恢復穩定。

五十七歲：名臣林則徐上書請求禁煙。

五十八歲：林則徐赴虎門禁煙，盡逐英商出澳門。英國水手上岸買酒，與當地愛國民眾發生衝突，打死居民林維喜，由是引爆中英衝突。

五十九歲：英國國會通過針對於大清帝國的戰爭決議，遣陸軍兩萬五千人、軍艦十六艘，由好望角東航，集中於澳門海面，封鎖廣州，炮轟廈門，北進陷定海。朝廷震恐，遂與英方舉行海灘帳篷會議，盡依英方條件，簽訂《穿鼻草約》。

六十歲：英方不滿《穿鼻草約》中香港關稅仍必中國的協議，召義律回國。道光皇帝聞之怒，正式向其宣戰。一戰而失虎門，再戰而失廣州，道光盛怒，貶竄林則徐於伊犁，以消英人之怒。然英人再度北上，陷廈門，破定海，入鎮海，攻破寧波。

六十一歲：朝廷反攻定海、鎮海與寧波，甫與英方接觸，三軍皆潰。英軍遂陷上海，奪取鎮江，並揚言拿下南京屠城。朝廷驚懼，不得不求和，遂簽訂辱國的《南京條約》。

六十二歲：清廷與美、法通商。

六十三歲：與比利時通商。

六十五歲：雲南回民起兵，擊之，當地局勢恢復穩定。

六十六歲：叛亂分子張格爾之子加他漢掀起叛亂，遭到全國各族人民的憤怒聲討。

六十九歲：卒。時值廣東不第秀才子洪秀全於廣西桂平金田起兵，咸豐命林則徐前往擊之。林則徐行至半路，卒，至今死因不明。

看看這個倒楣的道光，他在位三十九年，竟然沒有一天消停過，不是國內爆發大規模群體事件，就是洋鬼子趕來湊熱鬧，鴉片戰爭便爆發在他在任期間。

正常人碰上這麼多的倒楣事，多半會精神崩潰，神智錯亂。這諸多事件導致了道光的智商直線下降，也是可以理解的了。

6 那些倒楣蛋蛋們

馬嘎爾尼堅持要求以平等禮節相互對待，他最多不過是吻一下乾隆老頭的手。中國官員大怒，乾隆的手，宮裡邊不知有多少美少女都吻不上呢！

單以治國而論，如果拿下棋來打比方的話，那麼，此前擺在大清帝國歷任皇帝面前的對弈對手，都是一群臭棋簍子。

首任帝王奴爾哈赤、二任帝王皇太極，到第三任帝王小順治，他們的對手都是棋藝最差勁的崇禎。

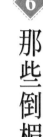

崇禎不只是棋藝差勁，後面還有一個李自成跟他調皮搗蛋。但即使面臨著如此強大的優勢，愛新覺羅一家也足足花費了三代人的精力，這才終於贏了這一局。

等到第四屆皇帝康熙、第五屆皇帝雍正、第六屆皇帝乾隆，乃至第七屆皇帝嘉慶，他們的對手都是無拳無勇的中國百姓。而且，這幾個皇帝還擁有著隨意制定或改變遊戲法則的權力。但即使這樣，也只有康熙和乾隆混成了明君，混成了盛世，雍正和嘉慶就不堪提起。

但等到了道光，他面臨的卻是一局必輸之棋，面對著的是前所未有的強大對手。更糟糕的是，他甚至連這個遊戲的規則，都全然無從知曉。

不唯道光不知道遊戲怎麼玩法，朝廷中的各級領導們也不曉得。只有林則徐一個人稍微知道那麼一點點，所以他被稱爲「睜開眼睛看世界的第一人」。

一群不懂得遊戲規則的人，在世界這個競技場上，就跟一群瞎子沒多大的區別。他們上場的唯一價值就是讓別人玩。也想玩玩別人？難矣哉！

不過，這世上的事情，大凡都有其兩面性。

不懂得遊戲規則的睜眼瞎子上了場，固然是淪爲別人的玩物，但若對手也絲毫不懂得規則，結局就有點難說了。

來說一個不懂規則的倒楣蛋，馬嘎爾尼。

這廝是什麼人呢？

這廝乃第一撥來中國的英國通商特使。此人是在乾隆老頭執政時代到來的，引發了朝廷上下的無限亢奮，哇靠！西洋蠻夷小國來使朝貢來了，哇哇塞！遂有特使帶馬嘎爾尼來到龍椅前，吩咐他趴下，撅腚朝天，腦袋瓜子貼地，謝主隆恩。

馬嘎爾尼大駭，驚問：這是個什麼緣故？

中方領導也是大駭，原來這蠻夷小國，進化實在是有點不徹底，連謝主隆恩都不曉得，於是詳細地解釋。

解釋完了之後，馬嘎爾尼連連搖頭，堅持要求以平等禮節相互對待，他最多不過是單膝點地，吻一下乾隆老頭的手。

中國官員大怒，乾隆的手，還用得著他洋鬼子來吻嗎？宮裡邊不知有多少美少女都排不上呢！馬嘎爾尼於是被驅逐出境。

事後，中國官員記錄這一次兩國友好相會日：馬嘎爾尼那廝，起初堅不肯跪，不意見了皇帝陛下，嚇得兩腿一軟，撲通一聲趴地下了。然後把這個記錄傳達給各級領導幹部和群眾，讓大家認眞學習，就算是過去了。

馬嘎爾尼走了，過段時間，來了個阿美士德勳爵。

嘉慶皇帝在圓明園等了好久，也沒見到這夥洋鬼子進來謝主隆恩。派人一打聽，原來是阿美士德那廝膝蓋不會打彎，不會跪拜，已經被愛國群衆逐走。這事又算過去了。

第三個倒楣蛋，是英國的商務監督拿皮樓。

這廝眞是一個道道地地的倒楣蛋。他來到中國，指望著說服中國官員，實行兩國通商，從此青史留名。

卻不意清朝早有律法，哪怕是敢與洋鬼子說一句話，均以漢奸之罪論處，所以拿皮樓在海上轉來繞去，硬是找不到接待單位。盛怒之下，就想動武，可是未得到國會許可，實力不濟，最後居然活活氣死了。

再來一個倒楣蛋，是英國的全權代表義律。這廝倒楣倒也罷了，偏偏他還碰上了第一個睜開眼睛看世界的中國人，林則徐。

說林則徐睜開了眼睛，那是把這位民族英雄和國內昏昏噩噩的臣民們相比較。但對於洋鬼子們來說，此人同樣不懂得國際政治法則。

確切地評價起來，林則徐最多不過是個二把刀。

人最怕的就是遇到二把刀，義律，註定了要倒血楣。

7 致維多利亞女皇的問候信

林則徐在信中寫道：「天朝之所以臣服萬國，當然有想像不到的神威，日後不要說沒有預先警告之……」維多利亞女皇看了好幾遍，看不懂。

話說那義律之所以被認命為英國的全權代表，主要因為他是一個鴉片貿易的極力反對者。曾在英國撰文曰：鴉片貿易「給打著天主教旗號的國民丟臉」，更指責鴉片貿易是一種罪行，是大英帝國的恥辱。

義律的表現引起了維多利亞女皇的注意，女皇說：「要和諧，要維護我們英國人的光輝正面形象。我建議派義律這個德品端正的年輕人，去跟中國人接觸。」

正說著，郵遞員跑了進來，「報告女皇陛下，有一個中國人給妳寫了封信。」

誰寫的？啥信啊？維多利亞女皇打開書信，一看就樂了，「噢，原來是那個睜開眼睛看世界的林則徐寫來的，這應該是中國與我國在歷史上的第一封外交書信吧！快瞧瞧都寫了些什麼！」

林則徐在他的信中寫道：「天朝之所以臣服萬國，當然有想像不到的神威，日後不要說沒有預先警告之……」

維多利亞女皇看了好幾遍，看不懂，就問身邊的人，「寫的是啥意思啊？」

身邊的人解釋道：「這封信的意思是說，你丫英國人給我放老實點，敢扎刺，滅了你們！」

維多利亞女皇頓時有點頭暈，「不會吧！中國人怎麼會這麼亂寫呢？這肯定是人家林則徐問候我呢，你們給翻譯錯了。」

於是命義律起行，去與林則徐接洽。

義律興沖沖地趕到虎門，參加了林則徐舉辦的盛大銷煙儀式。這儀式至今還刻在石雕上呢，是大長中國人志氣的標誌，每個中國人都熟悉得不能再熟悉。

儀式完了，林則徐拿過來一疊子文書，遞給義律，「簽字吧！」

啥玩意兒也不說清楚，就讓我簽字？義律打開文書，登時目瞪口呆。

原來那紙文書，是由林則徐親自擬定的，要求義律擔保夷商再也不將鴉片輸入中國的切結，又叫保證書。

他連連搖頭，對林則徐解釋說：「老林啊，你這個擔保書我不能簽，爲啥呢？跟你這麼說吧！按照我們國家的法律，我是沒有這個權力的，不僅我沒有，就連女皇陛下也沒有這個權。」

林則徐火了，「啥意思？難道你不是你們英國的全權代表？」

義律解釋說：「我是英國政府派來的全權代表，是代表政府來與你談判的，我不可能代表任何一個英國國民，更沒有權力替他們簽字。就算是簽了，也不作數，因爲我們是一個自由國家。」

林則徐怒不可遏，「難道你們國家的百姓，都不忠於你們的皇帝？」

「我們爲什麼要忠於女皇？」義律大爲驚訝，「英國人沒有向女皇效忠的義務，相反，女皇效忠於國民才對。還有，我們英國的商人是沒有服從女皇命令的義務的，他們不需要聽從任何人的指指點點。」

林則徐震驚了，「天啊！英國人竟然派來了一個奸臣，這可不得了！這廝竟然說他不忠於他們的女皇，天啊！這可是滅九族的謀逆大罪！老天爺，快點把這個逆賊給本官轟走。」

8 忠臣與奸臣的理論

義律在香港弄了個法庭，官司打過，五名黑人被判決有罪，送回了英國服刑。這事惹火了林則徐，道光更是早就忍無可忍了。

剛剛將大奸臣義律轟走，林則徐又把他叫了回來。

「奸臣義律，你們英國不法商販，在九龍悍然打死了我國的良民林維喜，立即給我把殺人兇手交出來，否則這事沒完！」

「殺人兇手……老林，不帶這樣亂講的。我確實知道貴我雙方發生了衝突，但像殺人兇手這種詞，本身是不能亂用的，只有法庭才能裁決當事人是否有罪，我們最多只能說是犯罪嫌疑人。」

「法庭？這可巧了，這玩意兒我們大清國不缺。你把兇手交出來，等我坐堂判決他有罪！」

「你得先和當事人的律師接觸。」

「你這個大奸臣，又來胡說！律師這東西在我們大清國是非法的，稱之為惡訟師，屬於需要嚴打消滅的不安定因素。再者說了，那兇手既然打死了人，只能老老實實地低頭認罪，豈有一個亂說亂動的道理？居然還敢請律師？真是曠古奇聞，曠古奇聞！」

「老林，你的腦子……反正咱們倆尿不到一個壺裡，還是我自己來吧！」

義律斷然拒絕了林則徐的引渡要求，自己在香港弄了個法庭，替當事人請了律師。官司打過，五名黑人水手被當庭判決有罪，全被送回了英國服刑，因為義律不相信大清帝國可保證當事人的安全。

這事惹火了林則徐，還要再和義律這個大奸臣理論，道光早就忍無可忍了，當即發來電報：「林則徐，你腦子進水了嗎？跟他一個大奸臣，有什麼好理論的？給朕打他個狗日的……」

大清帝國宣佈，所有的英國商人，甭管好歹，統統趕走。舉凡敢與英國商人貿易者，又或是哪怕跟英國佬搭上一句話，一概以漢奸論處。中國的大門，正式對英國關閉。

消息傳回英倫三島，維多利亞女皇跳上馬車，飛奔向國會。

「女士們先生們，大家好！大清帝國丫的犯賤，悍然拒絕與咱們大不列顛貿易。我提議，打道光個狗日的，同意的請舉手！」

就聽嘩的一聲，國會裡猶如開了鍋，所有的議員們都揪住身邊的人，激烈地廝打起來。當中有一半的議員反對向大清帝國宣戰，認爲戰爭是非法的，不人道的，不符合國際公義的。另一半議員則認爲像大清國和道光這種原始人，你不打他個鼻眼烏青，他就學不會進化。

英國國會議員們足足打了三天三夜的架，到了第三天，大家終於打累了，於是當場表決。表決的結果，兩百七十一票主張宣戰，兩百六十二票反對，戰爭派只占了微弱的多數。不要緊，足夠了。鴉片戰爭由是開始。

宣戰決定傳達到英國全權代表義律處，義律當時就哭了。

「你們他媽的只知道開戰，可是你們知道我們面對的是啥東西嗎？你們誰有本事把宣戰書給大清帝國送去，我願意管他叫爹……」面對著極度「英勇」的大清國臣民，直到最終，義律都未能完成將宣戰書送達的任務。

9 漂流瓶中的宣戰書

小火輪被中國方面的炮火轟得煙薰火燎，狼狽不堪地逃了回來。這事怎麼辦呢？宣戰書送不到，難道大家就這樣打道回府，不發起戰爭了？

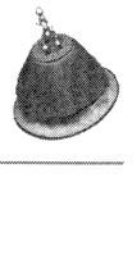

西元一八四〇年，一艘英國人的小火輪船打著白旗，興高采烈地出發，向著中國的福建廈門駛去，準備向中國官方遞交宣戰書。

火輪船行近海岸，被炮台上的清軍發現，當即毫不客氣發動一通猛烈的炮轟，打得火輪船上的英國人哭喊連天，淚流滿面。怎麼回事？英國人互相詢問：「莫非是中國方面已經向我們宣戰了？怎麼就沒聽說這事呢？如果沒宣戰，他們怎麼上來就開炮呢？如果宣戰了，怎麼就不跟咱們打聲招呼呢？」

大清國就是這樣，才懶得跟你打招呼，想開炮就開炮，你丫不服過來！

英國小火輪快快而退，宣戰書無法送達。宣戰書沒有送到，也就沒法子開戰，聚集在九龍海面上的英國艦長們打成一團，再派一艘小火輪船去。

小火輪駛去沒多久，又被中國方面的炮火轟得煙薰火燎，狼狽不堪地逃了回來。

英國的十六艘軍艦繼續吵架，吵過之後，再派出第三艘小火輪船。這次更慘，壓根沒靠近海岸便慘遭魚叉狂戳，硬是給戳了回來。

這事怎麼辦呢？宣戰書送不到，難道大家就這樣打道回府，不對中國發起戰爭了？要是這樣，回去還不得讓國會議員們生吃了？最後，義律想出個妙法。他說：「你們不了解中國人，中國人吧，是一種原始動物……唉呀！跟你們說也說不清！就這麼說了吧！這封宣戰書你是沒辦法送到的了，可這麼一來，按照國際公法，咱們就沒辦法和中國軍隊開打。如此當然不行，所以我建議，咱們弄個漂流瓶，把宣戰書放進去，我就不信了呢，過上個三百年、五千年，還漂不到中國？」

眾艦長大喜，連聲說：「妙計，妙計，端的妙計！義律這廝，不愧是中國通，還是他有辦法對付這些滾刀肉！」

於是英國人將宣戰書塞入漂流瓶中裡，投入海中，就算完成了對大清帝國的宣戰，然後眾英艦氣勢洶洶，向著虎門撲了過來。

英國人此來，激怒了中國一位老英雄：關天培。且看老英雄關天培如何施展諸葛神兵妙計，讓這些不開眼的蠻夷洋人，見識見識天朝上國的神威！

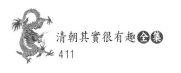

10 諸葛武侯神兵妙計

鎮守虎門的中國守軍的正義行動，令英國佬愕然變色。「中國人在幹啥呢？他們怎就不說開炮，幹嘛要繞著那座小山發顛狂奔？」

眼見得十幾艘英國軍艦氣勢洶洶地撲向前來，民族英雄關天培憤怒了，他跳下炮台，立即命令士兵們列隊集合。

士兵們列隊了，關天培一看，不行啊！自己這方面的守軍太少了，統共才幾十個人，還不到英國人的一個零頭，哪夠人家英國佬打的啊？

怎麼辦呢？

眉頭一皺，計上心來。老英雄關天培當即下令，所有的士兵，列成一隊，繞著小山沒命地給我跑！

士兵們開始繞著小山狂奔起來，呼哧呼哧……終於跑了一圈。關天培又下令：繼續跑，沒完沒了地跑下去，誰也不許停下來！

大家只好繼續飛奔，直累得眼睛翻白，口吐白沫……

鎮守虎門的中國守軍的正義行動，令英國佬愕然變色。「我靠！這些中國人在幹啥呢？他們怎就不說開炮，幹嘛要繞著那座小山發顛狂奔？」

「哈哈哈……」關天培仰天長笑：「你們這些蠻夷洋人，哪裡曉得我天朝上國的智慧博大精深？此一招，源自於三國時代的諸葛武侯，稱之為疑兵妙計，是在敵眾我寡時運用的破敵絕招。只要你讓那三、五十人繞著小山不停地跑下去，敵方就會嚇破膽子，以為你這邊有著數不清的大隊人馬，正絡繹不絕地從後方開來。遇到這種情形，敵酋豈有不抱頭鼠竄之理？」

妙計，絕對妙計！

英國兵徹底看呆了，「奇怪！好奇怪！這些中國人，腦袋裡邊都是怎麼想的？乾脆轟他一炮試試……」

轟！英國侵略者轟出罪惡的炮彈，民族英雄關天培壯烈殉國。

11 內褲大作戰

楊芳知道，再可怕的妖術，在女生內褲面前也無計可施，遂星夜發動廣州全城女子，踴躍捐贈穿過的短褲褻衣，要給英國侵略者迎頭痛擊。

殺害了民族英雄關天培，英國鬼子氣勢洶洶地奔向廣州，還未上岸，卻已「聞風色變」。只見廣州城頭上，迎風招展的，是無數件穿過的女生內褲，以及成盆成桶的狗血和糞便。如此濃烈的臭味，薰得英國侵略者抱頭痛哭。眞是太痛苦了！打仗你就打仗吧！弄這麼些髒東西上來，會薰出人命來的！

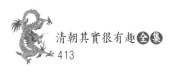

原來，這些女人的內褲與糞便，都是廣州參贊將軍楊芳的妙計。此人精通國學，知道再可怕的妖術，在女生內褲面前也無計可施，遂星夜發動廣州全城女子，踴躍捐贈穿過的短褲褻衣，要給英國侵略者迎頭痛擊。

英國侵略者確實被整得慘了，一個個拿手捂住鼻子，相互商量說：「中國人這麼奇怪……轟他們兩炮試試……」

轟轟幾聲，糞便並狗血激噴，短褲與褻衣齊飛，廣州城陷落。

目睹如此戰狀，時人有詩讚曰：

楊枝無力愛東風，參贊如何用此功？

糞桶尚言施妙計，穢聲傳遍粵城中。

鴉片戰爭並不像一般中國人想像得那樣淒慘，事實上，戰爭一開打，大清帝國這方面，其實是捷報頻傳，不斷地從一個勝利走向另一個勝利。

最鼓舞人心的戰報，當屬寧波方面的中國守軍，他們發佈戰報說：英國女皇的妹妹被逮到了！這個消息，令臣民們極度亢奮，白山黑水之間，黃河兩岸之地，到處是奔走歡呼的人民群衆。

只有林則徐極度鬱悶，因爲他心裡明白，寧波方面逮住的所謂的維多利亞女皇的妹妹，充其量不過是一個擦皮鞋的洋大娘。這種事蒙得了一時，蒙不住一世。眼見得英國人來勢洶洶，怕是難以善了。

眼下的危境，急切需要才智之士的協助。

放眼大清國，誰人可稱爲才智之士？

12 天下第一罵人高手

龔自珍基本上來說是逮誰罵誰，並且專罵朝廷各級領導。所以領導們聽得龔自珍來到，趕緊倒履相迎。萬一迎接得晚了，他能罵死你祖宗三代。

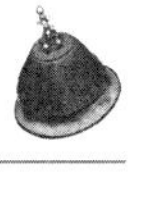

林則徐出門到處去找，進到了一扇門裡，剛剛走進去，就聽見裡邊正有人破口大罵：「飯桶！酒囊飯袋！白癡！蠢豬！這些朝廷官員吃得腦滿腸肥，卻無一計可對洋人，真是丟盡了他們八輩子祖宗的臉……」

這位兄弟，在歷史上赫赫有名。他便是中國歷史上震鑠古今的天下第一罵人高手，著名的清代愛國主義詩人，龔自珍。

龔自珍有句名詩：九州生氣恃風雷，萬馬齊暗究可哀。我勸天公重抖擻，不拘一格降人才。這句名詩幾乎成了固定成語，人人會背。此外還有散文《病梅館記》，以犀利的筆法揭露了大清帝國對人才的摧殘與壓制，堪稱驚世之作。

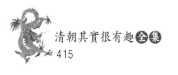

但是，龔自珍寫詩寫散文的時候並不多，更多的時候在罵人，而且不挑不揀，基本上來說是逮誰罵誰，並且專罵朝廷各級領導。所以領導們一見到他，無不是腳脖子麻軟，後脖梗嗖嗖嗖直冒涼氣。但聽得此人來到，趕緊倒履相迎。萬一迎接得晚了，他能罵死你祖宗三代。

總之，龔自珍，才子也，這是假不了的。

看到林則徐走進來，現場的聽眾們急忙站起來迎接，「欽差大人來了……欽差大人吃了沒？沒吃的話，買二斤大果子去我們家吃吧！我們家有開水……欽差大人，兀那蠻夷洋鬼子，還沒有消滅殆盡嗎？」

林則徐也不回答他們的問話，笑著問：「你們在聊什麼呢？這麼熱鬧。」

眾人道：「我們正在聊……聊奸人……」

「哦！原來你們說的是奸險之人。」林則徐笑了，拿手一指龔自珍，「世上最險惡最奸詐的人就坐在這裡，還有什麼好聊的？」

在場者大驚，「欽差大臣，他……龔自珍可是著名的愛國主義詩人，怎麼能說他是奸人呢？」

便聽林則徐朗聲回答道：「夫奸人者，無一計爲國所謀，無一策爲民所想，唯其尖酸刻薄，陰損毒辣。像他這種人，你說他有才，卻對國家、對民族、對百姓，對任何人都沒有價值。你說他無才吧，他卻是眼高於頂，趾高氣昂，任何人也不放在眼裡。這種

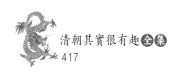

人，讓他爲國爲民，哪怕是吹口氣，他都不肯，難道不是奸詐險惡之人？」

「沒錯，我們是飯桶，是酒囊飯袋，我們在和洋鬼子打交道的過程中，是一錯而再錯，甚至可以說是笑話百出，丟人現眼，可非錯不可，非得丟人現眼不可！這是因爲我們在做事情，而且是在做一件史前未有之事，沒有任何經驗可以借鑑，沒有任何人來指點。每做出一個決定，沒有任何比較參考，根本無從料知此後的結果，只能是摸著石頭過河，閉著眼睛捉麻雀，通過不斷的試錯來瞭解對手。每錯一次，都會遭受到如酒囊飯袋這般無情的指責，但每錯一次，便會更瞭解對手一些。除非有一天，已把所有的錯誤統統錯上一次，否則就仍然不足以瞭解對手。這意味著什麼？意味著還要繼續錯下去，還要繼續丟人現眼，繼續被別人罵爲酒囊飯袋……」

這邊正說著，那頭，龔自珍悄悄地站了起來，低著頭往外走。

有人問：「老龔，你幹啥去？」

龔自珍回答了一句：「去趟洗手間先……」急匆匆逃離了現場。

衝著龔自珍逃走的方向，林則徐狠狠地呸了一口，罵道：「龔自珍，如果你只是一味的指責謾罵，卻始終不肯爲你的國家和民族做點什麼，那麼，我敢保證，到了你子孫後代，不出三輩，一定會出漢奸！」

眞讓他說著了，日後，龔自珍的兒子龔半倫竟然領著英法聯軍放火燒掉了圓明園。

罵走龔自珍同時，林則徐明白，自己已經不可能在中國的知識份子中獲得任何幫助了。偌大的大清帝國，睜開眼睛的就他一個人，其他人都閉著眼睛罵娘呢！

沒辦法，只好再把錯誤犯下去。

無奈返回，聽到英國軍艦長驅趕往天津大沽的戰報，心下惶急，心說不得了了，這大清帝國痲煩大了！連忙發佈通告，號召全國各種族人民行動起來，與英國侵略者展開不屈不撓的鬥爭。通告上說：但凡有俘獲英船一艘者，賞銀十萬。但凡有破壞英船一艘者，賞銀三萬。活捉英國大奸臣義律者，賞銀五萬。提大奸臣義律人頭來見者，賞銀三萬。俘殺一名洋夷白種人者，賞銀五百。俘殺一名洋夷黑種人者，賞銀三百……

欽差大臣的通告一發佈，霎時間洋鬼子們群情激憤，紛紛指責：「老林，你丫搞什麼搞？竟然把消滅人的寶貴生命作爲戰爭的目標！你知道不知道以人爲本？你知不知道戰爭的目的是什麼？告訴你，老林，戰爭是爲了保護生命，不是爲了消滅生命！」

林則徐聽得目瞪口呆，「原來我又錯了！原來戰爭的目的不是爲了殺人，是爲了救人。可這能怪得我嗎？中國歷史上的戰爭多了去了，全都是以殺人爲目的的，哪裡有爲了救人才發動戰爭的？都怪你們洋鬼子，不早點告訴人家，害我又弄出了笑話……」

犯了錯，就要承擔相應的責任。很快的，聖旨下：林則徐惹得洋人生了氣，鬧得友邦驚詫，現解職流放，充軍發配至伊犁。

13 這個皇帝好唬弄

屍諫的消息傳出，穆彰阿嚇得魂不附體，飛奔到王鼎家裡，欺負死者家屬不懂法律，要過奏章一瞧。好啊！果然是字字句句都在揭發！

出主意把林則徐充軍發配的，是朝中著名的奸佞之臣穆彰阿。

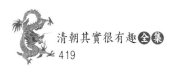

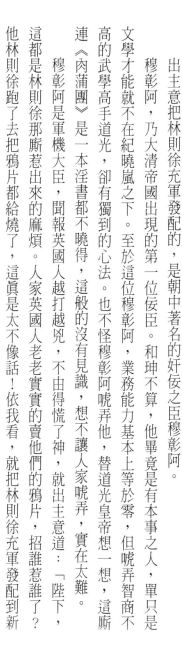

穆彰阿，乃大清帝國出現的第一位佞臣。和珅不算，他畢竟是有本事之人，單只是文學才能就不在紀曉嵐之下。至於這位穆彰阿，業務能力基本上等於零，但唬弄智商不高的武學高手道光，卻有獨到的心法。也不怪穆彰阿唬弄他，替道光皇帝想一想，這廝連《肉蒲團》是一本淫書都不曉得，這般的沒有見識，想不讓人家唬弄，實在太難。

穆彰阿是軍機大臣，聞報英國人越打越兇，不由得慌了神，就出主意道：「陛下，這都是林則徐那廝惹出來的麻煩。人家英國人老老實實的賣他們的鴉片，招誰惹誰了？他林則徐跑了去把鴉片都給燒了，這眞是太不像話！依我看，就把林則徐充軍發配到新疆去吧！這樣洋人才會罷手。」

「准奏。」道光皇帝笑瞇瞇地點頭。

「陛下不可！」另一位軍機大臣王鼎跳了出來，「林則徐這個人我是曉得的，他可是中國睜開眼睛看世界的第一人，如果說有啥事情連他都擺不平，別人就更沒指望了。更何況在這件事上，林則徐是什麼錯也沒有，即使有錯，那也是試錯，不應該就這樣將過失全推到他一個人身上。」

道光皇帝聽了，笑曰：「王愛卿，你丫喝多了吧？怎麼淨說些胡話呢？」

王鼎氣得跳腳，「陛下，我沒喝多！」

「那下去再喝點。」道光皇帝一揮手，幾個太監上來，架住王鼎的胳膊腿，撲通一聲扔了出去。

他氣炸了肺，「陛下你這個昏……我要屍諫！」

屍諫，是古之臣子進諫的最盛大儀式。大臣為了進言，不惜搭進自己一條性命進去，目的就是為表白絕對的忠心，絕對的不存私心。故而歷朝歷代，哪怕主政者是最昏最昏的昏君，都對屍諫有著明確的制度。

這制度就是，一旦有大臣屍諫，朝廷必須要有更高級的官員趕到現場，一草一木都不得擅動，所有一切細節必須報交到皇帝處。哪怕這個大臣的建議是錯的，也要表彰其義烈之心。如果大臣是對的，皇帝必須要公開對屍諫者的政績做出正面評價。

王鼎知道，除非屍諫，再也沒有第二個提升道光皇帝智商的辦法了。回到家中，先關上門寫最後的奏章，把穆彰阿欺上瞞下的罪行狠狠一通揭發，然後懸樑自盡。

屍諫的消息傳出，穆彰阿嚇得魂不附體，生恐道光皇帝因此而明白過來，找自己算帳。於是飛奔到王鼎家裡，欺負死者家屬不懂法律，要過奏章一瞧。好啊！果然是字字句句都在揭發！當下眼睛一眨，想出來個壞主意，對王鼎的家人們說：「壞菜了，你爹自殺就自殺吧，怎麼可以在奏章裡罵皇帝呢？你們知道這是何等重罪嗎？我靠！可不得了，你們全家都要被拖到法場上，千刀萬剮的啊！」

王家人嚇壞了，「穆伯伯，這可怎麼整？你快點救救我們！」

「放心放心！」穆彰阿安慰道：「你們不知道，我和老王是同事，他活的時候啊，我們的關係那叫一個鐵，怎麼可能不管你們呢？等著！我來想個辦法……」

穆彰阿把王鼎最後的奏章銷毀，自己另行寫了一個，拿到了朝堂之上，向道光皇帝彙報。道光問：「老穆，老王他是怎麼回事？怎麼好端端的突然自殺了呢？」

「唉，這事……」穆彰阿歎息又搖頭，「陛下，我也沒辦法瞞你了，老王這個人啊，是因為老婆有了外遇，偷野漢子，一時想不開……」

「老王這個人腦子一根筋，智商太低，難怪他老婆瞞著他偷野漢子。對了！老穆，我聽說蠻夷奴酋……就是那個叫義律的英國大奸臣，也被充軍流放了。」

啊！有這等事？

14 此案至今未破

林則徐立即出發，曉行夜宿，勞累不堪。繼續前行，行至廣寧行館。是夜，突然欠身而坐，大呼曰：「星斗南！」而後溘然而逝。

英國全權代表義律遭到貶斥，和林則徐被充軍發配，幾乎發生在同一時間。都是在鴉片戰爭剛一開始的時候，己方政府就迫不及待地動手了。

對於義律的表現，維多利亞女王是說不出來的鬱悶。你說這個義律，他居然連宣戰書都沒給人家中國人送過去，就衝人家轟轟轟亂開炮，他拿自己當什麼了？他以爲自己也是不懂禮貌的中國人嗎？

維多利亞女皇指責說：義律是「一個完全不遵守指令，只想努力爭取最短任期的人」，將他調到了北美德克薩斯任英國代辦。

至於林則徐，則是愉快地在新疆和各族人民打成一片，於當地興修水利，惠澤一方，至今仍被當地人民奉之爲「神人」。

此後的大清帝國宛如一棵軟柿子，任由列強捏弄，而全中國唯一睜開眼睛的林則徐，卻在新疆吭哧癟肚地挖河渠。

這一日，林則徐正在泥水中勞作，忽有八百里加急快馬如飛而至，「接旨！道光皇帝因爲智商過低，現已活活笨死，目前由咸豐出任了帝國皇帝一職。現今皇帝有命，命林則徐疾速啓程，速速趕往廣西，將太平天國的洪秀全快點消滅。欽此，謝恩。」

林則徐立即出發，曉行夜宿，勞累不堪，途中得病，且病情迅速加重，臥床難起。大家都勸他別太焦急，以免累到自己。

林則徐回答：「苟利國家生死以，豈因福禍避趨之。」

繼續前行，行至廣寧行館。是夜，突然欠身而坐，大呼曰：「星斗南！」而後溘然而逝。

一代偉人，一代智者，就這樣辭別人世。唯其臨死之前所喊的「星斗南」是謂何意，至今無人破解。

有史家猜測說，林則徐是福建人，他喊的應該不是星斗南，而是胸口疼。

另外有一本《南亭筆記》說，林則徐是被人毒殺的。兇手事先將毒藥塗於轎子中的扶手板上，時值盛夏，天氣炎熱，毒氣被太陽一曬，蒸發開來，直入林公口鼻，將其毒死。但這兇手是誰，該書堅決不肯說。

也有人作《知過軒隨筆》，書中說，毒死林公之人，姓伍，叫伍崇曜。此人聞知林則徐再度被朝廷重用，就以數萬金爲酬，買通了林家人，用劇毒之藥物，研成粉末，摻入蠟燭之中。林則徐每天晚上都要點燃蠟燭，閱讀文件，天長日久，被毒煙浸淫入臟腑，因此死亡。

但無論是哪一種說法，都缺乏更進一步的佐證。一代民族英雄林則徐的死亡事件，到今天仍然是一則懸案，未能偵破。

第9卷

被奪去的骨頭

送進宮裡的衣服，清一色是開襠褲，咸豐本人，似乎並不樂意陪洪秀全玩。他啊，更喜歡和女生們玩。

1 皇帝太黃太暴力

散花妃子一驚，本能地把抓緊了秋千的雙手鬆開。跟著就見皇帝再一用力，將她生生甩到高空中，飛了出去，而後重重地摔下來。

有一本叫《十葉野聞》的怪書，書上說，西方黑，日頭落，大清出了個大暴君。

這個暴君有多麼殘暴呢？

書中說，這個暴君啊，那可是有史以來第一淫暴之人，縱然是紂王、隋煬帝也無法與之相比。爲了將淫暴進行到底，更上一層樓，他秘密設置了一座天體娛樂園，弄來了一群熱愛大清國的美少女，統統關在裡面，還不許人家身上穿衣服，就這麼赤裸著身子，在花園裡相互追逐。

當然，女生們裸身在前面跑，皇帝光著身子在後面追。

追上之後幹啥呢？

誰問的這個問題？思想真是太不純潔了，咱們繼續說正事……

話說有一天，皇帝在花宮裡追美女追得累了，一頭栽倒在草坪上，呼呼大睡。四個年輕貌美的女孩子仍然圍在他周圍，奔來跑去地捉彩蝶。正捉得高興之際，皇帝突然驚醒，吼叫一聲，拿胳膊一摟，一邊兩個，竟將四人全都挾了起來。

他挾著女孩子們出了花園，下了台階，到了一座廣場之上，將她們丟在地下，命令道：「都給老子跪好了，不許動，看老子幾彈弓能打死妳們！」說著話，眞的操起彈弓，瞇起一隻怪眼，就要射擊。

這眞是飛來橫禍，四個年輕的女孩子嚇得魂飛魄散，不由得放聲大哭，拚命哀求：「陛下，親爹，老公……求你了，別打死我們……我們錯了，我們再也不敢了，求陛下饒過我們吧……」

皇帝聽了，只是發出幾聲殘酷的陰笑，繼續用彈弓瞄準。

眼看這四個花季少女就要慘死於彈弓之下，卻在這時，旁邊走過來一個漂亮小宮女，歡快地拍手叫了起來：「好耶好耶！陛下，這個遊戲好好玩耶！人家也要玩！」

皇帝吃了一驚，心說怎麼這丫頭比我還要殘暴？就斜眼看著那宮女，冷笑道：「給妳彈弓，能打中她們嗎？」

小宮女說：「能的，不信我打給你看！」眞的接過了彈弓，做勢射擊。

四名人靶子呆呆地看著這一幕，跟著齊聲罵了起來：「花尾巴狐狸精！小賤人！賤貨！早就知道妳不懷好心，想害了我們幾個，好獨佔陛下的恩寵！陛下，你可別上這個騷狐狸的當啊！」

小宮女置若罔聞，忽然轉口說：「陛下，這個遊戲拿彈丸打，不太好玩，讓我給您看一個更好玩的吧！」說著話，順手從旁邊的樹上掐下一朵未開欲放的蓓蕾，當作彈丸用。嗖的一聲擊出，啪！一個女生的腦門上綻開紅瓣，繽紛四落，說不盡的好看。

這時候，四名被當成活靶子的女生才明白，人家小宮女是冒生命之險來救她們的。

皇帝咯咯怪笑起來，說：「妳們這四頭蠢豬，眞是不識好歹！人家救了命，還不知道磕頭感謝嗎？」

四名女生逃出生天，忙不迭地跪倒在地，叩謝小宮女的救命之恩。

然後，皇帝興奮地對小宮女說：「朕最喜歡聰明伶俐的女生了。來人，給朕就地鋪上紅地毯，朕要幸御了這女孩！」

書上描述這一幕場景的時候，說：乃自與之嬉戲，盡歡始止。因封此姬為散花妃子，位在諸姬上，寵冠曹偶。

小宮女盡得歡寵，被封爲散花妃子。就這樣寵幸了幾日，忽然皇帝對說：「愛妃啊，朕最喜歡看的，就是妳在盪秋千時候的美妙身姿了，爬上去給朕盪一個可好？」

皇帝有命，妃子豈敢不從？散花妃子就依了皇上的話，盪起秋千來。

她坐在秋千上，皇上親自推動。越推，用上的力氣越大；越推，秋千盪起得越高。

猛然間，皇上目露凶光，大喝一聲：「散花妃子，給老子鬆開手！」

散花妃子一驚，本能地把抓緊了秋千的雙手鬆開。跟著就見皇帝再一用力，將她生生甩到高空中，飛了出去。

散花妃子飛出好遠好遠，而後重重地摔下來。只聽砰的一聲，可憐的姑娘當場被摔得肢體殘破，奄奄一息。

皇帝哈哈大笑，掉頭轉身走遠。

慘案發生之後，娛樂園中的美少女們全都嚇得呆了，再也不敢停留下去，紛紛去找太監求情：「太監哥哥，我把我所有的銀子都給你，求求你帶著我逃走吧！哪怕被你賣到妓院裡去，我也無怨無悔……」

娛樂園中的美少女逃散一空，那位殘暴的皇帝呢？他早就把這些女生給忘了，不管不問，繼續過他的荒唐日子。

書上最後說，這位有史以來最黃最暴力的皇帝，不是別人，正是大清帝國的第九屆皇帝，咸豐是也。

2 這個女人有點冷

巡城官帶著人馬飛快趕到，「哪裡來的登徒子，先吃老子一刀……」衝到跟前，仔細一瞧，我靠！那個小流氓不是皇帝本人嗎？

散花妃子的慘遇，雖然聽起來令人無比悲憤，這件事的精確程度卻是相當可疑。不過，咸豐皇帝那廝的個人德品有點差勁，倒是學界的共識。

關於咸豐，還有一個眞實程度比較高的故事。

北京城南住著一對夫婦，丈夫是個臭皮匠，妻子卻是絕色美人，尤其是婦人的那雙手，雪白細膩，晶瑩如玉。每當這婦人站櫃台賣貨的時候，從來都是一口報價。買客們兩眼只顧直勾勾地盯著她那雙玉手，魂都飛到天外了。若是能摸上去親一口，恐怕要了老命他都幹。

由是，這美婦人榮獲了「蓋南城」榮譽稱號。又因爲她對任何人都不假辭色，冷若

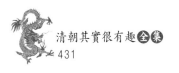

冰霜，縱然有男人想打她的主意，也不可得，所以人又稱之為「冰花」，意思是美麗歸美麗，就是太冷了。

寒氣逼人啊！這個女人有點冷。

結果這件事，被咸豐皇帝聽說了——可見這皇帝比較操蛋，那麼多的饑民嗷嗷他聽不見，唯獨就聽到了這件事。於是換了一身普通工作人員的服裝，帶著一群親信，嘩啦啦跑來看美女。

到了地方，原來是一個貧民窟，一路上走過去，腳上踩滿了垃圾，咸豐卻是興致不減。到了一家骯髒的店鋪門前，向裡一看，就見一個美貌女子，神色端莊，正在縫製皮具。咸豐皇帝當場脫口叫了一聲：「哇靠！真是名不虛傳啊！這小娘們兒曲眉雪色，果非凡品，雖布裳蓬垢，不能遮掩其天香國色也。」

書中形容：帝木立神癡，目注視不轉瞬。

剛好此時從隔壁走出來一個老頭，一瞧這架勢，頓時火了，「這是哪來的流氓地痞，跑這裡來騷擾良家民女來了？快給我滾！」

咸豐的侍衛親信們一聽更火，指著老頭的鼻子，破口大罵：「老不死的，竟然敢惹老子，信不信老子宰了你？」

雙方就此罵了起來，越罵越是激烈，到了最後，左鄰右舍全都提著夜壺尿桶衝出門來，和老頭一起大戰皇宮侍衛，更有人飛跑了去報官。

巡城官帶著人馬趕到，「哪裡來的登徒子，先吃老子一刀……」衝到跟前，仔細一瞧，我靠！那個小流氓不是皇帝本人嗎？當下哈哈一笑，翻身下馬，「原來是上級領導來視察美女……不是，來這裡訪貧問苦，體恤民情來了。你們這幫糟老頭子瞎嚷嚷啥？還不快點排好隊，跟我大聲喊口號：領導好，領導好，領導就愛滿街跑……」

咸豐笑瞇瞇地向群眾揮了揮手，「鄉親們，你們辛苦了！」而後便在侍衛的簇擁下，急急回宮了。

皇帝前腳結束對美女的考察，後腳京城緝捕力量便傾巢出動。可憐那皮匠婦人的丈夫，剛剛走到家門口，就被一群如狼似虎的差役們按倒在地。

皮匠婦人也被抓了起來，放聲大叫：「救人啊！我沒有罪，你們憑什麼抓我？」

巡官小心翼翼地道：「這不是抓捕，是請妳去見一位首長。」

婦人繼續大吵大鬧：「我才要不見什麼狗屁首長，我要見我的丈夫！」

巡官搖頭道：「遲了，太遲了，還不知道嗎？妳丈夫剛剛已經正式宣佈，與妳解除夫妻關係了。」

「不可能！」婦人抵死不信。

巡官解釋說：「妳丈夫現在不再是一名臭皮匠了，他已經正式成了大清帝國的光榮公務員。人家都是公務員了，還缺女人嗎？」接著不由分說，強行將婦人抬進了一幢華麗的大宅院。

在大宅院裡迎接婦人的，竟然就是住在隔壁的老頭和老太太。

只見這老頭與老太太滿臉尷尬，說道：「隔壁大嫂，我們也是沒辦法，是上級領導要求我們來給妳做思想工作的。妳說吧，人家首長那麼辛苦……現在，首長就是想和妳睡一覺，咱們當群眾的，不能覺悟太低啊！連陪領導睡覺都不肯，這樣也未免太……未免也太辜負領導的厚望了吧？」

這個婦人，最終成了皇家御用品。

荒唐絕對是咸豐的一部分，但不是全部。

關於這個皇帝，還有其他方面的評價。

3 皇帝的雙重人格

現場突然爆出一聲響亮的……鼾聲！這下子，在場者全都傻眼了，當著皇帝的面，正商量著國家大事，這老臣子可好，他居然……

單純地把咸豐皇帝說成是無道昏君，這是不公正的。事實上，有三件事，足以把他推向「明君」的隊伍。

頭一樁，是替民族英雄林則徐報仇，解聘佞臣穆彰阿的職務。

與上一屆的昏聵道光不同，咸豐皇帝相當欣賞林則徐的爲人，甫一登基就替他平反，並提請他消滅太平天國。可惜林則徐年紀老邁，竟犧牲在上任途中，咸豐聞之，哇哇大哭，親自作輓聯悼念，聯曰：

答君恩清慎忠勤，數十年盡瘁不遑，解組歸來，猶自心存軍國；

殫臣力崎嶇險阻，六千里出師未捷，騎箕化去，空教淚灑英雄。

願意絞盡腦汁琢磨這麼一副對聯，暫時撂下北京城的那麼多美女不去看，這咸豐皇帝，說起來也夠意思了。

寫好了輓聯，他痛定思痛，想起來有林則徐這樣的偉人，帝國竟不能用，說來都是穆彰阿那廝太缺德。當即召此人上殿，指著鼻頭一頓痛罵，要不是看老穆好歹也是三朝元老的情面上，只怕腦袋當時就得搬家。

解除穆彰阿一切職務，永不敘用。

詔下，天下稱快。

稱快沒多久，忽然有太監上來報告：「報告陛下，咱們家尚書房的房門啊、門檻壞了，是不是換一扇高級進口的新門？」

咸豐搖頭，「鋪張浪費是極大的犯罪，就去外邊找個皮匠師父……不是，找個木匠師父進宮來修修吧！」

過不了兩天，尚書房的門修好了，太監拿著單據進來報帳，「陛下，你簽個字吧！修這扇門，我可是墊進去不少的錢啊！」

咸豐將單據拿過來一看，只見上頭寫著：房門維修費用五千兩銀子。當場就怒了，「你他媽的死太監！修他媽的一扇破門，你敢跟老子報銷五千兩銀子，你拿老子當我爹了？當年你們欺負我爹智商過低，喝一碗湯都敢報六萬兩銀子的帳，這事老子一直替你們記著呢！現在又玩這一手，甭廢話，先給我拖下去，打丫個半死再說！」

「陛下陛下，五千兩銀子聽上去是貴了些，可宮中的開銷有嚴格制度的啊……」那太監還待解釋，板子早已劈哩啪啦落下，當場打得他半死不活。

咸豐繼續吩咐道：「打完了送到刑部去，給我抄了他的家。」

霎時間，太監魂飛魄散，「陛下陛下慢點！是我弄錯了，不應該是五千兩銀子，應該是五十兩才對。嗚嗚！都是不法商家搞的鬼，陛下，你一定要狠狠懲罰那些黑心的不法商販……嗚嗚……」

一頓板子拍下，硬是節省開資四千九百五十兩銀子。相比於道光的弱智，這個咸豐還是有點性格的。

打完了太監，咸豐宣召重臣們入殿，商量商量該拿這個破國家怎麼辦。

大臣們進來了，按老習慣跪在皇帝腳下，談論起洋鬼子的不像話，愈發氣憤滿胸。卻在氣憤中，現場突然爆出一聲響亮的……鼾聲！

眾人大駭，仔細一瞧，原來是一位年邁老臣，七老八十的年紀了，拖著身體往咸豐腳下一趴，眼睛一閉，竟然不知不覺熟睡了過去。

這下子，在場者全都傻眼了，當著皇帝的面，正商量著國家大事，這老臣子可好，他居然……

就見咸豐站了起來，拿起一件衣服，替那熟睡的老臣蓋在身上，然後招手叫來幾個小太監，讓他們動作輕一點，將這老頭抬出殿去。就這麼趴著睡覺，絕對不是一個好習慣，會把身體睡得僵硬的……

替林則徐平反、暴打太監、善待上了年紀的老臣，單從這三件事情上看起來，這位皇帝不應該是天天在大街上撒歡看美女的無聊之徒啊！

種種奇異的記載，讓咸豐的真實形象，陷入五里迷霧之中。

4 撲朔迷離的兩面帝王

洪秀全起事前肯定是要有輿論宣傳工作的，對皇帝的抹黑，必不可少。所以啦，咸豐兄弟的真面目，由此變得五花八門，再也難以辨認。

如果能夠找到更多的記載，必定會發現，咸豐的個人性格與執政能力愈發的撲朔迷離，讓人莫衷一是。

《滿清外史》中，提及咸豐皇帝的死因，說了這麼一件離奇的事：

咸豐十年七月，英法兩國的鬼子悍然進犯天津大沽，陷東西炮台，入天津，逼通州，火焚圓明園，烽火連天，不遑寧處。戰報傳到朝廷，於是咸豐說：「那啥，咱們去承德避暑山莊去檢查一下工作吧！當領導的，不能總是高高在上，你們說是不是？」

陛下北狩熱河，出發在即，首先走出皇城的，竟是一支梅花鹿隊伍，浩浩蕩蕩，橫無際涯。

書中暗表，這個咸豐啊，比較受宮中的女生們喜歡，因爲宮裡就他這麼一個男人，不喜歡他也不可能啊！咸豐不願意辜負廣大女生的綿綿情意，每日勤於房事，幸御不停。就這麼個搞法，導致了大病不斷，小病相連，面黃肌瘦，身體虛弱。

於是有名醫指點說：「陛下，你這種情形啊，最適合生飲鹿血。夫鹿血者，大補也，一口鹿血，十粒偉哥啊……」

咸豐皇帝因此在宮中養了幾百頭鹿，每天逮一隻，咬住脖子猛勁吸血。現在要逃離北京，這鹿群自然要帶上的。

鹿群隊伍就要上路，旁邊有大臣攔阻，「陛下，你發什麼神經啊？現在兩國鬼子已經到了家門口，你能不能逃得了都難說呢，還帶著這麼多的鹿幹嘛？」

結果，咸豐自己去了熱河，鹿群就留在了北京，聽說後來都被英國和法國鬼子燒烤著吃了。

到了熱河之後，咸豐皇帝愈發沉迷於聲色，而且玩得更兇，生怕洋人突然追到，以後就沒女生可玩了，豈不是虧大了？如此玩啊玩，玩啊玩，玩得身體嚴重透支，卻找不到鹿血來喝。結果，可憐的皇帝，就這樣離開了人世……

類似的奇怪段子太多了，我們真的沒有辦法弄清楚咸豐其人了。爲了正本清源，還是回歸他的個人簡歷吧！

• 姓名：愛新覺羅．奕詝
• 出生年月日：一八三一年七月十七日
• 籍貫：北京市圓明園遺址
• 屬相：兔
• 星座：巨蟹座
• 血型：AB型
• 身高：一百六十九公分
• 體重：四十八公斤
• 職業：皇帝
• 特長：無，但深受廣大女生喜愛
• 社會關係：
　父親：愛新覺羅．旻寧
　母親：鈕祜祿氏

十六歲：結婚，娶妻薩克達氏。

二十一歲：出任大清帝國第九屆皇帝。廣東不第秀才洪秀全，自稱耶穌的弟弟，創建非法群眾組織天父天兄天王太平天國，武裝割據永安，陷桂林、道州、益陽、漢陽。有書生曾國藩練鄉勇，是為湘軍之始。

二十三歲：太平天國洪秀全攻克江寧，改為天京，實現了九省區武裝割據，清軍力不能支。

二十四歲：太平天國翼王石達開封鎖鄱陽湖口，夜襲清營。曾國藩不支遁走，投水自殺未遂。

二十五歲：清軍反攻上海，太平將劉麗川敗走。

二十六歲：太平軍再入江西，困曾國藩，擊潰江南大營。後太平天國內亂，諸王相殺殆盡，唯遺陳玉成、李秀成二人。英輪亞羅號入珠江口，兩廣總督葉名琛命逮船上中國籍水手，以漢奸之罪論處，並火焚洋樓，美、法、英三國商館付之一炬。

二十七歲：懿妃葉赫那拉氏立為貴妃，是為西太后。英法聯盟至廣州，執葉名琛，送往孟加拉，關入玻璃籠子之中，收取門票費用，任人觀賞。

二十八歲：清軍再建江南大營，進逼天京。太平將李秀成擊斬浙江布政使李續賓。

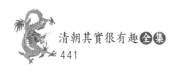

二十九歲：重大高考舞弊案爆發，多名舉子貶竄邊關。科爾沁親王僧格林沁於天津大沽擊轟英艦，英艦狼狽鼠竄。太平軍陳玉成與撚軍陷安徽定遠，又陷長天。翼王石達開進入廣東。

三十歲：太平軍李秀軍再度擊潰江南大營，值此以滿洲人為主力的軍隊宣告徹底覆亡。此後的戰場，將由曾國藩的湘軍盡領風騷。英法聯軍重返天津大沽，陷炮台，僧格林沁退守通州，並於談判間執綁英國領事巴夏禮。英法聯軍進逼北京，悍然發動戰爭。咸豐帝逃往熱河避難。

三十一歲：卒於熱河。死後，兩宮太后慈禧、慈安聯手發動政變，盡殺咸豐帝之顧命大臣，於養心殿中垂簾聽政。

這份個人簡歷讓我們恍然大悟，怪不得有關咸豐兄弟的形象，歷史上的記錄亂七八糟，相互矛盾。原來這廝生來便是倒楣蛋，處於大歷史的夾縫之中，內有洪秀全的太平天國形成的武裝割據，外有英法兩國鬼子調皮搗蛋。

不說英法兩國的鬼子，單只是一個洪秀全，起事前肯定是要有輿論宣傳工作的，對皇帝的抹黑，必不可少。

所以啦，咸豐兄弟的眞面目，由此變得五花八門，再也難以辨認。

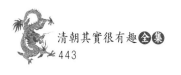

5 像史學家那樣瘋狂抄襲

這裡說，老四的師父悄悄說：「傻孩子，到了皇上面前，你一旦開口，鐵定要吃大虧，最聰明的法子就是閉上嘴。」這樣的內容……好熟悉啊！

史家說，道光那混球，在後宮裡生下了一大堆孩子。起先是生一個死一個，但從老四開始，不解何故，後面的孩子們都活了下來。這其中，老四和老六，是爭奪帝王之位的熱門人選。

按理來說，老四的能力本事稀鬆平常，老六卻是精明幹練，能力過人，雙方的帝位相爭，不該存在任何懸念。但是，老四有一位好老師，名叫杜受田。這是一個極爲奇怪的老頭，偷偷教了學生兩手，結果讓老四嗖的一聲竄上帝位，贏得了這場賽事。

杜老頭都教了他學生什麼本事呢？

皇四子之師父為杜受田，皇六子之師父為卓秉恬。道光之季，宣宗衰病。一日召二皇子入對，將藉以決定儲位。二皇子各請命於其師，卓教恭王，以上如有所垂詢，當知無不言，言無不盡。杜則謂咸豐帝曰：「阿哥如條陳時政，智識萬不敵六爺，唯有一策，皇上若自言老病，將不久於此位，阿哥唯伏地流涕，以表孺慕之誠而已。」如其言，帝大悅，謂皇四子仁孝，儲位遂定。

看看這段記載，真是太離奇了！這裡說，老四的師父知道自己教了個笨學生，就悄悄教給學生說：「傻孩子，你比不了人家老六啊！到了皇上面前，你一旦開口，鐵定要吃大虧。所以呢，最聰明的法子就是閉上嘴。」

這樣的內容……好熟悉啊！

沒錯！這段記載，抄自於古典小說《三國演義》中的段子。

小說中說，曹操的兩個兒子曹丕和曹植爭奪繼承人之位。曹植聰明伶俐，出口成章，曹丕卻笨頭笨腦，比不過弟弟。於是就有高手教給曹丕說：「比聰明，你是比不過你弟弟的了，但如果比愚蠢呢，你肯定會贏。咱們就這麼著，等再見了你爹的時候，什麼話也別說，只管兩眼流淚，扯住你爹的衣襟不肯撒手……」

臨到曹操出征，曹植閃亮出場，對著父親朗誦了一首《洛神賦》，聽得曹操眉花眼笑，連聲說：「瞧我這個兒子，多聰明啊！」

輪到了曹丕，這廝仿照計劃安排，一句話也不說，只管眼淚汪汪地揪住曹操的衣襟不肯鬆手。曹操看得心裡發毛，不由得心生酸楚，「還是這個大兒子關心我啊！我要離開了，這孩子傷心的……那什麼，我弄下這麼一座鐵打的江山，和那成堆的如花美女，不留給這樣的兒子，還留給誰？」

由是，曹丕勝出。

在這裡，咸豐爭位的故事，居然跟人家曹操一家毫無差別。究竟是小說影響了歷史，還是歷史抄襲了小說？

更要命的，咸豐這廝把《三國演義》抄到這份上還不夠，後面還有更狠的：

方旻寧之在位也，於諸子中，酷愛第六子。謂其類己，欲以神器付之。於金匱緘名時，幾書奕詝名者數矣。以奕詝尚無失德，齒且居長，故逡巡未決。時濱州杜受田，適為奕詝師父，微知其意之所在，欲擁奕詝以成非常之動。一日，旻寧命諸子校獵南苑，奕詝循例至上書房請假，會受田獨坐齋中，問將何往，以奉命校獵對。受田乃耳語曰：「阿哥至圍場，但坐觀他人騎射萬勿發一槍一矢。並約束從人勿捕一生物。覆命時上若問及，但對以時方春和，鳥獸孕育，不忍傷生命，以干天和，且不欲以弓馬之長與諸弟競也。如是必能契合上意。」奕詝至場所，竟弗馳逐，覆命時無所獻，旻寧詢之，具如受田所教以對。旻寧大喜曰：「是真有人君之度矣。」立儲之議遂決。後數歲旻寧疾歿，奕詝御極，即晉杜受田為協辦大學士。

這裡說的是老四咸豐跟隨老爹道光上山去打獵，老六左右開弓，射得獐鹿滿地亂蹦，老四卻揣著兩手，在一邊看熱鬧。等到了清點戰利品，老六排名第一，老四戰績爲零。

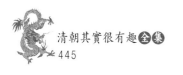

老爹道光納悶，問其緣由。老四按照杜受田老師的教導，說道：「時方春和，鳥獸孕育，不忍傷生命，以干天和，更不願意以弓馬之長，與諸弟競也。」

老四的話，聽得道光目瞪口呆，當場棄弓於地，曰：「這小王八蛋還眞是塊做皇帝的料子！」

可是，這段故事，於我們而言，也是太過於熟悉了。

小說《三國演義》中，曹丕快死的時候，要在兒子堆中挑選接班人。爲了考較兒子們的心意，就帶著他們上山打獵，途中發現一頭母鹿帶著一頭小鹿狂奔，於是一箭射翻母鹿，催促兒子曹睿快一點把小鹿射殺。不曾想，小曹睿棄弓於地，垂淚曰：「陛下已殺其母，兒何忍再殺其子？」當場聽得曹丕目瞪口呆，將萬里江山轉授。

咸豐這廝可眞是奇怪了，他抄就抄吧！偏偏只逮著曹操一家抄個不停，難道這種歷史性的瘋狂抄襲，也隱含著深藏不露的帝王哲學？

6 高妙的帝王哲學

真正高妙的帝王智慧，不需要有什麼神機妙算，只需要對當事人形成有效刺激，就足以奏效。

帝師杜受田教咸豐的這兩手，居然都是從小說《三國演義》中抄來的，這委實有點讓人提不起情緒來。

相當部分史學家懷疑，這兩段記載是無聊的小文人坐在屋子裡瞎琢磨出來的。小文人沒什麼見識，但好歹《三國演義》還是讀過的，所以當他們瞎猜咸豐是如何擊敗皇家老六的挑釁，入主龍椅的過程時，猜不透其中的花樣，只好從小說裡摘抄。

不怪史學家這麼想，仔細看這兩段文字，抄襲的氛圍真的太過於濃烈。

鬧心的是，這記載居然被寫入了《清史稿》。

《清史稿．杜受田傳》云：

至宣宗晚年，以文宗長且賢，欲付大業，猶未決。會校獵南苑，諸皇子皆從，恭親王獲禽最多，文宗未發一矢。問之，對曰：「時方春和，鳥獸孳育，不忍傷生，以干天和。」宣宗大悅，曰：「此真帝者之言。」立儲遂密定，受田輔導之力也。

如此明顯的抄襲，居然進入了《清史稿》中，真有點麻煩。

有什麼麻煩呢？

權威性！

故事雖然是抄襲來的，可一旦寫入《清史稿》，那就意味著此事經由最權威的部門與人士的鑑定，宣佈有效。也就是說，這樣的事情，的確發生過。

這件事情竟然是真實的歷史，同時證明了兩件事：

頭一件：上一屆皇帝道光，智商確實有問題。

那廝好歹也是國家的儲君，活了一輩子，竟然連《三國演義》都沒看到過，讓人家隨便從書中抄兩段，就把他擺平了。

第二件：真正高妙的帝王智慧，不需要有什麼神機妙算，只需要對當事人形成有效刺激，就足以奏效。

真正的大智慧其實是無心的，不會被既有的原則、經驗和思考方式侷限，能充分靈活、充分彈性地深入變動詭譎的難局裡，洞見常人所不能見的問題核心，察知常人所不

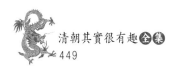

能知的長遠發展。

而其擬定的對策，也往往出乎常人的想像，甚至乍看起來是違反常識的。唯有等到問題完全解決，才能看清深遠通透的智慧。

對於這種智慧的演說，孔子失馬的故事，堪稱典型例證。

孔聖人孔丘在世的時候，率領門人弟子出門旅遊，途中，駕車的馬兒吃了農夫的莊稼。農人很生氣，當即將孔丘的馬抓了起來，關在馬廊裡，聲稱要以此馬抵償被吃掉的莊稼。

學生們知道了這件事，就公推最具舌辯之才的子貢出馬。子貢是知名的辯士，滿嘴的伶牙俐齒，只要一張嘴，便能夠口吐蓮花，傾動天下。去了之後，滔滔不絕地和農夫展開了大辯論，引經據典，妙喻如花，正說得高興，不提防那農夫操起木鍬，一木鍬將他打出門來。

子貢狼狽而歸，回來後對孔子說起這事。孔子哈哈大笑，曰：「你這個不知變通的蠢蛋！用別人聽不懂的道理去說服他，就好像請野獸吃國宴、請烏鴉聽交響樂一樣，能管用嗎？」

連子貢的辯才都不管用，怎樣才能要回自己的馬呢？

孔子說：「簡單，讓趕車的車夫去一趟好了。」

於是大字不識的車夫出馬了，到了農夫的家門前，一腳踹開門，兩眼一瞪，「怎麼了，不就是馬吃了你家幾棵秧苗嗎？丫欠揍是不是？老子的馬吃你的莊稼，是瞧得起你，你丫還敢扎刺啊？」

農夫說：「你看你這個人，怎就這麼野蠻呢？我們又不是搶你的馬，是怕你家的馬吃了新莊稼不消化，所以才……好了！你快點牽走吧！」

馬夫輕輕鬆鬆地把馬牽了回來。

帝王智慧的最高妙境界，說穿了也就一句話：面對不同的對手，選擇最合適的招術。

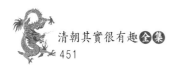

7 帝王發明家

送進宮裡的清一色是開襠褲，為的是方便咸豐隨時隨地的幸御。史家聲稱，滿清入關，對人類文明有著十大貢獻，開襠褲能夠列入第幾大？

智慧不分深淺，面對什麼樣的對手，只要懂得選擇最合適的招數，就足以立於不敗之地。咸豐皇帝針對於他爹道光腦子不夠用的特點，單只是從《三國演義》中抄了兩段，就贏了這一局。當他面臨著太平天國洪秀全的挑戰之時，又有什麼招數呢？

史書上說：咸豐沒招，無計可施，反倒是洪秀全妙手無窮。事實上，愛新覺羅一家始終懷疑，咸豐莫非是上輩子欠了洪秀全？所以洪秀全這輩子討債來了。

世傳文宗與太平軍相始終，最奇者，文宗生於基福堂，堂內懸有洪範五福匾額，故監侍多稱洪福堂若預為洪氏先兆者，已奇矣。而文宗方即位，洪即起事金田，咸豐改元，洪亦建號太平天國。及文宗崩而洪亦旋歿，遂復江南，抑何其巧奇哉。天生洪氏，若故與文宗為難。然非文宗之才識亦不克平亂，其時外患內憂交迫而至，洪軍連占至十數省，英法聯兵，南北並憂。文宗用人不疑，當機立斷，屢瀕絕滅，卒挽危亡。而朱批手敕，剴切感人，尤不可及。天假之年，中興立致。後來隱患，何自起哉。又傳文宗臨命時，兩后以軍事為憂，帝曰：「大亂即平矣。憂不在此。」聞者愕然，而不知實有先見云。

這是《四朝佚聞》一書中的記載。書中說，咸豐皇帝和太平天國的洪秀全，有緣份：

第一：咸豐皇帝生於基福堂，他出生的時候，堂內懸有洪範五福的匾額。這裡有一個「洪」字，所以這匾額，當是兩人結緣的先兆。

第二：咸豐即位之年，正是洪秀全於廣西金田大搞群體事件的時候。咸豐改年號，人家洪秀全也弄了個太平天國出來。

第三：咸豐在位十一年，死掉，洪秀全也是當了十一年的天王。咸豐死後，他也急不可耐地死掉了。這能說不是緣份嗎？

第四：咸豐皇帝臨死之前，東太后慈安，西太后慈禧，兩個太后都擔心江南的戰爭，他卻搖頭說：「沒事了，我一死就全都消停了。」果然，這老兄前腳死，後腳曾國藩就將太平天國徹底消滅了。

總之，咸豐和太平天國的洪秀全兩人之間，似乎有著某種神奇的默契，那洪秀全分明是跑來陪他玩的。等咸豐蒙主寵召，魂歸極樂，洪秀全也不用繼續在人世間待了。

咸豐四年粵賊據揚州，諸將帥圍攻之，賊守堅不能下。乃奏請決湖水以灌之。文宗皇帝赫然批答曰：「便不得揚州，無並傷吾百姓也。」聖祖愛民之深，真與天地同廣大矣。不十年而奏廓清之功，有以哉。

這是《庸閑齋筆記》中的一段故事，記述內容極為奇特。

故事中說，洪秀全的太平天國在揚州趴窩，死活不肯挪開。清兵拚了老命的進攻，仍然拿不下來。軍方領導就向咸豐皇帝請示：「報告首長，咱們使用水攻之法吧！來個水淹揚州，淹死那幫不明眞相的群衆。」

咸豐皇帝哭了，說：「揚州城裡，哪一個不是爹生媽養的啊？你們出這麼損的主意，也能忍心？就這麼說吧！朕寧可不要揚州，也不允許你們傷害到我的百姓。」

這麼看起來，莫非咸豐眞的是一位「明君」？可這天底下，哪有把人家妙齡少女從秋千上甩出去活活摔死的明君呢？

咸豐不取揚州，其實因為他知道，在他和洪秀全兩人共同參與的這個遊戲之中，能否拿下揚州，並不重要。那什麼才重要呢？

專利發明！被英法兩國鬼子狂攆到熱河之後，他發明並改良了女生專用的開襠褲：

文宗末年，以關內騷亂，已視為無可挽回，西狩木蘭，實備事急東歸之計。一己則縱欲自戕，以冀遄死，故近侍官人，不著窮褲，群皆開襠，名「梭背襠」便其隨時可以幸御也。及後，虛羸已甚，猶日服方劑以振其欲，唯下體畏寒異常，及冬尤甚，乃於衣緊內特製一物以溫下體，製以貂皮縫綴，而襲以黃絨，綴扣帶，以便繫援，歸內務府承造以進。有滿人錫元庭者，在同治初以參將與剿北撚軍士，其人本在內務府服官，經治其事，為人言之如此。

這段故事，來自一個滿族幹部錫元庭，此人曾參加過剿滅北撚戰役，復員轉業後在內務府工作，主要職責是替咸豐一家子提供衣物。

據他敘述說，送進宮裡的衣服，清一色是開襠褲，讓宮人穿在身上，為的是方便咸豐隨時隨地的幸御。可是咸豐不懂得養生，幸御過度，導致了下體陰寒冰冷，不得不又用貂皮黃絨專門縫製了一個安全套，套在下身上。

有史家聲稱，滿清入關，對人類文明有著十大貢獻。不曉得咸豐發明的這些開襠褲，能夠列入第幾大？

不過不管怎麼看，我們都能發現這樣一件事：咸豐本人，似乎並不樂意陪洪秀全玩。他啊，更喜歡和女生們玩。

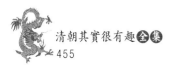

8 洪秀全其人其事

此人說話，正常人是很難聽懂的。一旦聽懂了，多半已經有了麻煩，洪秀全的宣傳有著一種特殊的語境，能對傾聽者產生奇妙的腐蝕效力。

現在，不能不說到洪秀全了。此人居然能夠於萬里河山之間，與咸豐分庭抗禮，坐斷東南，若不是眞的有點本事，也難有如此輝煌的人生成就。

洪秀全是如何成就他的事業與人生呢？

最早的時候，洪秀全在他的老家廣東進行政治宣傳。他說：「我是上帝的小兒子，是耶穌的弟弟，是來拯救你們的，快把你們家裡的錢都給我！」可是沒人理他。

洪秀全很鬱悶，轉去廣西，遇到了當地豪族楊秀清，聽他這麼一說，覺得有戲，就讓他坐在椅子上別亂動，自己帶著蕭朝貴、馮雲山、石達開等兄弟們開始四處宣傳：「你們知道嗎？洪秀全是上帝的小兒子，是耶穌的弟弟，是來拯救你們的，快把你們家裡的錢都拿出來，我替你們交給他！」

可惜如此轟轟烈烈宣傳了一番，還是沒什麼效果。洪秀全失望了，曰：「這活沒什麼意思，我還是回家自首吧！說不定朝廷會原諒我的錯誤，從寬從輕處理。」

說完這句話，人就回老家廣東了。不想前腳剛剛到家，後腳就被楊秀清派人追來，「老洪，快點回來！這邊兄弟們幹起來了，成功了！快點回來主持工作……」

怎麼這麼快就成功了呢？洪秀全顧不上問這個複雜的問題，急急返回，果然見兄弟們佔領了廣西永安，於是登基發佈詔書，曰：

人無天父從何出？生哥暨朕共老媽。爺親教朕讀神詩，憑詩認爺今無差。
爺又命哥教朕讀，天嫂勸哥悠然些。哥生三子並二女，朕有一子爺帶他。
天上有三十三天，爺哥帶朕戰層層。驅逐蛇魔閻羅鬼，即是撒旦把人纏。
層層逐他層層落，天將天兵護兩邊。朕時戰倦中安睡，周圍神使護後前。
老媽賜摘生命果，食飽大戰囑叮嚀。那時砍妖三份二，嚴將撒旦打落地。
爺歡封朕為天王，紙寫七字作號記。爺復遣朕主人間，半天囑朕放膽去，
凡有煩難爺出頭。爺哥戊申既臨世，爺哥降托東西王……

洪秀全的這紙詔書，曾經存檔於廣東督撫衙門。英法聯軍侵佔了廣州之後，推了輛手推車，將資料統統運到英國公共檔案局去了。這麼好的資料，就讓洋鬼子們束之高閣，

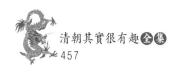

眞是對人類文明的極大罪惡。

基本上來說，現在我們看到的就是洪秀全的說話風格。此人說話，正常人是很難聽懂的。一旦你聽懂了，那你多半已經有了麻煩，因爲洪秀全的宣傳有著一種特殊的語境，能對傾聽者產生著奇妙的腐蝕效力。只要思維順著爺哥朕幼這撥人往下走，很快就會成爲信徒之一。

說洪秀全的成功太輕易，這分明是有點不太客觀。事實上，他對中國歷史是有著重大貢獻的，少說表現在三個方面：

頭一個，他創造了一個固定片語：中國人民。

「中國人民」這個固定片語，我們現在已經熟悉到了不能再熟悉，但在洪秀全之前，這個固定片語的組合方式並不存在，存在的只有「中國」和「人民」這兩個毫無關係的詞。洪秀全以其天才的創意思想，將兩個片語合了起來，從那一天開始，全中國人都跟在他的屁股後面學，都是他的學生。

第二個貢獻，是創造出了天父天兄天王太平天國這個稱呼。

這個稱呼目前被簡化爲太平天國，但這個詞是絕對簡化不得的，必須要嚴格地稱呼爲天父天兄天王太平天國。全稱就意味著這個國度是上帝耶和華、聖子耶穌和洪秀全他們三人的，跟別人沒關係。若是簡化，便會導致神聖國度的產權不清晰。

哥明詔父大於子，大辟見主傳今古。爺命哥今日生爾，哥升復命詔清楚。

上帝聖諱耶和華，哥名耶穌命自爺。士提反證哥立右，父大過子總無差……

總之，詔書上已經說得明明白白的了，以後讀書的人務必要正本清源，不能再簡稱爲太平天國了，一定要稱天父天兄天王太平天國，否則洪秀全他老人家會不樂意的。

此外，楊秀清因爲立功比較大，沒有楊秀清就沒有天父天兄天王太平天國，所以上帝親封了此人一個巨大的官，全稱爲：天父天兄天王太平天國傳天父上主皇上帝真神真聖旨聖神上帝之風雷勸慰師後師左輔正軍師頂天扶朝綱東王楊秀清。

單只是官銜就足足五十個字，估計那楊秀清就算背了三個月，也未必能夠弄清楚自己到底是個啥官。比楊秀清的官銜略短，但明顯長於其他領導官銜的，是蕭朝貴。這人的官名爲：天父天兄天王太平天國傳救世主天兄基督太子聖旨聖神上帝之雨電右弼又正軍師頂天扶朝綱西王蕭朝貴。一共是四十五個字。

洪秀全的第三個貢獻，也是最重要的貢獻，是首開選美大賽之先河，首肇超女大賽之先聲。

考試女子，取傅善祥為女狀元、榜眼鍾氏、探花林氏，招入偽府，令掌簿司批答。

這裡有個傅善祥，參加了天父天兄天王太平天國的高考，奪得了第一名，是中國的第一個女狀元。

這件事被兩個洋傳教士聽說了，飛奔前來，準備報導中國婦女解放運動的進程。倆洋鬼子到了，驚見女狀元傅善祥細嫩的脖子上套著好大的木枷，正在堂前示衆。

另有一個名叫碧娘的姑娘，被當眾拖了出來，剝除了全身的衣衫，淋上麻油，吊到高高的旗竿上放火焚燒，此之謂點天燈。

倆洋鬼子呆了，驚道：「不可以這樣搞，不要這樣胡來！上帝曰：要愛世人，愛你的女鄰居。這麼年輕貌美的女孩子，你們怎麼下得了手啊？」

「是這個樣子的……」楊秀清耐心地對倆外賓解釋說：「不是我們要燒死這個女生，我們好歹也是大老爺們兒，怎麼會幹這種事呢？可這是人家上帝的旨意。上帝說了：你得把那個女生燒死，不燒是不行的。」

「上帝啥時候說過這話？」

就是現在。只見洪秀全出列，走到洋鬼子面前，突然兩眼翻白，口吐白沫，渾身抽搐，口中發出怪異聲音：「我是上帝，你們快給我把那個小丫頭燒死，快燒……」

倆洋鬼子驚見如此人間怪事，抱頭鼠竄。

9 如何對付洋鬼子？

俄國鬼子搶走多少土地，都未必會影響到愛新覺羅一家的統治。英法美這仨洋鬼子，卻是要改變政治遊戲法則，這才是真正要老命的事情。

現在，我們該明白咸豐皇帝何以從來不將洪秀全視為對手了。人家洪秀全壓根也沒想跟他咸豐玩，兩個大老爺有啥好玩的？和咸豐一樣，他也只喜歡和女生們玩。所以啦，他和咸豐之間，是有著某種默契的，大家各玩各的，誰也別招誰，誰也別惹誰。

對付洪秀全，不需要咸豐動多少心思，因為他知道洪秀全也根本不會把心思放在他的身上。但是對付洋鬼子們呢？這又該如何處理？

咸豐召集群臣開會，集思廣益，群策群力，看看有什麼法子，滅了洋人。

大家說：「洋鬼子這些壞東西啊，頭頂長瘡，腳底冒膿，壞透了，不好搞！不過看起來呢，眼下的這些洋鬼子啊，就屬英國鬼子最可惡，他們老是胡扯什麼規則人權，明擺著是在玩咱們，見了就打，準錯不了。至於俄國鬼子，他們是咱們的友好鄰邦，而且俄國鬼子最恨英國鬼子，敵人的敵人就是咱們的朋友啊，所以咱們應該和俄國鬼子修好，說不定會讓俄國鬼子和英國鬼子打起來。還有美國鬼子，美國鬼子的腦子都有毛病，對他們只要能拖就拖，拖時間長了，他們自己也就不好意思再扯皮了。最後是法國鬼子，法國鬼子智商比較低，哄哄他們，騙騙他們，就算完事了……」

咸豐聽了，連連點頭，「沒錯，咱們大清國的基本國策，就是對俄國示好，對美國設法牽絆，對法國進行誘勸，對英國絕不客氣，堅決消滅！」

以現代人的眼光再來看滿清朝廷制定的策略，我們不難理解何以林則徐會成爲一代偉人。

林則徐雖然也不懂國際政治法則，最多只是個二把刀，可是他想出來的法子招數，至少能對上三成的路子。

也就是說，林則徐也得三七開，三分正確，七分錯誤。正確率雖然是低了一點，可好歹，比咸豐百分之百的錯誤強上許多。

看看咸豐這腦子糊塗的！那俄國鬼子當屬中國最大的敵人，因爲他們有著領土的野心。《璦琿條約》一簽訂，就將大片大片的領土劃拉到人家家裡去了，這是明擺著的強盜。對強盜示好，豈不是自討沒趣？

相反，英國鬼子也好，法國鬼子也罷，再加上美國鬼子，這些鬼子都是飄洋過海而來的，底線遠比俄國鬼子高得多。只要大清國允許中國百姓做生意，他們才懶得管你們那些閒事。

然而，咸豐皇帝的做法，也不能說是全錯。俄國鬼子搶走中國多少土地，都未必會影響到愛新覺羅一家的統治，可是英法美這仨洋鬼子，卻是要改變中國的政治遊戲法則，這才是眞正要愛新覺羅一家老命的事情。

有以國斃——寧肯讓整個中國陷入到萬劫不復的苦難深淵，也不肯放鬆皇權的制梃。這就是咸豐皇帝的邏輯與選擇，這就是遠古的帝王策術與人民福祉的衝突。

沒有辦法，英法聯軍已經來了，任誰也沒有辦法。

10

像狗一樣地搶骨頭

英法兩國鬼子殺至通州八里橋，有點心虛，再往前走就攻入首都了，這在國際上可是極壞極壞的影響，還是停下來遞交國書，搞個城之下盟得了。

西元一八五八年三月，英法聯軍及英、法、俄、美四國公使抵達天津大沽。科爾沁親王僧格林沁率領他的鐵甲騎兵，按照朝廷制定的基本國策，對法、俄、美三國鬼子網開一面，對英國鬼子要動真格的，打擊侵略者，毫不留情地予以殲滅。

僧王開炮了，轟轟轟，轟得英國鬼子狼狽鼠竄。

英國鬼子火了，糾結了法國佬，湊成了英法聯軍，氣勢洶洶又殺了回來。轟轟轟，雙方一通亂打，八千將士一哄而散，英法聯軍陷大沽炮台。

聞知這個消息，有御史陸懋宗星夜上書，書曰：「陛下，不得了了！有個事，我得提醒陛下。現今北京城裡，最出鋒頭的是一個雛伶朱蓮芬，那小夥子生得就甭提多美貌、多清嫩了。臣聞，陛下時常召朱蓮芬入宮變之，臣覺得這可不是什麼好事，陛下你丫也不說宮裡有多少美少女都閑著，你跟人家搶一個小男生幹什麼啊？有你這麼幹的嗎？」直言極諫，引經據典，洋洋數千言。

咸豐星夜推開睡在身邊的小男生朱蓮芬，拿起奏章來一看，頓時哈哈笑了起來，「這個老陸，你丫跟我裝什麼假正經？人家小朱早就告訴我了，你是他的男朋友，可他不愛你了，你還死皮賴臉！」

說著拿起朱筆，批了一行鮮紅的大字：如狗啃骨，被人奪去，豈不恨哉！欽此。

批閱過後，也不追究陸御史的吃醋過錯，立即傳令宮中打包，準備落跑。美其名曰：北狩熱河。

且說英法兩國鬼子殺至通州八里橋，有點心虛，再往前走就攻入中國的首都了，這在國際上可是極壞極壞的影響，還是停下來吧！遞交國書，馬馬虎虎搞個城之下盟得了。

中方全權代表載恆一見對方遞交國書，大喜。

靠！這洋鬼子費這麼大的勁，原來就是爲了送這麼一封信啊？於是堅決不接，就要氣死洋鬼子。

中方拒接洋鬼子的國書，明擺著讓英法聯軍下不了台。下不台，沒面子，還能怎麼辦呢？硬著頭皮往前走。

英法兩國鬼子氣勢洶洶地衝進了北京城，到處打聽咸豐皇帝的下落，想把國書送給他，卻無人知曉。只是聽說熱河之地有一個「且樂道人」，正自玩得開心。

鬼子鬱悶，遂到處尋找嚮導，終於找到了大詩人龔自珍的兒子龔半倫。此人提議道：「外國友人們，你們不遠千里，來到了中國，不想燒點什麼，熱鬧熱鬧嗎？」

燒啥呢？英法兩國鬼子進了北京城，就好比瞎驢進了瓷器鋪，根本不辨東西南北，只能聽嚮導的吩咐。

「好，我就帶你們去燒圓明園！」

龔半倫帶領英法鬼子來到圓明園，遇到圓明園的總管文務大臣文豐，正把一塊寫著「今日休息，暫不開放」的牌子往門上掛。

「哦，原來今天人家休息，來得不巧。」

要說洋鬼子就是傻，居然眞的老老實實地扭頭回去，龔半倫趕緊攔住他們，「你們這些傻瓜，他說圓明園不開放就不開放啊？別忘了你們才是佔領軍，就這樣傻呵呵回去，往後還有什麼臉見人？」

洋鬼子被龔半倫臊得面紅耳赤，只好硬闖進去，開始放火。文豐急忙上前，可是阻攔不住，大火已經燒了起來，急氣之下，一頭栽在火海裡自殺了。

這件事果然造成了極爲惡劣的國際影響，不唯是中國人憤怒，就連法國人自己都看不下去。遂有法國大文豪雨果憤然提筆，曰：有倆強盜，一個叫法蘭西，一個叫英吉利，他們闖入了古老的中國……諸如此類。

消息傳出，咸豐決定自殺。但，如何一個自殺法呢？

要不……沉溺女色而死，如何？

這是一個好主意。

咸豐遂找來四名美少女，一名牡丹春，一名海棠春，一名杏花春，一名陀羅春，史稱「四春」，拚了老命幸御。

感覺到四春的力度還不夠，又扯過來「天地一家春」——史上最著名的小美人慈禧，六個人劈哩啪啦，嘁哩哢嚓，狂玩起來。玩著玩著，果然見他兩眼一閉，笑曰：「我死後，哪管你洪水滔天……」

咸豐翹了辮子，正式結束大清帝國第九屆皇帝的使命。

第10卷

人格萎縮要人命

少年人的學習與人格成長，有一個循序漸進的過程。甚至連最起碼的政治鬥爭經驗也欠奉，如何處理得了國家大事？

1 地球過敏症

喝過露珠的凌波突覺腹中疼不可忍，慘叫一聲，跌下水中，淹死了。咸豐皇帝大駭，命人將露珠拿到司法部門一化驗，結果讓他毛骨悚然……

大清帝國的第九屆皇帝咸豐在世的時候，生活簡樸，作風嚴肅，擁有固定的性伴侶八十八名。史書上還說，他是位富有情調的皇帝，酷愛女生的小腳，所謂的裙下雙鉤是也。纖娘新月，潘妃蓮步，古今風流天子如一轍哉。

爲了更好地爲大清帝國百姓服務，咸豐暗中派出親信，潛伏在揚州，沒多久，果然逮來一個絕色美少女。那女生是如何一個美貌法呢？書中說：凌波之纖趺如削筍，至需人扶掖以行。腰枝鼠嫋，本可作掌上舞，益以蓮鉤，每小步花間偶一搖曳，輒如乘風飛去，帝絕寵之。總之，是美到了我見猶憐的程度，標準的一聽說就讓人流鼻血的極品。

也有人說，這個女生其實就是咸豐皇帝最寵愛的「四春」之一，也有人說不是。那

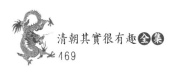

麼，到底是還是不是呢？這眞是天曉得，我們只知道，這個名叫凌波的女生，患有無比嚴重的潔癖。

潔癖是一種只有當事人才知其痛苦的嚴重疾病，西方有人將這種病戲稱爲「地球過敏症」，意思是說，患上這種疾病的人，已經不再適應於地球的骯髒環境了，火星上或許更適合他們。

凌波沒有去火星，而是來到了皇宮。或許她心想，這地球是髒得一塌糊塗，皇宮裡應該乾淨一點吧？

錯了！眞正來到皇宮，才知道這鬼地方處處骯髒，到處都是汙物。如此骯髒的環境，對身心健康造成了極爲嚴重的傷害。凌波瞿然如中蛇蠍，每遇一次必數日病。或因邋穢震顫，驟致傾付則悵恨欲覓死……

很明顯，這個女生漂亮是漂亮，但她的病情發展到了失去控制的階段，哪怕是看到一粒灰塵，都心如刀絞，痛不欲生。

看自己心愛的女人這般的痛苦，咸豐心如刀割，當即命人將負責打掃衛生的工作人員們統統拖出去，用木棒活活打死。但這一招無益於病情改善，反而刺激得更加嚴重了。

有一天，凌波對咸豐皇帝說：「皇上，你愛不愛我？」

咸豐說：「愛，怎麼不愛呢？我逮誰愛誰！」

「假如你愛我，救我一命吧！」

「咋個救法？」

「早晨時分，請讓我划著小船去荷花池裡，摘取夜晚時凝結在荷葉上的露珠，那露珠是冷凝的蒸溜水，最是衛生清潔了。我喝了蒸溜水，就能夠繼續活下去。」

「OK，都依妳。」

第二天一早，凌波果然獨自起床，蕩起小舟，駛入荷花池中，摘下一片荷葉，將凝結在葉片上的露珠一飲而盡，好甘美……不！不對勁，我的小肚皮怎就這麼痛呢？喝過露珠的凌波突覺腹中疼不可忍，慘叫一聲，失足跌下水中，淹死了。

咸豐皇帝聞之大駭，急忙跑來現場，命人將荷葉上的露珠拿到司法部門一化驗，結果讓他毛骨悚然——所有的荷葉，都被人塗抹了劇毒藥物。

這竟然是一起經過精心策劃過的宮廷謀殺案。咸豐怒不可遏，親自出馬偵辦此案，打死宮中不知多少宮女，但直到他臨死，始終未能破獲。

不怪咸豐偵破能力不足，因爲此案係犯罪界資深人士所爲，以他的智商和能力，遠不是這位大師的高手。

這位犯罪界資深人士，又是哪一位呢？

2 制度規定妳挨餓

皇帝一路北逃，沿途官員出面歡迎接待，每日裡的伙食，絲毫不亞於皇宮。不想到了懿貴妃處，卻發現那妮子餓成了皮包骨。

原來，運用了高妙的犯罪技術，殺害咸豐最寵愛的美少女凌波的兇手，是宮中素有「天地一家春」之稱的懿貴妃。

懿貴妃爲啥要殺害這麼一個少女？

這話問得就沒水平了，試想那美少女凌波不辭辛苦地從揚州趕到皇宮裡，到底是幹啥來了？

是來找男人來了。

宮裡有多少男人可供她挑挑揀揀？

就一個皇帝咸豐。

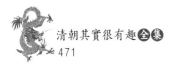

別忘了，宮中足有幾千名美少女閒置著呢！所以從入皇宮起，她的命運就已經決定了，從此將成爲所有人的死仇大敵。不幹掉她，大家哪來的好日子過？

殘酷啊！宮廷爭寵之戰，自古以來就是這麼殘酷。

話說懿貴妃舉重若輕地剷除了情敵，跟著把她的目光轉向了宮廷之外。這外邊有好多好多的男生，有沒有哪一個最欠揍？

就聽嗖的一聲，大學士肅順浮出了水面。

這肅順，又是個啥樣的人呢？

這個人，說起來也不算是太好，但也說不上有多麼壞，總之是一個很有能力的人。他的口頭語是：「咱們旗人都是王八蛋，一定要好好的對待漢人知識份子，丫那枝筆忒厲害，惹不起！」所以力主重用漢人名臣，對滿族等少數民族幹部實施了打壓政策，不讓他們搶男霸女。

這，理所當然地引發了皇親貴戚們的悲憤。

咸豐皇帝對於肅順比較倚重，雖然此人也沒有什麼對付洋人的絕招，但他保薦的那些漢人，如曾國藩、李鴻章，還多多少少能跟洋鬼子們較量幾招。這些新晉漢臣已經成了大清帝國的中流砥柱，造成了肅順在朝中地位水漲船高的事實。

卻當他春風得意，要風得風，要雨得雨的時候，出事了……

有一天，肅順正興高采烈地率了儀仗隊出門，忽然見一大票人堵在門前。他大怒，正要吩咐人拿下往死裡打，仔細一瞧，來人竟然由咸豐皇帝帶隊，後面還跟著一個小女生懿貴妃，嚇得魂不附體，急忙趴下問好，「皇上好，吃了沒？沒吃我家吃去！」

咸豐皇帝滿臉兇氣，不由分說指著肅順的鼻頭一頓臭罵：「你丫狂什麼狂？欠揍是不是？再要是惹了老子不高興，信不信老子滅了你全家！」

肅順被罵得不敢吭聲，心裡卻納悶，好端端的，皇上這是怎麼了？偷偷抬眼一瞧，我靠！就見懿貴妃拿小手帕捂了嘴，站在咸豐皇帝身後，咯咯直樂。

肅順心中火大，心說妳一個小丫頭片子，全部的工作職責就是供皇上洩火。我和皇上倆的事情，妳跟著摻和什麼啊？遲早有一天……

果然是風水輪流轉，明年到我家。不過是眨眼的工夫，英法洋鬼子就稀哩嘩啦奔著北京城撲了過來，咸豐皇帝當機立斷，打馬先行。

皇帝出逃可是一樁大事，沿途都需要人接待住宿，照料衣食。這個工作，派誰來最合適呢？

肅順，當然是肅順。

朝中大臣之中，唯有這個肅順還稱得上能臣，也就是多少能幹點實事，所以咸豐就將沿途接待的工作，理所當然地安排給了他。

卻說皇帝一路北逃，沿途官員出面歡迎接待，每日裡的伙食絲毫不亞於在皇宮裡的時候，吃得他雄心萬丈，就去找懿貴妃洩火。不想到了懿貴妃處，卻發現那妮子餓成了皮包骨，一見面就撲了過來，「皇上救命，我都快要餓死了！」

咦！這不是有許多大魚大肉嗎？怎麼懿貴妃給餓成了這樣呢？

派人一打聽，咸豐才知道，原來肅順只安排了他一個人的伙食，其他人等，如懿貴妃，每天只有兩碗豆漿喝，而且還不管飽。

聽了這情形，皇帝的俠義心腸被激發起來，於是拍著胸脯保證道：「貴妃莫擔心，等我去找肅順替妳說說情，讓他趕明兒個替妳也安排點吃的。」

咸豐皇帝去找肅順說情，萬萬沒想到，肅順一口回絕了他，「皇上不可！按照制度禮法，懿貴妃非得挨餓不可。不光是她得挨餓，除了皇上你自己，所有人統統都得挨餓。你想啊皇上，國家都被人洋鬼子欺負成這樣了，她們還有心思狂吃海塞？」

咸豐皇帝被說得雲山霧罩，只好回來對懿貴妃說：「不好意思，事情沒辦成，人家肅順說了，妳丫就得一路上挨餓，這是制度。」

懿貴妃聽了，怒火攻心。肅順，你小子欠揍是不是？

3 同治皇帝正式登場

慈禧沒能夠為大清帝國培育出一個像樣的皇帝來。由她親手栽培，並隆重推介給大清的皇帝，清一色水貨，偽劣產品。

話說咸豐逃到了熱河之後，發明了美少女的開襠褲，申請了國家專利，填補了世界發明的空白之後，死了。

臨死，他宣佈：「從今而後，我兒子載淳，就是大清帝的第十屆皇帝了。但是小載淳剛剛六歲，還在尿床，怕他缺乏經驗，被洋鬼子欺負，所以呢，茲任命以大學士肅順爲首的八大臣輔政。至於皇帝的印章玉璽，要交給東西兩宮的皇后管理。你們八大臣有什麼事情，跟東西兩宮的皇后商量著辦。」

東西兩宮的皇后，由此晉級爲東西太后。

東太后是慈安，而西太后，就是懿貴妃慈禧了。

說起這西太后慈禧，她在民間的名聲是相當的不好，爲啥呢？是不是因爲她打不過洋鬼子，被洋鬼子攆得滿世界亂跑？

倒不是這個理由。這西洋的鬼子們，是在完成了工業化進程之後，挾犀利的火器闖入中國的，莫要說慈禧只是一個女生，在前線戰場上那麼多的老爺們，也沒聽說有誰能幹得過洋鬼子。

民間人士不喜歡慈禧，自是另有原因。

這原因就是，慈禧是典型的失敗教育家，沒能夠爲大清帝國培育出一個像樣的皇帝來。由她親手栽培，並隆重推介給大清的皇帝，清一色水貨，僞劣產品。

身爲母親卻不懂得教育方法，難怪人民群眾不給她好臉子看。

至於慈禧到底是怎麼教育她的孩子們的呢？這個事，有必要先從同治小皇帝的個人簡歷說起。

- 姓名：愛新覺羅．載淳
- 出生年月日：一八五六年四月二十七日
- 籍貫：北京市長安街一號紫禁城儲秀宮東走廊西拐角
- 屬相：龍
- 星座：白羊座

•血型：AB型
•身高：一百七十一公分
•體重：四十二公斤
•職業：皇帝
•特長：評點春宮圖冊
•社會關係：
父親：愛新覺羅．奕詝
母親：葉赫那拉氏

六歲：出任大清帝國第十一居皇帝。兩宮太后打掉了以肅順、端華等八老頭為首的反太后集團，建立起垂簾聽政制度。
七歲：太平將李秀成攻上海，不克敗還。太平將陳玉成兵潰被俘，解送京師剮死。
八歲：太平軍石達開獨走大渡河，糧盡路窮，入清營被斬。
九歲：湘軍兵圍天京，太平天國天王洪秀全服毒自盡，城中軍民十餘萬皆死。
十一歲：左宗棠任陝甘總督，擊叛亂教民。
十三歲：伊斯蘭變民首領董福祥降，宦官安德海出宮，山東巡撫丁寶禎斬之。
十四歲：天津教案發生，修女數十人被殺，俄商三人被打死。兩江總督馬新貽與張文祥、彭某三人結義，不願同年同月同日生，但原同年同月同日死。盟罷，馬新貽殺彭某，姦其妻。張文祥遂密練藥刀，於校場閱校時刺之，此為著名的刺馬大案。

十六歲：兩江總督曾國藩卒。結婚成家，娶妻阿魯特氏。

十七歲：日本來朝，遞交國書，從此中國元首以平等禮節接見外國使臣。左宗棠平定回疆之亂。

十九歲：卒，死因不明。

單只看小同治的個人業績，感覺還是很不錯的，平定太平天國洪秀全，平定回疆之亂，除了日本人趁機折騰了一番之外，也沒聽說洋鬼子們再鬧什麼事。所以這段時間，在歷史上又稱之爲「同治中興」，意思是說以前國家的形式不是太好，但是到了小同治的時代，開始變得好起來，而且肯定能越來越好……

如此說來，這小同治應該不賴啊！

糟糕的是，中興時代的政績，偏偏都與同治小朋友本身沒什麼關係，這就註定了這倒楣孩子的悲劇。

4 小皇帝的家庭作業

輔政的八大臣相互牽制，兩宮太后與輔政八大臣相互牽制，兩宮太后又相互牽制，這麼一個扯皮搗蛋陣佈置下來，理所當然為小同治預留出了空間。

咸豐這個人，雖然拿洋鬼子沒得法子，不得不沉緬於女色之中，逃避現實。但他畢竟出自於帝王之家，起碼的帝王謀略還是懂得的。

不僅懂，而且精。

瞧瞧！他臨死的時候，給兒子小同治一傢伙留下了八個輔政大臣。不過是輔一個破政而已，哪用得著這麼多的人？

遺命八個輔政大臣，自有其利害考慮。

如果我們的記憶力還沒出什麼問題，應該會馬上想起來，同樣的事件，在大清帝國的歷史上已出現過一次。

那一次是順治死後，傳位給麻臉兒子小康熙。當時小康熙才八歲，於是順治給他留下四個輔政大臣。四個輔政大臣勾心鬥角，打成一團，最後是老家臣鰲拜勝出。

可當他熱烈歡呼勝利的時候，康熙的老奶奶孝莊皇后突然出現在歷史的陰影中，遞給康熙一把殺人的刀，「乖孫子，拿著這把刀，去把那廝宰了。宰了他，你就是當之無愧的一代帝王！」

於是小康熙智擒鰲拜，順利完成了他人格的昇華，由一個屁事也不懂的小毛孩子，成長爲能征慣戰的標準帝王。

老忠臣鰲拜，全部的價值就是用來給康熙試刀，這可憐的老傢伙不過是順治留給兒子的一道家庭作業題。

現在，大清帝國的第九屆皇帝咸豐，也給自己的兒子同治，留了一道與康熙一模一樣的家庭練習題。

而且，同治的家庭作業，比康熙更要簡單一些。

順治留給康熙的，是四個輔政大臣。四個老傢伙就打得不可開交了，咸豐這裡一傢伙就給小同治留下了八個輔政大臣，按照中國人窩裡鬥的老傳統，假以時日，八個老傢伙要是不打出幾百數千條人命來，就算咸豐瞎了眼。

爲了讓局面更加複雜化、扯蛋化，咸豐後面還有一手更絕的，便是將皇帝的玉璽交由兩宮太后掌管。知道兩宮太后和這八個輔政大臣尿不到一個壺裡，輔政大臣想做的事，兩宮太后肯定會扯皮，如此勢必激化矛盾，讓這夥人更拚命地打成一團。等打上幾年，小同治也長大了，恰好可以學一學康熙，把礙事的老傢伙放倒，趁機形成獨立性人格，成長爲專長惹是生非的一代明君。

除了牽制八個輔政大臣，咸豐甚至對兩宮太后也放心不下。這倆死丫頭，別看自己活著的時候她們小鳥依人，百依百順，說不定前腳剛剛蹬腿，這倆丫頭就立即叫一大群野漢子進宮……

這事在歷史上不止一次地發生過，許多皇帝臨死之前，最擔心的就是這個。

爲了防止太后紅杏出牆，咸豐又想了一個秘法，密授一紙朱諭詔書給東太后慈安，吩咐說：「咱們家的二奶小慈禧啊，這丫太聰明了，替我把她看牢點。她要是敢跟別的男人明鋪暗蓋，就給老子幹掉她，不用客氣。」

咸豐這廝太有先見之明！也許他早就知道，慈禧在入宮之前是有男朋友的，此人便是大清國十大傑出青年，榮祿。

榮祿其人，才智過人，身手非凡，還有史家一口咬定，慈禧曾經懷上過榮祿的孩子。後面這件事是眞是假不太好說，因爲我們缺乏第一手的資料，比如說慈禧或榮祿的性愛日記或光碟之類的。

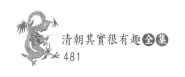

沒有當事人的親筆記錄，任何猜測與推理，統統不能算數。

總之，咸豐是個排兵佈陣的高手，按他排下來的這個陣勢，輔政的八大臣之間相互牽制，兩宮太后與輔政八大臣相互牽制，兩宮太后之間又相互牽制……如此一個扯皮搗蛋陣佈置下來，理所當然爲小同治預留出了成長空間。

按照事物發展的客觀規律，等小同治長大了之後，就輪到慈禧出來，遞一把殺人的鋼刀到兒子的手中，「乖寶寶，拿好這柄刀，出去替你娘把外邊的那幾個老傢伙統統宰光！那些壞男人，這些年來可把你娘給欺負慘了……嗚嗚……」諸如此類。

總之，咸豐替兩宮太后安排的，是早年間孝莊皇太后的活，也就是監督小皇帝完成家庭作業，成長爲一個眞正的男人。

可歎咸豐做夢也沒有想到，他留給兒子的這道家庭作業，好是好，卻被孩子他媽，把練習題給搶去做了……

5 不要迷戀姐，姐讓你吐血

咸豐皇帝前腳蹬腿，慈禧立即秘密接見了榮祿。卻不料此事被東太后慈安察知，當下火冒三丈，派人把慈禧叫來，給她看咸豐皇帝的遺詔。

打一個不恰當的比方，西太后慈禧與兒子同治，兩人之間的關係就好比一個孩子與督促他學習音樂的母親。

兒子的水平高低好壞，聽天由命。等到了比賽的時候，母親把兒子送到考場，站在門外等他出乖露醜，這就是算是完事了。基本上來說，每一個做母親的，都是這麼幹的。你看凜冽的寒風之中，有多少母親正瑟瑟顫抖，等待著兒子走出考場？

慈禧這位母親卻有點操蛋，牽著小同治的手，走到考場門口了，她卻突然發了飆，一腳踢開兒子，自己衝了進去，在考場上打考官、罵考生，攆得監考老師哭爹喊娘，到處逃命……

她是威風了，可考官能對她有好印象嗎？她兒子會高興嗎？她表現得越是優秀，越是出色，大家就越是上火。你說這裡有慈禧什麼事啊？幹嘛跟著瞎攪和呢？

慈禧又是怎麼攪和的呢？

這個事說起來，那可就複雜了。要知道，在歷史上，慈禧其人始終是籠罩在層層迷霧之中。她的歷史並不清白，甚至連她的出生地，都是諱莫如深。

單只是出生地，目前史家就分成五個你死我活的派系。

第一派：甘肅蘭州派。此派的學者斷言慈禧出生在甘肅蘭州，有不同意此一觀點者，罵之。

第二派：浙江乍浦派。該派學者斷定慈禧出生在浙江乍浦，凡不同意這一觀點者，批之。

第三派：安徽蕪湖派。此派學者認準了慈禧出生在安徽蕪湖，凡不支持這一派的人，貶之。

第四派：內蒙古呼和浩特派。這一派的學者堅信，慈禧出生在內蒙古自治區呼和浩特市落鳳街，有不同意見者，鬥之。

第五派：山西長治派，此派的學者認為慈禧出生在山西長治縣，當地甚至還有一個「慈禧童年研究會」。凡不同意這一派意見者，打之。

第六派……先別第六派了，單只是這五個派別，我們就知道慈禧這丫頭給大家添了多少的麻煩。連她的出生籍貫都沒有搞清楚，大清國的政審官員究竟是幹什麼吃的？籍貫都說不明白，這樣的女人，怎麼可以送到皇帝身邊去？

有一種說法認為，人家慈禧壓根不樂意進宮，為啥呢？

前面已經解釋過的，少女時代的慈禧，情竇初開，純眞爛漫，美貌慧黠，早就和男朋友榮祿月上柳梢頭，人約黃昏後了。

雖說，這種說法缺乏慈禧與榮祿的日記記載支援，不能作數，但不管算數不算數，歷史就是如此：咸豐皇帝前腳蹬腿，慈禧立即秘密接見了榮祿。不料，此事被東太后慈安察知，當下火冒三丈，派人把她叫來，給她看了咸豐皇帝的遺詔。

妳還敢不敢犯賤？再犯賤，亂勾搭野男人，別怪姐讓妳吐血！

清文宗在熱河，臨危之際，密授朱諭一紙與慈安后，謂某如恃子為帝，驕縱不法，卿即可按祖宗家法治之。及文宗崩，慈安以之示慈禧，殆警之也。

看到這個遺詔，年輕的慈禧傻了眼。慈安說：「大家都在宮裡活憋著，沒男人的日子多麼難受啊！憑什麼妳就要搞特殊化，就要和男生一起玩？」

慈禧翻著白眼，解釋說：「姐姐，妳千萬別生氣，我這麼做，不也是為了咱們大清國嗎？」

「是個頭！」慈安火冒三丈，「明明是自己心花，想男生了，還扯什麼大清國，當姐姐傻啊？」正吵著，輔政八大臣進宮來了……

6 怪老頭大鬧皇宮

有一本《越縵堂日記》說得更邪乎，八個怪老頭不但將兩個女生嚇慘了，連可憐的小皇帝同治都給嚇得哇哇嚎啕，屎尿噴了一地。

輔政八大臣此番進宮，正是爲了欺負兩宮太后和小皇帝。

要知道，宮裡邊只有兩個女生和一個小孩子，宮外邊卻有八個大老爺們。這八個大老爺們，以肅順爲首，咸豐恩師杜受田的兒子杜翰爲輔，另有六個面和心不和的怪老頭。雖然彼此之間勾心鬥角，但都瞧著宮裡的兩個女生不順眼，所以有事沒事，就要進宮裡來鬧騰鬧騰。

《清宮檔案史料叢編》第一冊中，詳細記錄了這次事件：

> 是日見面大爭，老杜尤肆挺撞，有「若聽信人言，臣不能奉命」語，太后氣得手顫，發下後，怡等笑聲徹遠近。

八老頭大鬧皇宮，兩女生忍淚吞聲……

這裡說，八個怪老頭闖入皇宮之後，衝著慈禧和慈安大吼大叫，唾沫星子噴了人家滿臉，嚇得兩個女生花容失色，泣不成聲。

還有一本《越縵堂日記》也提到這件事，書中說得更邪乎，說是八個怪老頭不但將兩個女生嚇慘了，連可憐的小皇帝同治都給嚇得哇哇嚎啕，屎尿噴了一地。

總之，八個怪老頭有點太不像話了，偌大一把年紀了，哪有這麼欺負女生的呢？最氣人的是八個怪老頭中的怡親王載恆，他居然「笑聲徹遠近」，這不是明擺著蹂躪人嗎？

八個怪老頭欺負過兩個女生，幸福滿足地出宮了。慈禧急忙哄著小同治睡下，然後來找慈安說：「剛才姐姐誤會我了，其實我偷偷見的男人，不是榮祿，是勝保。」

勝保？慈安大大吃了一驚。

勝保者，大清優秀傑出青年是也，舉人出身，有個上書罵皇帝的習慣，經常寫信罵咸豐混球。終於有一日把咸豐皇帝罵急眼了，當即授了一個官職，派他帶兵去打太平天國。結果到了戰場上，勝保被太平軍追得屁滾尿流。

這下子咸豐樂了，你丫一個臭書生，天天寫信罵朕，你以為治理國家那麼容易呢？現在知道厲害了吧？

再派勝保到六里橋，與英法兩國的侵略軍展開決戰。這一仗，可把個勝保打慘了，原來挺漂亮的一張臉，讓洋鬼子拿火槍轟得瘡痍滿目。回來後，咸豐瞧他那狼狽樣，更加樂了，御賜了八個大字：忠勇性成，赤心報國。

聽了這八個字，勝保放聲大哭，此後每天早晨，起床第一件事，就是背誦最高批示：「咸豐皇帝他老人家教導我們說：勝保是個好同志，忠勇性成，赤心報國。」背誦完了最高指示，這才洗臉刷牙。

這勝保，可以說是對咸豐皇帝最為忠誠的武將了，聽到他的名字，慈安不由得動了心。「有此人，說不定會……」

「肯定會。」慈禧保證道：「所以我考慮……繡個荷包送給他。」

「什麼？」慈安差一點暈倒。

7

勝保是個好同志

真來了好多好多的人，可幫的都是倒忙，徹底暴露了兩宮太后欲端掉八名輔政大臣的計劃。兩宮太后匆忙在熱河找了個藏身之地，都躲了起來。

據《慈禧傳信錄》中記載，年輕的小慈禧眞的繡了一個花不溜丟的荷包，給勝保送了去。這荷包上還有四個大字：精忠報國。

慈禧居於深宮，又是如何和勝保拉上關係的呢？

原來，勝保有一個姐姐，名字叫文殊保，是個優秀的文學女青年，最喜歡寫字畫畫，愁風感月，一見到帥帥的男青年就兩眼發直。

慈禧入宮之前，經常讓文殊保教她書法。此人本來不過是個二把刀，慈禧又學得不用心，這倆小姑娘在一起，沒聽說學到什麼正經東西，倒是天天晚上鑽在被窩裡嘀咕哪一個男生更帥，姐妹情誼愈發的深厚。

有了這層關係，勝保和慈禧那就是一家人了。收到荷包之後，勝保大哭曰：「最高指示，太后說，勝保是個好同志，精忠報國耶！太后妳發話吧，讓我砍誰，我就砍了誰，保證不皺一下眉頭的。」

如此表決心還不夠，接著咬破手指，寫下了決心書：首戰用我，用我必勝！隨即出發前往熱河。

勝保走在路上，慈禧與慈安卻是危若累卵，命在旦夕。

兩宮太后情勢危急，那是因爲這倆女生缺乏對敵鬥爭的經驗。現在她們已經拿定了主意，要搞掉這八個怪老頭，於是天天給親信寫書信，招呼大家過來幫忙。

眞來了好多好多的人，可幫的都是倒忙。當中有一個素有草包之稱的醇親王，既有草包之稱，當然要給大家惹出麻煩來了，他老兄一出場，直接衝著肅順等人大吼大叫：「你丫狂什麼狂？等回京之後再收拾你！」

醇親王此言一出，徹底暴露了兩宮太后欲端掉八名輔政大臣的計劃。這八名大臣，哪一個是吃素的？尤其是肅順，其人素有疾如鷹隼、猛如雷霆的辦事風格，曉得了兩宮太后要動手，豈有束手就擒的道理？

兩宮太后匆忙忙在熱河找了個藏身之地，都躲了起來。

正巧在這個節骨眼上，勝保帶著人馬忽匆匆趕到了。甫到熱河，就有人於黑夜中迎上前來，建議說：「打人不過先下手，殺豬務須快下刀，趕早不趕晚，馬上動手吧！殺了八個輔政怪老頭，快點救兩宮太后於危難。」

勝保搖頭，「肅順等人並沒有什麼謀反的形跡，至少他們沒有派出人馬追殺倆太后。更何況咸豐皇帝死前，確實有遺詔吩咐八個怪老頭輔政。就這樣發起進攻，人家豈不說咱們要造反？」

不急不急，勝保派人密送書信與慈禧，保護著兩位太后與小同治回返京師。肅順等八個輔政怪老頭還要沿途保護咸豐的棺木，走得自然就慢一些。

到得京師，早有兩宮太后的同黨恭親王率眾臣相迎。於是兩宮太后放聲嚎啕，直哭得天地變色，風雲慘澹。

恭親王並眾臣急問：「怎麼了太后，誰欺負妳們了？」

兩宮太后當街哭訴「三奸欺藐之狀」，意思是說，八個輔政怪老頭瞧不起我們，欺負我們。這自然而然激起了眾臣的俠肝義膽，怒聲問曰：「何不治其重罪？」

兩宮太后答曰：「彼為贊襄王大臣，可逕予治罪乎？」

眾臣奏道：「那就先解除八個怪老頭的行政領導職務，再整治丫的！」

第二天，群臣朝會，八個怪老頭中的端華和載恆首先被拿下。為首的肅順剛剛行至密雲，遭侍衛破門而入，當場就擒。

怪老頭們怒不可遏，大聲質問：「我等何罪？」

慈禧回答：「你丫在宮裡用了我的瓦罐喝水。」

肅順擅坐御位，於進內廷當差時，出入自由，目無法紀，擅用行宮內御用器物。於傳取應用之物，抗諱不遵。此之謂肅順之罪狀也。

肅順被押送菜市口正法，載恆和端華賜令自盡。大臣輔政制度從此被徹底推翻，小女人慈禧眉目含春地走入歷史。

8 沒事出門瞎溜達

同治在宮裡待得難受，就跑出來找曾國藩玩，不巧人不在，於是拿筆在書稿上亂畫了一氣，然後走了。他畫的，卻是一個倒楣舉人的書稿。

《清宮詞》中有詩云：

北狩經年蹕路長，鼎湖弓箭暗灤陽。
兩宮夜半披封事，玉璽親鈐同道堂。

這首詩，說的就是東太后慈安、西太后慈禧這兩女生，不安寂寞，一味胡來，居然把兒子小同治的家庭作業替他完成了，悍然發動宮廷政變，幹掉了八個輔政怪老頭，讓小同治徹底喪失了成長的機會。

說起這倆女生，眞是一個比一個更沒腦子。不僅替小同治把家庭作業做了，甚至還干涉了他的床上生活。

干涉也就罷了，慈安和慈禧，還因爲小同治的性生活鬧了起來，結果活生生要了年輕皇帝的性命。

話說自打兩宮太后考試做弊，把小同治的家庭作業完成了，打掉了輔政的八個怪老頭利益集團，小皇帝從此失去了生活的目標，只能弄來許多蠟製的洋鬼子人偶像，排列在書案上，然後拎起小刀，一邊高呼著：「殺洋鬼子嘍！殺洋鬼子嘍！」一邊用小刀把蠟人偶像的腦袋一個個切掉。

有著長大後殺洋鬼子的想法，這是正確的，是應該支持的。問題是，這個目標於這個小朋友來說，未免過於龐大了。他必須要先從小事做起，比如說先殺八個怪老頭，練順了手，再去琢磨洋鬼子們。唉！八個怪老頭全被他娘親殺了，怎麼辦呢？

接下來，小同治開始每天出門瞎溜達。

載淳嘗微服由後宰門出遊，湖南舉人某居會館，與曾國藩寓齋相對。一日，在床攤飯，見有少年入，就案翻視其文，以筆塗抹殆遍，匆匆即去，怪而詢諸僕，僕曰：「此曾大人之客也。曾大人出外未回，故信步至老爺處耳。」國藩歸，舉人白其狀，國藩大驚曰：「此今上也。」舉人駭甚，竟不敢入春闈，即日束裝歸。

這裡說同治在宮裡待得難受，就跑出來找曾國藩玩，不巧人不在，於是拿筆在書稿上亂畫了一氣，然後就走了。他畫的，卻是一個倒楣舉人的書稿。

等曾國藩回來了，苦主提出抗議：「剛才來了一個二愣子，在我的書稿上亂畫。」曾國藩笑曰：「今天皇宮又沒關好門，讓皇帝跑了出來。」

載淳出遊，偶避雨僧寮，遇一人窮愁殊甚，詢其所執何業，乃某姓家廝養卒也。為主人所逐，故托缽香積廚，以圖果腹。又問如爾輩以何處出息最優，則以粵海關對。載淳遽假紙筆作一函，囑交步軍統領衙門，代為位置。時某親貴執大金吾，得函，即予金治裝，赴粵海關承役，其人遂以起家焉。

這一段是說小同治出門瞎轉悠，結果來到了一個和尚廟，跟和尚一聊天，發現這禿頭想弄個有油水的官，於是本著助人爲樂的精神，大筆一揮，將人家推薦到了廣州海關去撈錢。

就這麼轉悠來，轉悠去，小同治幸福地進入了青春期，並遇到了他人生中的性生活啓蒙導師。

穆宗朝，有翰林侍讀王慶祺者。順天人，生長京師，世家子也。美豐儀，工度曲，擅諂媚之術。初直南書房，帝愛之，至以五品官加二品銜，毓慶宮行走，寵冠同儕，無與倫比。日者，有一內監見帝與王狎坐一榻，共低頭閱一小冊。太監偽為進茶者，逼視之，則《秘戲圖》，即豐潤縣所售之工細者。兩人閱之津津有味，旁有人亦不覺。此內監遂出而言於王之同列，同列羞之，相戒不與王齒。或又曰：「帝竟與王同臥起，如漢哀、董賢故事，是則未為人見。不能決也。」

上面這一段描述，見之於《清代野史》一書。

平心而論，這段記載的可靠性不好說。另有一本書叫《異辭錄》，特意爲同治皇帝平了反，說是上面的記載純粹是瞎扯。但是，瞎扯的說法，還是蠻符合廣大人民群衆的心思，所以同治身死之後，就有人撰聯曰：

弘德殿、廣德樓，德行何居？慣唱曲兒鈔曲本；

獻春方、進春冊，春光能幾？可憐天子出天花。

總之，可憐的同治小皇帝，在坊間的名聲並不是太好。那時節大凡稍有點名氣的藝術家，大都聲稱自己跟皇帝有一腿，進一步損害了皇帝的威嚴。

同治末有某伶者，相傳曾為上所幸，伶生於二月初旬而死三月中，或輓之云：

生在百花先，萬紫千紅齊俯首；

春歸三月暮，人間天上總消魂。

這樣的傳說與記載，可以說是多如牛毛。無怪乎大家都跟小同治過不去，這孩子徹底喪失了他的人生成長機會，就算活到一百歲，也是個沒有自我人格的傀儡。被人如此捏弄，眞是沒辦法的事。

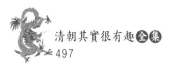

9 更年期與青春期的戰爭

小同治很快來了，對著兩個美女的基本身家資料，左看看，右看看，突然問慈禧，「老媽，妳想讓我娶哪個姑娘？」

相比於東太后慈安，西太后慈禧對小皇帝同治更爲嚴厲，絲毫不假辭色。這是因爲小皇帝是她親生的，當然不希望自己的兒子成爲一個窩囊廢，唯其以嚴格的教育，才能夠讓他成長爲有爲的大好青年。

慈禧這個人雖然沒讀過多少書，卻思維縝密，頭腦過人。也所以，她理所當然地成爲小皇帝同治心目中的威權象徵。

終於，小皇帝的獨立人格漸漸形成了。

要形成自己的獨立性人格，首先就要擺脫對外界環境的依賴感，也就是要推翻權威，建立起以自己的認知觀念爲核心的嶄新人格。

普遍的規律是，女孩子心目中的威權，是母親；男孩子心目中的威權，是父親。所以一旦到了少年叛逆的年齡，男孩子就開始跟父親頂牛，女孩子呢，則是左瞧母親不順眼，右瞧母親不對勁，動不動就要找點小麻煩，鬧點小情緒。這是更年期與青春期的戰爭，沒有那個家庭能夠避免。

但在小同治這一家子中，他有兩個老媽，偏偏少了少年人的偶像代表——父親。或者可以說，東太后慈安替代了母親的位置，西太后慈禧則轉移到了父親的位置上。

這意味著，小同治，必然的，要與生母慈禧展開對抗。

一八七二年，小同治十七歲了，男性生理已經形成，正在噴薄欲發的激昂階段。宮裡的美少女們，少不得千方百計找藉口尋理由往小皇帝身邊湊。

得趕緊給小同治找個媳婦，否則，後面的事情會很麻煩。

西太后慈禧搶先推薦人選，「我推薦侍郎鳳秀的女兒，那丫頭貌美無雙，聰明伶俐，有著母儀天下的威儀。」

東太后慈安斷然否定她的提案，「我反對！鳳秀家的女兒看起來鬼精鬼精的，聽說名聲不太好，好像男朋友多了些。讓她來當皇后，皇冠也會染得綠油油的，不可以。」

慈禧大詫，「有沒有搞錯？鳳秀家的女兒絕不是壞女生，我敢保證！」

慈安說：「少來了！我推薦崇綺家的女兒阿魯特，那姑娘儀態端莊，作風正派，嫁給小同治正合適。」

慈禧說：「我反對！我兒子就是要娶鳳秀家的女兒。」

慈安說：「我說，咱們倆個就別爭了，又不是咱們娶媳婦。把小同治叫過來，讓他自己來挑，如何？」

慈禧心想，我自己的兒子，當然不會讓老媽難堪，他肯定會挑老媽推薦的鳳秀家的女兒，當即點頭答應。

小同治很快來了，對著兩個美女的基本身家資料，左看看，右看看，突然問慈禧，「老媽，妳想讓我娶哪個姑娘？」

慈禧喜得眉眼擠作一堆，「乖兒子，老媽當然希望你娶鳳秀家的女兒，你看那孩子多水靈！」

同治笑說：「既然老媽希望我娶鳳秀家的女兒，我就決定娶阿魯特當老婆了。」

什麼？慈禧急了，「傻兒子，你別跟老媽倔，老媽是為了你好。阿魯特那丫頭不行的，她沒文化。」

阿魯特怎就沒文化呢？慈安可不愛聽這話，「要不這樣好了，咱們把阿魯特那孩子叫過來，讓小同治當面考考她。」

沒多久，小姑娘阿魯特乖乖來了，臉頰羞紅，站在小同治面前，等他出考題。

「白日依山盡的下一句是什麼？」

「黃河入海流。」

「那欲窮千里目的下一句，又是什麼？」

「更上一層樓。」

慈安在一邊聽得可樂了，「看這姑娘，真叫經典嫺熟，對答如流啊！是誰亂嚼舌根子，說人家孩子沒文化的？」

慈禧被氣得半死，卻也無可奈何，只好眼睜睜看著兒子娶了阿魯特為皇后，鳳秀家的女兒卻只是落了個「慧妃」的職稱。再看兒子天天摟著阿魯特不鬆手，心裡好不難過，就勸說：「兒子啊，慧妃那孩子又聰明又懂事，你經常往人家那裡走一走吧！皇后太貪戀床第了，你要儘量少跟皇后上床，保養自己的身體要緊。」

慧妃賢明，宜加眷遇，皇后年少，未嫻禮節，皇帝毋輒至宮中，致妨政務。

慈禧或許能算是一個成功的政治家，但她絕對是一個蠢透了的母親。明明是在兒子叛逆的時代，她偏偏要指教個不停，除了激起小同治更加激昂的叛逆情緒，別的作用是起不到的。小同治變本加厲，再也不搭理鳳秀的女兒慧妃，就讓這可憐的姑娘一個人在冷宮裡獨守空床。

10 九州之鐵鑄此錯

小康熙就是在擺平鰲拜的時候，學會了如何處理人際關係。臨到小同治，八個輔政的怪老頭被他老媽急不可耐地打掉了，又能去何處學習？

少年人的學習與人格成長，有一個循序漸進的過程。所有的孩子，都要先識數，學習一加一等二，然後再學乘除法，學三角，學代數，學幾何，學微積分……

咸豐臨死之前，給兒子小順治留下了一道基礎練習題，就是如何幹掉八個輔政怪老頭。沒成想，孩子他媽斜刺裡殺出，自己把這道題給做了。

做了就做了吧！第一道題讓老媽搶了，就讓兒子接著下一道題好了。

沒那好事！母親替兒子把一加一這道題給做了，然後讓不會做這道題的兒子去解微積分，能解得了嗎？

放在小同治這裡，情形就是：他甚至連最起碼的政治鬥爭經驗也欠奉，如何處理得了國家大事？

說到底，政治鬥爭不過是人際關係的總和。早年的小康熙，就是在擺平鰲拜的時候，學會了如何處理人際關係，從此有了清晰的政治頭腦。可臨到小同治，八個輔政的怪老頭被他老媽急不可耐地打掉了，又能去何處學習政治鬥爭經驗？

沒有經驗，就會鬧出大笑話。

遂有日本國公使來朝，引發同治時代的一次深層次國際關係危機。

日本公使副島種臣來朝，遞交國書的時候，是站著的，最多是衝皇帝鞠一個躬，這標誌著中國皇家正式宣佈他們與國際友人平等了——當然，只是承認皇帝和各級領導和外國友人平等，老百姓仍然需要趴在地上。

不過，不管怎麼說，總算是大清帝國的進步與讓步。

然而，政治鬥爭就是這樣，你一讓步，對方就會趁勢逼入，咄咄逼人。

日本公使副島種臣遞交過國書之後，派隨行的副使柳原前光則到總理衙門串門聊天，見到了辦事大臣毛昶熙和董恂。

柳原前光則說：「哥們兒，有個事我得跟你說一下！最近，我們幾條旅遊船，途經台灣，不過就是開了幾槍，打了幾炮，沒想到你們的百姓又是衝我們敲鑼，又是衝我們打鼓，弓箭魚叉亂拋一氣。我們認爲這種行爲是極不友好的，我想請你們哥倆兒給我一個解釋。」

「什麼？你說台灣？哈哈哈……」辦事大臣毛昶熙和董恂仰天長笑：「他媽的！你們放著和諧的日子不過，沒事跑到那麼遠的地方幹什麼去？被打，這不是活該嗎？」

中國大臣的講話，聽得日本來使目瞪口呆。

事情居然就這麼鬧大了，日本出兵侵略台灣。朝廷趕緊把兩個亂講話的大臣打個半死，派了林則徐的女婿沈葆楨急赴台灣，佈置防務工作。

推究這次事件，責任在小同治身上，因爲這時候兩宮太后已經還政，主持朝廷工作的就是小同治。最起碼，他也要負起個領導責任來。

慈禧很憤怒，認爲兒子甫一親政，就弄出如此大的亂子來，責任都在皇后阿魯特身上。如果不是這丫頭過於貪戀床笫之歡，放開同治，讓他去慧妃的床上睡幾覺，肯定不會出這樣的事。

實際上，我們已經分析過了，所有事件的眞正責任人，正是慈禧太后自己。可誰又敢跟她說出這句話？不想混了是不是？

偏巧這時候同治染上了不知其名的怪病，皇后去看望他，稍帶腳地把他給「幸御」了。正開心之時，突聽一聲虎吼，慈禧兇猛地衝進房來，揪住皇后阿魯特的頭髮，把人家女孩子硬拖出房間，還一邊拖一邊拳打腳踢。

皇后被打得慘不忍睹，情急之下大叫：「媳婦是從大清門抬進來的，請太后留媳婦的體面！」

這句話，令得慈禧更怒，因爲她當初是動了點手腳才進宮裡來的，最恨別人揭這個傷疤。狂怒之下，咆哮如雷，吩咐太監備大杖伺候。

卻在這時，忽然有人尖叫：「哇！陛下駕崩了耶！」

可憐的小同治，竟連驚帶嚇，羞惱交加，昏死了過去，從此再也沒有醒過來。

大清帝國的第十屆皇帝，就這樣喪送在不懂教育方法的慈禧手中。

第11卷

皇帝的「弒父情結」

光緒皇帝與康有為合謀密砍慈禧老太太，正是他潛意識中的弒父情結在起作用。正是因為他渴望著成為一代帝君，才琢磨砍人這門功課。

1

四品大奶媽與四品車老闆

國家法律規定，老百姓是不允許到處亂走亂竄的，尤其是皇宮……這樣好了，就封奶媽為四品大奶媽，快點讓她進宮來哄孩子。

大清帝國的第十屆皇帝，同治，因爲驚嚇而死。皇后阿魯特痛不欲生，吞金自盡，被父親崇綺救活。

崇綺進宮去見慈禧，「太后，我家丫頭……怎麼整啊？」

慈禧說：「你愛怎麼整就怎麼整，我只告訴你一件事，我兒子同治死後無子，我也不再爲他立嗣，將讓同治的堂弟兼姨表弟載湉出任大清帝國第十一屆皇帝。那麼你說，皇后該怎麼辦才好？」

崇綺當時就哭了，「太后，這不是逼我女兒死嗎？」

沒錯，慈禧就是要逼死皇后阿魯特。

在她看來，如果不是阿魯特礙事，兒子同治就不會與自己離心離德，更不會被活活嚇死。總之，一切都怪皇后，她必須要死。

同治皇帝死後七十五天，皇后阿魯特氏「遽爾崩逝」。

光緒皇帝的時代，就這樣到來。

光緒小皇帝登基的時候，剛剛三歲半，一被抱入皇宮，只聽這小傢伙殺豬似地嚎叫，任誰哄勸都無濟於事。

慈禧被哭得心煩意亂，就問道：「到底是怎麼一回事？這孩子怎麼哭個不停？」

有人解釋說：「太后，這孩子打小讓奶媽抱習慣了，現在離開了奶媽，心裡害怕，因此哭個不停。」

「哦！我明白了。那奶媽是個布衣百姓吧？可是國家法律規定，老百姓是不允許到處亂走亂竄的，尤其是皇宮，更是不允許百姓出入……這樣好了，我跟吏部打聲招呼，就封奶媽為四品大奶媽，快點讓她進宮來哄孩子。」

四品大奶媽來了，抱起小光緒一哄。就見小鬼先破涕為笑，然後——嘴一咧，繼續大放嚎啕。

慈禧火了，「這個奶媽不管用啊！不管用，要妳進宮幹什麼？」

四品大奶媽急忙解釋道：「不是的，太后，是這麼一回事：以前孩子在醇王府的時候，有個趕馬車的車老闆的兒子，和皇帝的年齡大小差不多，倆小朋友天天在一起玩。現在皇帝哭成這樣，肯定是想他的小夥伴了。」

慈禧一聽，「車老闆的兒子……那就四品車老闆，快點讓他進宮。」四品車老闆的兒子進了宮，小光緒滿地亂滾，倆小傢伙樂翻了天。看著這孩子幸福的表情，慈禧心裡暗暗打鼓，心說小傢伙才這麼大一點點的年齡，品味就這麼差，恐怕日後……

果然，大清帝國落到這個孩子手裡，終於徹底砸了鍋。

2 這個砸了鍋的皇帝

透過光緒皇帝的個人成長歷程，我們能夠看到一個人自他幼年時代對威權的依附，到少年時代的仰慕，再到青春期的人格形成與叛逆。

那麼，光緒小皇帝又是怎麼把大清帝國這口鍋給砸了的呢？首先來看他的個人簡歷：

- 姓名：愛新覺羅・載湉
- 出生年月日：一八七一年八月十四日
- 籍貫：北京市太平湖醇親王藩邸槐陰齋
- 屬相：羊
- 星座：獅子座

•血型：AB型
•身高：一百七十二公分
•體重：五十公斤
•職業：皇帝
•特長：和太后唱反調
•社會關係：
父親：醇親王
母親：葉赫那拉氏

第一階段，醇親王子階段：

零歲：出生。

第二階段，少帝階段：

四歲：出任大清帝國第十一屆皇帝。

五歲：命甘陝總督左宗棠為欽差大臣，規復新疆。

六歲：英國不法商人詐稱修馬路，公然於上海吳淞口修築了中國第一條鐵路，引起了中國人民的極大憤慨，數萬人封堵。兩江總督沈葆楨以二十八萬五千兩白銀買下鐵路並拆除，人民歡欣鼓舞，拍手稱快。

九歲：日本悍然進攻中國附屬琉球，琉球國王尚泰向大清求援，大清帝國置之不理。日人擄琉球國王尚泰，琉球滅亡。總理各國事務衙門侍郎崇厚私割大片國土於俄人，朝廷大駭，將其下獄。

十歲：因崇厚下獄，俄人大怒，增兵伊犁，遣軍艦至中國海面。

十一歲：朝廷以曾紀澤為使，與俄人簽訂條約，割霍爾果斯河以西與俄。東太后慈安歿於鍾粹宮，時年四十五歲，從此西太后獨權。

十二歲：朝鮮事大派發動兵變，盡殺親日派大臣，攻入日本使館，擊殺日本教官堀本禮造。中國遣廣東水師提督吳長慶往援。

十三歲：法人犯越境，中國軍與黑旗軍大潰。

十四歲：中國放棄越南。朝鮮親日派大臣發起兵變，日軍突入王宮，挾持國王李熙。中國幫辦袁世凱率兵攻打王宮，舊黨復柄政。

十五歲：廣西提督馮子材攻克諒山，中國正式宣佈放棄對越南的宗主權。

十六歲：英人陷緬甸，緬甸國王錫袍於印度向大清帝國求援，大清束手無策。

十七歲：洋務派丁汝昌建鐵路，國人痛恨之，稱之為「丁日鬼」。

第三階段，新政時期：

十八歲：北京萬壽山頤和園動工修建。英人入西藏，陷亞東要隘。

十九歲：光緒親政。蘆漢鐵路動工。

二十二歲：廣東陽江三合會反叛，聚眾占大王山。

二十四歲：日本陷朝鮮。黃海海戰爆發，中國水師盡墨，士兵溺死者千數百人，日軍無一死傷。正式下詔，對日本宣戰。甲午海戰爆發，中國海軍諸戰艦或沉或逃，日軍大勝，渡鴨綠江，陷鳳凰城，再陷旅順，屠城四日，當地居民僅餘三十六人。日軍陷海城，陷蓋平，進逼威海衛。

二十五歲：威海衛海戰，北洋艦隊全軍覆沒。李鴻章赴日談判，遭日本刺客小山豐太郎狙擊，左頰中彈，昏厥。馬關條約簽訂，中國割台灣與膠州與日本。興中會孫文於廣州起事，事洩，志士陸皓東死，孫文東走日本。

二十六歲：西太后與光緒交惡，從此不交一言。

二十七歲：山東教案迭出，德人陷膠州灣。

二十八歲：光緒親召康有為，詢問天下大計，全面推行維新變法。變法隨即遭阻，康有為召江湖豪傑畢永年入京，欲誅殺慈禧，以清君側。光緒欲請日本前首相伊藤博文出任顧問官，遭慈禧阻止。慈禧太后突入西直門，逕索維新黨人證據，斬六君子，康有為，梁啟超逃往日本。戊戌變法只維持百日，宣告失敗。光緒被囚於南海瀛台。

第四階段，囚帝階段：

二十九歲：義和團崛起山東，袁世凱斬殺團民首領朱紅燈。

三十歲：義和團奉旨入京，盡殺京城婦幼，圍攻洋人使館。慈禧五次召開王公大臣御前會議，對十一國列強宣戰。八國聯軍入侵。孫文於廣東起兵，遇清軍阻止，兵潰。

三十一歲：八國聯軍撤出北京，慈禧返京，任命袁世凱為直隸總督。

三十三歲：日俄於中國東北交戰，清政府宣佈中立。四川巴縣青年鄒容著《革命軍》，號招排滿革命。

三十四歲：日俄血戰，俄方大敗。

三十五歲：中國欲謀立憲，遣五臣出洋考察，黨人吳樾以炸彈擊之。五大臣無恙，吳樾身死。

三十六歲：黨人蕭克昌、龔春台於湖南瀏陽、江西萍鄉起兵，傳檄驅逐韃虜，清軍擊之。黨人潰，平民被屠者愈萬人。

三十七歲：黨人起事頻仍，清政府嚴禁學生干預政治及開會演說。

三十八歲：卒。清政府宣佈立憲。

透過光緒皇帝的個人成長歷程，我們能夠看到一個人自他幼年時代對威權的依附，到少年時代的仰慕，再到青春期的人格形成與叛逆。這期間的靈魂廝殺與慘烈呼聲，與大中華史前未有之屈辱歷史緊密交織，絲毫入扣，須臾不可分割。

3

問題出在乳頭上

書上有一段記載，說是翁老師曾請假回家掃墓，小光緒沒得乳頭可揪，竟然失魂落魄。如果不是翁老師奉命急急趕回，說不定會落下什麼病根來。

光緒皇帝人生的第一個階段，也就是從出生直到被慈禧強行擄入宮中之前，應該是幸福得無以復加的。這時候他有四品大奶媽的撫育，還可以與車老闆的兒子相互嬉戲。然而橫禍飛來，大驚地裂。慈禧突然提出要求，要將小光緒擄入宮中當皇帝。醇親王聽了這消息，當時就哭了：「從今天開始，他就不再是我兒子，而是我親爹了。」

古人講「君父」，意思是說皇帝是任何人的親爹，當然也是他親爹的親爹。自打光緒入宮之後，醇親王與兒子交談，再也不能像以前那樣威嚴地坐在座位上了。他得跪在兒子的腳下，屏息靜氣，小心翼翼地問：「親爹，撒尿了沒有？」

據調查，在這個孩子成長的關鍵時期，四品大奶媽嚴重失職，導致了小光緒人格萎縮，戀母情結大爆發，並且移情到一個極不合理的地方：

上幼畏雷聲，雖在書房，必投身翁師父懷中。大婚後迄無皇嗣，或謂有隱疾，宮掖事秘，莫知其詳也。

這一段記載來自於《清光緒外傳》一書。書中說，小光緒幼年時期不知受到了什麼可怕的刺激，養成了一個害怕雷聲的怪毛病，只要天上一打雷，這孩子就會凌空一躍，飛撲入老師翁同龢的懷裡，兩手用力揪翁老師的乳頭。可翁老師是個老爺們兒，小光緒再怎麼用力揪，也是揪不出來奶水的。

細說起揪乳頭這個動作，乃幼年時期的孩童的專利。等到男孩成長為偉岸的男人，再揪的話……就不是這麼一個揪法了，屬於那種有甚於畫眉者之揪法，屬於閨房之樂，屬於……總之是性特徵涵義過於明顯，往往可透射出此人內心深處的成長隱痛。

事實上，這位翁老師在宮中起到的最大作用，並不是指點小光緒的知識學問，只是提供一個「御用乳頭」，供皇帝揪用而已。

書上還有一段記載，說是翁老師曾請假回家掃墓，結果小光緒沒得乳頭可揪，竟然失魂落魄，意識恍惚。如果不是翁老師奉命急急趕回，說不定會落下什麼病根來。

四品大奶媽就不要說了，我們單來說說這位翁老師。你丫一個大老爺們兒，在皇宮裡講究的又是道貌岸然，正襟危坐，怎麼培養出學生揪自己乳頭的習慣呢？

想一想，一個花白鬍子的怪老頭，躲在皇宮陰暗的角落裡，教導著幼年小皇帝揪自己的乳頭。「寶寶過來，來……」這事一想就令人頭皮發炸。難怪年輕人老是嚷嚷著要革命，幹掉老傢伙們。你瞧這怪老頭幹的是什麼噁心事！

宮闈之事，隱密難言。翁老師身爲帝師，當然是無日不思擴大自己在皇帝學生心中的影響作用。不得不說，培養學生揪自己的乳頭，相比於遍讀經史，絕對是一個成本更低的法子。可以確信，第一個教育產品同治嚴重失敗，對慈禧的心理打擊是致命的。等輪到小光緒，她一定是發了狠要把這個小東西栽培成一代霸君。可饒是這娘們兒千算萬算，又如何想得到岔子會出在乳頭上？

按照西方佛洛伊德的解釋，一旦孩子形成性倒縮，對兩性關係產生根本性的錯誤解讀，必然意味著這個人的一生，將碰上天大的麻煩。

就在慈禧琢磨爲帝國培養皇帝的過程中，太多的人跑來把自己的私貨塞進小光緒的人格裡，導致了這孩子的性心理與人格形成嚴重扭曲。哪怕招來最厲害的心理糾正專家，怕也來不及救場了，更何況壓根沒人管這事。

4 師徒智商大回落

翁老師討厭洋人，也討厭鐵路，因為鐵路是洋人帶來的。愛屋及烏，恨洋人及鐵路，這就是比較典型的原始思維。

一個只能在揪老頭的乳頭上獲得快感的年輕男子，如何再對年少貌美的女生產生任何興趣？所以宮中美少女到處亂竄，光緒卻如柳下惠般無動於衷，最終也沒有生下一個孩子來。這還不算可怕，更可怕的，是這種畸形的觀念，將進一步影響到小光緒的思維，進而影響整個帝國的進程。

我們有理由懷疑翁老師，如果他滿腦子都是琢磨教導光緒小皇帝捏弄乳頭，還能有多大的心思琢磨正事？

翁老師帶著光緒小皇帝玩這個變態遊戲的結果，是小光緒的心理越來越扭曲，而翁老師自己呢，也因爲原始敏感部位過於頻仍地受到外界環境的刺激，直接導致了智商大幅度跳水，回落到了茹毛飲血的原始人時代。

於是，翁老師在教導小皇帝光緒解決國家事務的時候，就會帶有著濃烈的原始人思維。比之於現代人的理性思維與智性思維，原始思維這東西比較幼稚，易於情緒化。

理性思維與智性思維，對事物的判斷是基於利益的。比如你不喜歡你的鄰居，但爲了利益，爲了避免和鄰居家發生衝突，就得笑臉相迎。原始思維則不然，純粹情緒化，不從利益出發，完全根基於個人的喜好，喜歡的就熱烈擁抱，討厭的就捽之砸之，總之是率眞性情，直來直去。

那麼，翁老師最討厭的是什麼？

是洋人，是鐵路，是洋務運動。

翁老師討厭洋人，這是可以理解的，誰不討厭洋人？好端端的人長一身黃毛，明擺著是進化不徹底。即使是想讓別人不討厭他們，也是不可能的！

翁老師討厭鐵路，因爲鐵路是洋人帶來的。愛屋及烏，恨洋人及鐵路，這就是比較典型的原始思維。

再接下來，翁老師更討厭洋務運動，因爲由曾國藩的學生李鴻章所發起的洋務運動，是跟在洋人屁股後面學。人家洋人修鐵路，他李鴻章也跟著修鐵路；人家洋人造巨船買軍艦，他李鴻章也跟著建立起了北洋水師，這讓翁老師好不上火。

恰逢李鴻章的北洋水師在德國買了一艘巨艦，預付款已經繳了，現在德國佬把船造好了，就等拿錢驗貨了。

李鴻章急忙打報告：拜託，老少爺們兒，給點錢讓我把船弄回來。

這份報告到了翁老師手中，便見他笑曰：「陛下，你瞧瞧這是什麼？」

小光緒扭頭一看，頓時眼睛一亮，「乳頭！我要捏！」猛撲入翁老師的懷抱中，師徒二人嘰嘎嘰嘎笑成一團。

打款的事情，就這麼擱在了一邊——聖旨下，經費不足，北洋水師兩年內禁止購買西洋戰艦。

萬萬沒想到，到了一八九四年的九月十七日，北洋水師艦隊竟在海上遇到那艘扔在德國的巨艦，一打聽才知道，原來沒錢打款，人家德國人不交貨，結果被日本人鑽了孔子，跑去支付尾款，把這艘戰艦給弄走了。

黃海海戰爆發，隨後是甲午海戰，北洋艦隊在日軍進攻下全軍覆滅。

生恐被人們追究自己切斷對北洋水師資金支持的過失，翁老師搶先一步，先發制人，指控李鴻章犯下嚴重的「保船制敵」之錯誤，並號召全國人民掀起揭批大漢奸李鴻章的政治運動。這一手，正是地地道道的乳頭戰術，刺激的就是國民心理上最脆弱的神經，迴避的就是最關鍵性的問題。

5 教傻學生好升官

聖旨下，李鴻章工作不力，喪師辱國，丟人現眼。翁老師罵娘有功，進入軍機處，督辦軍務。翁老師大喜，誰說把學生教傻了沒好處？

沉沉心事北南東，一睨人才海內空。
壯歲始參周史席，髫年惜墮晉賢風。
功高拜將成仙外，才盡迴腸盪氣中。
萬一禪關砉然破，關人如玉劍如虹。

猜猜這首詩是誰寫的？

此詩，乃愛國主義大詩人龔自珍的傑作。

龔自珍，就是當年被林則徐怒斥爲奸邪之人的那位作家。

林則徐怒斥龔自珍爲奸邪之人，是因爲此人的詩寫得極好，卻不肯在具體工作上沾一根手指頭。蓋因寫詩這活，再難也是容易的，而幹具體工作的人，那就難免錯誤百出，被人寫詩來罵。龔自珍挑了最輕鬆的活來幹，林則徐當然要上火。

這首詩，正是翁老師天天教導小光緒來念的。

可別忘了，龔自珍的兒子龔半倫念這首詩的時間，比小光緒更長，可念到最後怎麼樣呢？還不是帶著英法兩國的鬼子燒了圓明園？

但是，只罵人不幹活，也有一個天大的好處，就是不會犯錯誤。所以啦，翁老師每天站在朝堂上，只管指著李鴻章的鼻子破口大罵：「漢奸，你丫大漢奸！」

正罵著，李鴻章要去日本，和戰勝國日本談判簽合同。翁老師趕緊又喜形於色地跳出來，「老李，你丫大漢奸，甲午海戰的事咱們就不追究了，這一次你到了日本，再敢出賣國家利益，老子跟你沒完！」

李鴻章大喜，曰：「翁老師如此愛國，乾脆你去日本得了。」

「你他媽……」翁老師掉頭飛逃，躲了起來。

正躲之間，小光緒頒下聖旨。聖旨下，李鴻章工作不力，喪師辱國，丟人現眼，拔去三眼花翎，褫去黃馬褂。翁老師罵娘有功，進入軍機處，督辦軍務。

翁老師大喜，誰說把學生教傻了沒好處？看看，咱這不是升官了嗎？

升官是好事，可是軍務這種活，哪是翁老師這種人幹得了的？說破了，他也就一個罵娘的本事。更要命的是，光緒小皇帝現在已經進入了人生的另一個階段，對老男人的乳頭失去了興趣。現在，他心裡形成了強烈的「弒父情結」，這可不是任何人的乳頭能夠輕易解開的了。

弒父情結，是奧地利洋鬼子弗洛伊德弄出來的怪名詞。該理論認爲，男孩子到了青春期，就會萌生一種幹掉老爹，獨佔老媽的強烈衝動；女孩子到了青春期，則會產生一種宰了老媽，獨佔老爹的衝動。就爲了這個怪異的理論，佛洛伊德被罵得慘了。直到今天，仍有許多正義人士，爲了表白自己的道德高尚，作風正派，對這一理論表示最大程度的鄙視。

鄙視歸鄙視，這個理論，的確破解了青春期少年人成長的懸謎。把問題擱在光緒皇帝身上，那就意味著，他必須要申明自己的權力與主張，與監護人慈禧徹底決裂，至少是形成對峙之勢。

於是開始有康有爲進京，公車上書，形成了「王黨」派系。

6 砍了慈禧個狗日的

繼續下發文件，仍然是一點反應也沒有。康有為發愁了，這下子事情可難辦了，弄到這份上，怎麼下台呢？要不咱們乾脆……

據創辦了復旦大學的老學者馬相伯在日記中回憶，甲午海戰之後，在廣東南海縣，有一個叫康有爲的老兄。一日該老兄路過一家妓院，瞥見花紅柳綠，頓時急不可耐地衝了進去，完事之後一摸兜，壞菜了，今天出門忘了帶錢！妓院老闆見狀大怒，立即派出十數個彪形大漢，手持切菜刀，沿長街狂砍。這老兄慌不擇路，逃到海邊，忽然看到招商局的一艘大客船，撒腿就奔了上去。剛剛上船，便聽笛笛兩聲長鳴，大輪船哐哐哐載著他遠行了……

到了一站，康有爲下船一瞧，哎喲呵！天津大沽，我到這地方來幹什麼呢？要不乾脆去北京，找傻皇帝小光緒弄個差事幹幹。

於是康有爲進京，以舉人的身份公開上書，強烈反對李鴻章簽訂的馬關條約。

這事很快嚷得盡人皆知，光緒皇帝急忙派人叫他去，「你也反對馬關條約？那你怎就不去日本談判呢？」

「我這不是……」康有爲急了，「皇上，咱們眞不能再這樣下去了，要變法啊！變成法，通下情，愼左右……」

光緒皇帝又問：「這個法，怎麼個變法呢？」

康有爲仰天長笑：「你下文件啊！卯足了勁地下文件，這文件下得多了，大概……就可以了吧？」

康有爲迅速升官，帶著弟子梁啓超等人，開始瘋了一樣給大清帝國各級領導幹部下文件。維新變法一共一百零三天，這文件就下發了一百多份。最多的一天，竟然一連下發十一道諭旨。

這世上，不管是成法還是變法，都是通過實際工作幹出來的。如果下發兩份文件就能變得個法，這活哪還輪得到他康有爲？翁老師早就大包大攬，全部下發了。

正是由於下發文件不管用，所以下發更多的文件，但發得越多，越是流於形式，大家誰也不拿這些狗屁當回事。

就這樣，發著發著，康有爲終於揣摩過來了。怪不得所有人都喜歡站一邊挑毛病，不幹活，原來這活……還眞不好幹！

繼續下發文件，仍然是一點反應也沒有。他發愁了，這下子事情可難辦了，弄到這份上，怎麼下台呢？要不咱們乾脆……

砍了慈禧個狗日的！

這次康有爲總算是摸對了路子，慈禧這老太太，已經構成了大清帝國腐朽利益板塊的核心關鍵。砍了老太太，就能夠把滿清利益集團打得稀哩嘩啦，屆時再來個變法，就會容易許多。

可要砍了慈禧，總得有個理由吧？

眼珠一轉，計上心來。有了，就說慈禧老太太要藉天津閱兵的當口，發動軍事政變，殺害光緒……

拜託！慈禧眞要想幹掉光緒，在哪兒動不了手？別看皇宮地方不小，當中的宮女太監，哪一個不是她的親信？碗裡下毒、茶裡下藥、被窩裡放火、夜壺裡塞毒蠍子……什麼辦法都管用，何必非要跑天津那麼遠的地方去？

按說康有爲弄出來的這個破藉口，應該沒人相信才對。但他管不了那許多，箭在弦上，不得不發了！

7

「弒父情結」之養成

慈禧對年輕人被窩裡的事情懷有一種無可解釋的濃厚興趣，給光緒挑了個駝背媳婦——她的親弟弟都統桂祥的女兒，也就是未來的隆裕皇太后。

說起光緒皇帝的「弒父情結」，那也是由來已久。

最早的時候，慈禧老太太要過六十大壽，光緒皇帝就爲老太太準備壽禮，找來內務府郎中慶寬說：「阿慶啊，我要爲皇阿爸祝壽，你幫我設計幾個鐲子，讓老太太自己挑，喜歡哪個，咱們就打造哪一個。」

於是內務府慶寬精心設計了四個手鐲式樣，遞到慈禧老太太面前，「老太太，您喜歡哪一個？」

猜猜慈禧老太太怎麼說？

「哎喲……我都喜歡……四個鐲子我都要。」

慶寬回來報告：「四個鐲子都要。」

當時光緒皇帝就呆了，半晌才問：「我靠！這四個鐲子，得花多少錢？」

慶寬一咬牙，你丫是皇帝，不賺你的錢賺誰的？當即回答：「四萬兩銀子。」

光緒目瞪口呆，「這豈不是要抄我的家了？」

書中暗表，光緒說的這句話，是有來由的。原來，光緒小皇帝有個私人小金庫，藏了四萬兩銀子在後門錢鋪放貸，收取利息。慈禧老太太夠狠，要一下子把他的小金庫給端了，他能不憤怒嗎？

小金庫這事就算了，但是慈禧老太太混帳，對年輕人被窩裡的事情懷有一種無可解釋的濃厚興趣。想當初同治在世的時候，就是因為她吵著鬧著往人家小夫妻的被窩裡鑽，結果生生把小皇帝嚇死了。等輪到光緒，這個毛病愈發的嚴重了。

慈禧老太太給光緒挑了個駝背媳婦——她的親弟弟都統桂祥的女兒，也就是未來的隆裕皇太后。這件事，哪怕是再往好處想，也有點過份了。放著宮中成堆的美少女，偏偏讓光緒睡一個駝背，這事擱在誰身上，不得大動肝火？

光緒皇帝是個男人，雖然被翁老師的乳頭教育扭曲了觀念，但沒扭曲到這種程度上。他要求睡胖胖的珍妃，不要睡駝背。

駝背皇后沒人睡，頓時急了，就跑到慈禧老太太那裡告狀：「老公他不愛我，嫌我高低起伏，錯落有致，不肯讓我睡！」

慈禧老太太一聽火了，「皇帝過來過來！聽說你要睡胖珍妃，不要睡駝背？這哪行！這事還能由得了你？祖宗有成法，朝廷有制度，規定了的，你丫就得睡駝背。」

光緒也急了，從此和慈禧老太太勢同水火。

《清史獲野錄》云：慈禧之不悅德宗，實起於壬辰之夏。一日德宗與孝定皇后因小事相爭，上忽盛怒，詬后甚厲，后不能堪，乃詣慈禧前泣訴其事。慈禧遽大怒，語左右曰：「上吾所援立，乃忘恩至此耶？后吾親侄，詬后是不啻詬我也，是何能容？」因以溫語慰后曰：「汝無悲泣，古人有言，人盡夫也，以若盛年，何慮不能行樂。胡斤斤專戀此病夫為者，吾必有以處之。」自是上每請安入宮，慈禧未嘗與交一言，如是者數月，兩宮嫌隙遂成。后雖悔之，然無及矣。

爭取婚姻自由失敗，被迫睡駝背，導致了光緒皇帝人格的激烈萎縮，情緒一落千丈，此後改迷上了攝影。和大臣們合影之後，經常在照片的後面寫上三個小字：常八九。

人生不如意事，十常八九！

8 堅決不讓兒子砍

別的事我們不好亂猜測，但有一點是肯定的：倘若慈禧讓光緒皇帝砍了她，其後的亞洲，至少輪不到日本人當老大。

慈禧老太太這個失敗的教育家，以她酷厲的手腕，終於將小光緒逼迫到了魚死網破的決裂境地。

砍了這個老巫婆，從此不再睡駝背！

午夜夢迴之際，光緒皇帝不知在心裡呼喊過多少次。

這一次可是要來眞的了。

然而，康有爲這邊還沒商量好如何行動，慈禧已經從頤和園回到皇宮，進屋拿過來成堆的文件一瞧，「哎喲喲！這個康有爲居然要砍了我，而且光緒還支持他砍！」

當時慈禧就急了，立即召開王公大臣擴大會議，在會議上厲聲申斥道：「我把你從醇王府接到皇宮，養大成人，是希望你成爲一代帝君。可你倒好，翅膀還沒硬就琢磨著要砍了我！我招你惹你了，竟然要砍我？」

光緒傻眼了，難道他還能解釋說：「皇阿爸，我這也是沒辦法啊，我要成長，要推翻威權，要形成自己的人格。不砍了妳，完成這一系列成長進程，這可能嗎？」

光緒皇帝與康有爲合謀密砍慈禧老太太，正是他潛意識中的弒父情結起作用。正是因爲他渴望著成爲一代帝君，才琢磨砍人這門功課。當年小同治就因爲這門功課不及格，結果慘遭淘汰，現在輪到了光緒。

如果慈禧能以國事爲重，伸長了脖子讓光緒皇帝上前砍一刀，那麼中國歷史的進程，肯定不會是現在這個樣子。

遺憾，自私自利的慈禧，以老年人特有的專橫霸道，殘忍地扼制了小光緒的人生成長之路。

對於慈禧，這再一次意味著她在青少年教育上的失敗。

上一個失敗品是同治，就因爲她對小同治抓得太緊，捨不得放手，結果獨立人格始終無法形成，最後竟然活活嚇死。

倘使光緒皇帝成功砍掉慈禧太后，這個孩子會迅速地成長，哪怕沒什麼本事驅逐列強，至少能以鐵的手腕，操縱著大中國沿著維新變法的既定途徑向前行進。再加上他那無可爭議的帝王威權，推進變法，勢必不會遭受到任何形式的阻礙，那麼中國的未來，必然可走上日本的明治維新之路。

別的事我們不好亂猜測，但有一點是肯定的：倘若慈禧讓光緒皇帝砍了她，其後的亞洲，至少輪不到日本人當老大。

慈禧老太太拒絕被兒子砍，囚光緒於瀛台，摧毀了大清帝國的未來與希望，這使得她永世也無法獲得後人的原諒。

9 都是平等惹的禍

大清帝國晚期，產生了一個奇異的社會現象，叫官怕洋人，洋人怕百姓，百姓怕官。這讓一些群眾發現了機會，立即一窩蜂入了洋教。

正當光緒皇帝被關在瀛台反省的節骨眼上，義和團鬧了起來。

義和團運動的興起，起因於朝廷頒發了一份文件。

追溯這份文件的下發始由，始自同治時代。

小同治曾在養心殿接見日本公使，從這一天開始，洋鬼子們見了中國皇帝，不再需要趴在地下磕頭，而是鞠躬如也。也就是說，由此而開始，洋人們靠了火槍洋炮，終於爭取到了與中國皇帝平等的位置。

既然洋人們與皇帝平等了，獲得了與各級領導們共同「領導」中國百姓的權力，於是有聖旨下，要求吏部官員們為那些進化不徹底的洋鬼子們，弄出個行政職稱出來，要

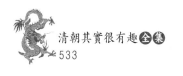

讓老百姓們在服從皇帝的領導的同時，也接受洋鬼子的領導，以免大家平起平坐，到時候亂了套。

大清帝國正式頒布《關於來華打工洋鬼子們行政職稱的規定》之文件，當中規定：舉凡來中國旅遊、打架、偷盜、拐賣人口、撈地皮……的洋鬼子，在本國無官無職者，一律享受副主任科員級別待遇。洋鬼子的教士們，享受科級待遇，洋神父享受縣團級幹部待遇。

這項規定，在大清國是千真萬確的。當時還說，洋教堂中級別較高的神職人員，與中國的撫司平級，也就是享受廳局級待遇。

制定這麼個政策，主要是朝廷害怕老百姓們亂起來。老百姓是見官就要磕頭的，洋鬼子們卻在皇帝面前大模大樣地站著，這種現象難免會讓人民群衆產生困惑。現在呢，有了這份文件，老百姓頓時明白過來，「哦，原來洋大人們的行政職務，比咱們縣太爺還要大。趕緊磕頭吧！」

所以在大清帝國晚期，產生了一個奇異的社會現象，叫官怕洋人，洋人怕百姓，百姓怕官。百姓怕官，那是大中華的良序公俗；洋人怕百姓，那是因爲百姓見了洋人就打，好端端的人長成猴子樣，一身怪毛，不打還等什麼？官怕洋人，卻是無可奈何之事，因爲人家比領導們的行政職務還高一級，不怕行嗎？

應該說，朝廷的這個文件，出發點還是好的，是爲了澄清群衆之間一些錯誤的認識，不這麼個搞法，就會有些人以為自己也用不著對領導磕頭了，這還像話嗎？

但是，這也讓一些群衆發現了機會，立即一窩蜂入了洋教，從此就比街坊鄰居的行政職務高出了一個級別。

可想而知，那些老街坊們看在眼裡，理所當然會義憤塡膺。不多久，老百姓就紛紛起來「鬧教」，也就是手持切菜刀，滿大街追砍信了洋教的二毛子。

這場群衆運動的規模越來越大，越來越宏偉。

終於，朝廷聽說了這事，於是就有朝臣上奏：「啓奏太后，近聞義和神拳法術精通，還從天界請來了孫悟空、豬八戒等神靈，一釘耙就刨洋鬼子身上九個窟窿眼。太后，咱們乾脆請義和團幫個小忙，把洋人統統滅了。」

老太太聽得動了心，下旨命令義和團進京，消滅洋鬼子。

義和團浩浩蕩蕩地來了，十數萬人開始攻打洋人使館，卻是作怪，這時候孫悟空和豬八戒都不見了蹤影。使館中不過幾十名洋鬼子，十數萬拳民硬是攻之不入。

慈禧老太太一瞧這情形，要不，咱們再搞點更來情緒的，熱鬧熱鬧？

玩什麼最來情緒呢？

乾脆向全世界宣戰吧！

西元一九〇〇年五月二十三日，慈禧老太太正式向十一個列強國宣戰。接到這封宣戰書的，計有德國、奧地利、比利時、西班牙、美國、法國、英國、義大利、日本、荷蘭、俄羅斯。

宣戰書頒下之日，正是西方列強集體暈菜之時。這大清國莫非是瘋了？你丫還處在茹毛飲血的冷兵器時代，竟然要解放全世界，也未免太……

怎麼辦呢？

出兵吧！接到宣戰書的列強國，勉強湊起了不到兩萬人的八國鬼子兵，嗚嗷怪叫著殺入了北京城。

聞知八國鬼子悍然應戰，慈禧老太太笑曰：「來人，去瀛台接了皇帝，我們娘倆去大西北考察考察。」

帝后西逃，北京淪陷。

10 兩宗四派鬧江湖

西元一九〇八年十一月十四日，光緒果斷地去世了，引發了世人的無端猜測。這光緒皇帝，年輕力壯的，怎麼會說死就死，會不會是……

慈禧攜光緒一口氣逃到山西。

荒郊野嶺之中，寒氣凜冽，森森入毛髮，兩人卻渾然不覺，只管背靠背呆呆地坐著，整整坐了一夜。

臨到天明，慈禧說話了：「兒子啊，我琢磨啊，這大清國……還得變法。」

「隨妳，樂意怎麼整就怎麼整。」光緒皇帝說。

「我的意思，不管怎麼個弄法，你這皇帝得先承認錯誤啊，你不承認錯誤怎麼行？」

一九〇〇年八月二十日，光緒皇帝下罪己詔，承認自己犯了嚴重的政治路線錯誤，並深刻反省了中國所面臨的嚴峻形勢：習氣太深，文法太密，庸俗之吏多，豪傑之士少。後面這句話的意思就是說，幹活的人少，扯蛋的人多。

然後再下詔書，批判康有爲砍慈禧老太太的錯誤行爲：康、梁之講新法，乃亂法也，非變法也。

那麼，什麼才是眞正的變法呢？就是再把康有爲、梁啓超他們當年發下的文件都重新抄寫一份，繼續下發……

這個時代，又叫晚清新政。

晚清新政是有一條底限的——必須要堅持愛新覺羅氏對大清帝國的正確領導。除此之外，餘下來的事情，你愛怎麼折騰就怎麼折騰。不管是廢科舉、修鐵道、辦報紙、建學校，還是組織各種形式的民間政黨社團，統統由著民間人士的性子來。

但民間人士堅定地認爲，唯有剝奪愛新覺羅家族對中國的全部產權，才是唯一的救國之途。

這樣一來，局面就熱鬧了起來。

黨人在兩廣及湘湖不斷起事，慈禧老太太則蹲在小黑屋子裡瞎琢磨：下一步該怎麼整呢？那光緒還在瀛台的水牢上享受囚犯級別待遇呢，是不是把他……

西元一九〇八年十一月十四日，光緒果斷地去世。

聽到這個消息，慈禧老太太也死了。

帝后接連殯天，引發了世人的無端猜測。這光緒皇帝，年輕力壯的，怎麼會說死就死，會不會是……

於是，圍繞著光緒皇帝的死，朝野之間迅速形成了兩宗四派。

兩宗，分別是病死宗和毒殺宗。病死宗認爲光緒皇帝是活活病死的，毒殺宗則認爲他是被人毒死的。

毒殺宗中，又分爲慈禧派、李蓮英派、袁世凱派以及神秘人派。

慈禧派認爲，光緒皇帝之死，是慈禧老太太暗中下的毒。此一派的觀點源自於啓功先生的《啓功口述歷史》一書。書中說，光緒嚥氣之前，忽有一個小太監端了只碗過來，曰：「這是老佛爺賞給萬歲爺的塌拉。」塌拉者，酸奶也。光緒皇帝喝了這碗塌拉，立即塌拉了。

李蓮英派則認爲，是大太監李蓮英把光緒皇帝毒死的。此一派的觀點比較強勢，支持者包括了英國鬼子濮蘭德及德齡公主，兩人一口咬定，李蓮英是慈禧老太太的人，光緒皇帝恨之入骨。他害怕慈禧死後遭光緒報復，索性先下手。

袁世凱派則斷定，光緒皇帝之死，是袁世凱暗中做的手腳。這是因爲光緒在和康黨一起謀算慈禧老太太的時候，曾拉袁世凱入夥，但他死活不答應。事洩後，戊戌六君子被害。他生怕日後遭報復，乾脆一咬牙……這段記載，源自於大清帝國第十二屆退休皇帝溥儀的《我的前半生》，應該還是有權威性的。

神秘人派認爲，光緒皇帝鐵定是被人毒死的，這事錯不了。毒死這個可憐皇帝的，卻非慈禧、李蓮英及袁世凱等疑犯，而是一個誰也不知其名的神秘人，故稱神秘人派。觀點源自清宮御醫屈貴庭，老屈曾在民國年間的雜誌《逸經》上撰文，肯定地說，光緒皇帝百分百是遭人毒殺的，這事錯不了。

兩宗四派之間，到底哪一個意見更靠譜呢？

這才眞是天曉得的事情，恐怕就是光緒皇帝再活轉過來，也說不清楚。

更何況，大家的心思也不在這上面。別理會死皇帝了，大清帝的第十二屆皇帝已經閃亮登場啦！

第12卷

末代皇帝的三起與三落

原子彈丟下兩天之後，蘇聯人氣勢洶洶地衝入中國東北。當時的溥儀，肯定有一種如釋重負的感覺。丫的！傀儡這種日子，人不人鬼不鬼，現在終於結束了……

1 孤兒寡母攝政王

三個月後，王爺到了術士的門前，發現房門緊閉，那傢伙竟不知去向，唯其破舊的門板之上，放著一只匣子，有一行小字：醇王爺敬啟。

屋不在大，有書則名；國不在霸，有人則能。此是小室，唯吾祖馨。琉球影閃耀，日光入紗明。寫讀有欣意，往來俱忠貞。可以看鏡子，閱三希，無心荒之亂耳，無倦怠之壞形。直隸長辛店，西蜀成都亭。余笑曰：何太平之有？

這一首模仿唐人劉禹錫《陋室銘》之《三希堂偶銘》，正是大清帝國第十二任皇帝愛新覺羅．溥儀先生的傑作。壇高士多有評之，寫得不是一般的差，丟死人了！

爲何溥儀先生的詩句寫得如此之差？

據說，此事唯天津一位術士最有發言權。

傳說這位江湖術士，隱匿於風塵之間，每日裡茶酒爲樂，縱情長嘯，小日子過得端得快活。唯其測算之術，無有不驗，江湖上素有神算子之稱。

忽一日，有一人星夜而至，形態威儀，一時之選，身後跟著四個從人，抬著一只用紅布罩著的筐子。進了屋，就見那人向術士一點頭，神態倨傲，「先生請了，家裡有點小事，想請先生測算一下。」說罷微微抬手，從人立即掀起罩在筐子上的紅布，露出裡邊大錠大錠的蒜金。

術士卻是眼皮抬也不抬，咕噥了一聲：「請王爺三個月後再來看結果。」什麼？算一卦要用三個月？來人正欲大怒，忽爾失驚色變，「哇靠！你丫怎知道我的身份呢？」

術士閉目不答，揮了揮手。來算卦的王爺好不惱火，有心當場發作，又擔心惹怒了術士，算不到這一卦，只好忍氣吞聲，恨恨去了。

三個月後，王爺又帶著隨從回來，個個提槍攜棒，單等術士算完這一卦之後，不打他個半死，也顯露不出王爺的風範。卻不料到了術士的門前，才發現房門緊閉，蛛網密集，那傢伙竟不知去向，唯其破舊的門板之上，放著一只匣子，上面還有一行小字：醇王爺敬啓。

來算卦的，正是光緒皇帝的親哥哥，醇王府醇王載灃。只因爲慈禧太后和光緒皇帝雙雙殯天，這大清帝國未來的命運，從此懸疑不下。醇親王心裡沒底，所以想找個算命的先生卜一卦。

術士認出他是醇親王，這倒沒什麼奇怪的。或許這江湖術士不知在什麼地方見到過他。但當醇親王命人打開匣子，卻十足吃了一驚。

匣子裡邊是一張黃裱紙，紙上用鮮紅的朱砂寫著兩行字：

得之者攝政王，失之者攝政王。

得之者孤兒寡母，失之者孤兒寡母。

這兩句話，是個什麼意思呢？

醇親王那原就不夠用的腦子裡，頓時就費了疑猜。

有分教，此一卦占，正契合了大清帝國十二屆帝王的行進命運。

得之者攝政王，是說這大清的無限江山，是順治朝的攝政王多爾袞打下來的。

失之者攝政王，是說這大清帝國，很快就會被宣統朝的這位攝政王載灃弄得稀哩嘩啦，散板完蛋。

得之者孤兒寡母，說的是滿清入關時，小皇帝順治和母親孝莊太后。

失之者孤兒寡母，說的是帝國覆滅時代，小皇帝溥儀和寡母隆裕太后。

2 一語成讖

接受群臣朝賀的時候，小皇帝也不知抽了什麼邪風，大哭大鬧起來。大臣們只好因陋就簡，草草了事，然後說：「完了完了，快回去吧……」

據《四朝佚聞》一書記載，早在慈禧老太太病重，宮中有消息傳出。醇親王急急回家，卻見小老婆和孩子皆失之蹤影，大怒，立即打了燈籠火把於府中四處裡搜捕。未及多時，有家人來報：「報告王爺，夫人此時正抱著小王爺躲在女洗手間裡！」

「給本王把那娘們兒揪出來！」

一群如狼似虎的人蜂擁闖入女洗手間，不由分說，揪著小福晉的頭髮，將她硬拖了出來。小福晉吱哇慘叫，手裡死抱著孩子不肯鬆。

「把孩子交給我，少給老子添麻煩！」醇親王載灃吼道。

小福晉大放悲聲，「這是我的兒子，是我生的，我的骨血！誰也別想把他奪走……」

「婦道人家懂個屁啊？」載灃怒不可遏，「孩子這次進宮是有好事的，妳就偷著樂吧！哭成這樣，眞他媽的給老子丟臉！」

「什麼好事？還不是爲了讓孩子去當皇上？」小福晉頂撞道：「前面咱們家的小載湉，不就是進宮當了皇帝嗎？可現在他怎麼樣呢？死得不明不白！」

「別胡說！再敢胡說，大耳括子抽妳！」不由分說，醇親王上前一腳踹倒小福晉，搶過兒子，抱了就走。

此一去，鑄就了大清帝國覆亡的美麗開端。而醇親王載灃，也因爲能力太差，腦子太笨，輔佐無方，治國無策，從此淪爲了世人的笑柄。

宣統嗣立，慈禧命既下，醇親王急歸邸，擁以入宮。其福晉鑑於德宗前轍，堅持不允，王奪之懷中，不顧也。

話說醇親王急匆匆的抱著孩子進了宮，「太后，您老人家安好？孩子我給妳弄來了……」說著走到慈禧太后身邊一瞧，頓時頭皮發炸，「我靠！這老太太的臉蛋怎麼灰青灰青的？這麼嚇人！」

旁邊的儒臣張之洞笑曰：「臉蛋灰青灰青的，那是再也正常不過的了，要知道這老太太已經嚥氣快小半個時辰了。」

醇親王載灃目瞪口呆，「這老太太說死就死，連個招呼都不打一個，那我抱來的這個孩子怎麼整呢？」

這時候，矮墩墩的袁世凱走了過來，笑瞇瞇地道：「孩子已經抱來了，再扔出去也不妥當。要不這樣吧？就讓這小破孩當皇帝，醇王父你弄個攝政王來幹幹。」

載灃對袁世凱怒目而視，「姓袁的，趕快從我眼前消失！我弟弟光緒，說到底就是死在你的手裡。當初康黨密謀起事，你要是幫我弟弟一把，他至於死得這麼慘嗎？」

袁世凱果然以光速消失。

張之洞走上前來，「老袁雖然消失了，他的建議還是有一定道理的。我的意思呢，醇王爺你就監國吧，要不還能幹啥去？」

「那我到底是監國，還是攝政王呢？」

「都一樣，有那個意思就行了，何必較眞？」

於是請出光緒的小媳婦，也就是慈禧弟弟的女兒，隆裕皇后。雖然皇后和光緒夫妻感情並不好，而且又是個駝背，但爲了國家大事，考慮不了那麼多，快點抱著孩子宣佈登基吧！

不想接受群臣朝賀的時候，小皇帝溥儀也不知抽了什麼邪風，竟然大哭大鬧起來，不停地說：「哇哇哇！要回家！哇哇哇！要媽媽……」

攝政王載灃趕緊掐住兒子的脖子，「你丫給老子坐好！」強迫小皇帝繼續接受群臣的朝賀。

然而小皇帝溥儀像拚了命一樣地狂哭不止，大臣們只好因陋就簡，草草了事，然後說：「完了完了，快回去吧……」

一語成讖。

大清帝國，是要快完了。

憶戊申十二月（按，應為十一月），皇上繼位，升太和殿受賀，大聲痛哭，不肯升座，頻言我不願居此，我欲回家。監國強抑之，竟未安坐。毓鼎時侍班於御座前，見上號哭過甚，恐損聖體，急謀於御前大臣肅親王，傳諭殿前，草草成禮，拜跪未畢，侍閹即負之而去，且云「完了」，「回去罷」。毓鼎即覺其不祥，今日果應「完了」，「回家」之語。

3 最後一份皇帝個人簡歷

這地球上的人口數量，是一個極其龐大的數字，幾乎沒有一個人能夠攤上做皇帝這種美差。溥儀這兄弟，卻能夠為自己爭取來三次機會。

宣統溥儀，是距離我們最近的一位皇帝，生活充滿了意外的刺激與迷亂。他也是最易於走入我們內心的帝王之尊，甚至可以從他留下來的書信之中，一窺其浪漫情懷：

石霞吾愛妝次：敬啟者，偎以賤質，幸蒙青眼，五中銘感，何可勝言。一日不見，有如三秋。鶼鶼啾啾，我我卿卿，愛情密密，月夜花前，攜手遊伴，柳岸河邊，並坐談心。你是一個仙人，我是半個北鴨旦子麼……

這是溥儀皇帝給一個妃人石霞的求愛書簡，前面讀起來勉強湊乎，後面就有點誇張過度了。

很顯然，這皇帝是一個性情中人，要指望他殺劫萬方，叱吒風雲，難度可有點高。

末代皇帝的個人簡歷，也有其獨特之處：

- 姓名：愛新覺羅．溥儀
- 出生年月日：一九〇六年二月七日
- 籍貫：北京什剎海醇親王藩邸
- 屬相：馬
- 星座：水瓶座
- 血型：A型
- 身高：一百七十六公分
- 體重：六十二公斤
- 職業：皇帝
- 特長：照相
- 社會關係：

父親：醇親王載灃

母親：蘇完瓜爾佳氏

三歲：出任大清帝國第十二屆皇帝。

五歲：黨人嘯聚廣州，十路義軍大起，事敗，死者葬於紅花崗，後改名為黃花崗，稱黃花崗七十二烈士。

六歲：共進會於武昌起事，是為辛亥革命，成立湖北軍政府，黎元洪為大都督，全國十三省雲起回應，宣佈獨立。

七歲：孫中山在南京就任中華民國臨時大總統，宣告中華民國成立。宣統溥儀正式宣佈退位。

十二歲：辮帥張勳入京，宣統復辟。討逆軍進入京城，張勳戰敗，宣統皇帝二次宣佈退位。

十八歲：大婚，娶婉容。

十九歲：馮玉祥發動北京政變，驅逐溥儀出京，廢其帝號。

二十歲：搬家到天津，先後居住於張園、靜園。

二十六歲：搬到東北。

二十七歲：出任偽滿洲國執政。

二十九歲：出任滿洲帝國皇帝。

四十歲：被蘇軍俘虜，關押於伯力收容所。

四十五歲：被移交中國政府，關押於撫順戰犯管理所。

五十四歲：人民政府大赦溥儀，恢復自由。

五十九歲：出任全國政協委員。

六十一歲：患腎癌病故。

看看溥儀這兄弟的光輝歲月，那可眞是跌宕又起伏，潮起又潮落。三次被人家從皇帝寶座上揪下來，三次吵著鬧著非要爬上去，結果一次比一次下場更慘……

處於民智開啓的共和時代，這兄弟非要跟全世界人民頂牛，要當什麼皇帝。這年頭，莫說是他，便是努爾哈赤重生，皇太極再世，最多混個山大王幹幹。逆歷史潮流而動，可眞是相當相當的不明智。

但是話又說回來，這地球上的人口數量，是一個極其龐大的數字，幾乎沒有一個人能夠攤上做皇帝這種美差。溥儀這兄弟，卻能夠爲自己爭取來三次機會，說明人家還是有點道行，不服是不行的。

那麼，溥儀兄弟，究竟是如何把自己的一生，演繹得如此豐富多彩呢？

4 愛新覺羅家，仇敵滿天下

一九一一年十月十日，工程營中一聲槍響，霎時間無數兄弟衝出營房，「反啦！老子要造反！打死溥儀個狗日的……」

據說，小溥儀之所以能夠被慈禧老太太挑選爲帝國皇帝的候選人，起因於一首詩：

蝸牛角上爭何事？石火光中寄此事。

隨富隨貧且隨喜，不開口笑是癡人。

這首詩，其實不是一首詩，而是佛家的偈子。啥叫偈子呢？類似智者的語錄，不過是言簡意賅，道破人世間的虛幻。

這首偈子，乃布袋和尚彌勒佛所作，後來被醇王載灃寫在了自己的扇面上，經常拿給別人看，意思是說：快把你的錢給我吧！我不和你爭。

此外，醇王載灃的廳堂，還掛著這麼一副楹聯：

有書真富貴，
無事小神仙。
總之，醇王載灃是很高風亮節的，大家千萬別跟他爭，快點把錢都給他……
眞要追究起來，扇面上的偈子與廳堂上的楹聯，都不是他自己的原創招術，是他抄了老醇王的。

當年老醇王的府中，掛了一句治家格言：
財也大，產也大，後來子孫禍也大。若問此理是若何？子孫錢多膽也大。天樣大事都不怕，不喪身家不肯罷。

據說，慈禧老太太正是因爲看到了老醇王家的這個治家格言，怦然心動，曰：「你這麼懂得教育青少年，快點把兒子抱來，讓他當皇帝吧！」

老醇王的兒子就這樣成了光緒皇帝。

這些事，小載灃看在眼裡，記在心裡，知道慈禧老太太最好唬弄，只要你裝出忸忸怩怩的樣子，她就會讓你的兒子當皇帝。於是有樣學樣，果然立竿見影，立奏奇效，不僅是兒子當上了小皇帝，就連自己也跟著兒子沾光，混了個攝政王幹幹。

老子曰：「夫唯不爭，故天下莫能與之爭。」誠哉是言。

之所以不爭，就是爲了要爭最後這口氣。

攝政王載灃一旦將朝權握在手，首先就要宰了袁世凱，他始終認爲弟弟光緒之死，都是此人暗中使的壞，非殺不可。但那袁世凱也非易與之輩，溥儀這邊正登基，他那邊早已飛也似地逃入天津英租界，準備向英國當局申請政治庇護了。

這時候，朝中有老臣婉言相勸：「袁世凱殺不得，殺了這廝，只恐北洋軍隊會立即造反……」要知道，大清國的北洋軍隊，不過是袁世凱訓練出來的私人衛隊而已。

由是袁世凱暫且不殺，廢黜於洹上村。

攝政王載灃正要意氣風發，大展手腳之時，卻聽得四面八方槍聲不斷，黨人已經急不可耐地鬧將起來。

說起黨人鬧事，那是一個良好的習慣了。海外，大清國的留學生們組成了革命黨；國內，三山五嶽的江湖好漢不斷發起武裝起義。慈禧老太太在世的時候，好歹有個袁世凱替他們擺平這些事，可現在這傢伙被撤職查辦了，霎時間，黨人蜂起雲湧，紛紛歸國，掀起了一波又一波的起義高潮。

先是光復會趙聲及其舊部廣州新軍倪映典謀於廣州起兵，水師提督李准擊之，倪映典身死。

俟後，有黨人汪精衛、黃復生潛伏北京，欲圖謀刺載灃而未果。載灃生恐黨人大舉前來復仇，不敢判決汪精衛與黃復生死刑，囚禁在獄。但未及一月，黨人已嘯聚廣州城，欲圖十路人馬大舉，未成，有七十二烈士葬於黃花崗。

緊接著，湖南革命黨人的勢力延伸入湖北，大搞抬營，把新軍兄弟整個營整個營地策反為黨人。終至於一九一一年十月十日，工程營中一聲槍響，霎時間無數兄弟衝出營房，「反啦！老子要造反！打死溥儀個狗日的……」

伴隨著武昌一聲槍響，湖北獨立，繼而是湖南、江西、陝西、河北、雲南……全國各省紛紛宣佈獨立。直到這時候，攝政王載灃才發現，他們愛新覺羅一家，已成為了天下人必殺之血仇。

5 袁世凱，你夠狠！

北洋軍隊堪堪行至湖北孝感，三軍齊刷刷止住腳步，再也不肯向前一步，反而不斷扭頭張望。其蠢蠢欲動，擇機反噬京城之心，昭然若揭。

正當攝政王載灃束手無策之時，突然有一大票人馬自斜刺裡殺出，直撲京師，揚言勤王。

這一票人馬，俱皆骨幹分子，爲首者世稱士官三傑，分別是吳貞祿、藍天蔚與閻錫山，而且這哥仨兒在日本留學的時候，和皇族少壯派的良弼同住一間宿舍，是睡在良弼上鋪的兄弟們。但是現在兄弟們只要共和，不要兄弟了。

《史記》有云：先入關者，王也。倘若士官三傑衝入京師，則吳貞祿、藍天蔚與閻錫山三人之中，必有一人黃袍加身，天下事，可知也。

正當此時，吳貞祿的老部下周符麟來到，同時江湖上傳言紛紛，俱言此人之來，是爲了拿下吳貞祿的項上人頭。吳貞祿聞言哈哈大笑，便將周符麟叫來，說：「你小子想摘下我的腦袋是不是？容易！什麼時候你要，吱一聲就行。」

吳貞祿的親衛隊長馬惠田立刻上前，笑曰：「統領眞會開玩笑，咱們自家兄弟……」話沒說完，拔出手槍，砰砰砰一通狂射，吳貞祿就此身死，連首級也被人摘走。

那麼，周麟符與馬惠田，又是奉了誰的命，殺死吳貞祿的呢？

有人說是吳貞祿的同宿舍兄弟良弼幹的，有人說是袁世凱幹的，但到底是哪一個？也是懸而未破。

吳貞祿身死，閻錫山大駭，知道圖謀清室不易，急急遁往山西，從此就躲在那裡，再也沒有出來過。

吳貞祿入關爲王的野心破滅，北洋軍隊則浩浩蕩蕩地出發了，前往武昌要大戰共和民軍。但堪堪行至湖北孝感，三軍齊刷刷止住腳步，再也不肯向前一步，反而不斷扭頭張望。其蠢蠢欲動，擇機反噬京城之心，昭然若揭。

攝政王載灃大駭，驚叫：「怎麼了？這些人都是怎麼了？」

這還用問嗎？大家都在等袁世凱一句話。袁世凱讓他們去打民軍，大家就去打民軍，袁世凱讓他們回頭幹掉清室，大傢伙絕對不帶猶豫。

當此之時，攝政王載灃做出英明之決斷：「敦請袁世凱出山，收拾局面。」

袁世凱出山，當眞了得，首先是部將馮國璋輕取漢陽。朝廷欣慰之餘，加封老馮爲男爵。接下來是袁世凱的部將張勳，與黨人兼青紅幫的大魁首陳其美大戰於上海之界，不想青紅幫的兄弟盡皆不要命之輩，打得張勳落荒而逃，連他最寵愛的美妃「小毛子」都被搶了去。

話說陳其美搶到美女小毛子，馬上把敢死隊長蔣介石叫過來商量：「小蔣，交給你一個光榮而神聖的任務，馬上打造一個玻璃籠子，把這個美女衣服剝光，塞籠子裡，帶出去展覽。記住！要收取門票費用，男觀眾一律五毫洋，女觀眾半價，兒童……不宜！」這個蔣介石，正是未來的蔣委員長。接受了命令，就立即監工趕製玻璃籠子，準備把美女小毛子拖到上海去展覽。

正忙活著，黨魁宋教仁來了，「小蔣，你幹什麼呢？」

蔣介石解釋了一下，「咱們不是逮住一個美女嗎？準備拖到上海展覽，收取門票費用，以解決咱們革命經費不足的問題。」

宋教仁一聽就急了，「人家一個小姑娘，招你們惹你們了，竟然要展覽人家收門票！小蔣我跟你說，革命不是這麼個搞法的……」

展覽美女收取門票的計劃就這麼流產了，民軍沒有經費，只好向南京臨時大總統孫中山要求。

孫中山見了申請大喜，立即簽字，邊簽邊說：「拿錢，快拿錢給人家！」

身邊人爲難地回答：「大總統，咱們這邊一個子也沒有，就等你這個大總統想想辦法呢！」

孫中山於是笑曰：「我帶給你們的，只有革命精神。」

黨人這邊沒錢，仗也就無法再打下去，只好派人秘密聯繫袁世凱說：「袁世凱，你腦子有毛病啊？就知道打仗打仗……你就不能也趕一個時髦，跟大家一起來共和？」

袁世凱覺得有道理，搖搖擺擺地去見隆裕太后，「太后好，吃了沒？跟妳說個事，咱們的軍隊如果要打仗的話，得需要一千兩百萬兩銀子。」

隆裕太后說：「袁世凱，我跟你實說，宮裡邊，一粒銀子也無。」

袁世凱一拍大腿，「那我每年給妳四百萬兩銀子算了。」

隆裕太后大驚，「你哪來的這麼多錢給我？」

袁世凱笑曰：「好辦，咱們這麼著，咱們共和，你們清室退位，我來當這個大總統。等稅收上來，撥給你們每年四百萬兩銀子的退休金，如何？」

隆裕太后放聲大哭：「袁世凱，你有夠狠……」

剛剛滿六歲的小皇帝溥儀，被迫退位。

6 二度登基

溥儀臨危不俱，對著空中的飛機大叫曰：「快出來吧！完了完了……」正嚷嚷著，隆裕太后奔了出來，不由分說，照他臉上啪的就是一個響亮耳光。

此後，小皇帝溥儀就居住在皇宮裡，每天寫些怪怪的文字，修身養性，外邊的北洋軍閥卻是鬧得不可開交。

未幾，袁世凱忽發奇想，登基稱帝，遭受全國各地軍馬的討逆，大爲鬱悶，死之。老袁一死，北洋派系的軍人就鬧騰起來，誰也管不了誰。不知是誰出了損主意，把湖北的老實人黎元洪給騙了來，讓他當總統，可是段祺瑞對老黎挺感冒。時逢第一次世界大戰，兩人在參戰與否上有分歧，段祺瑞居然暴打黎元洪，打得黎大總統哇哇痛哭。

黎大總統一看，這樣不行啊，自己堂堂一個大總統，天天被人家暴打，如此下去還得了？找個人來幫忙吧。

找誰呢？

黎元洪相中了北洋之中比較缺心眼的張勳。

張勳，就是那個美姬被黨人陳其美擄走的倒楣蛋。這廝接到黎元洪的求救，興沖沖趕來。人一到，立刻押著康有爲等社會各界人士，來到了皇宮，對溥儀說：「陛下，你都看到了，這共和亂糟糟的，不符合咱們中國的國情啊，快點再出來當皇帝！」

溥儀大喜，故意坐在龍椅上搖頭道：「我何德何能啊？另請高明吧！」

張勳放聲大哭：「陛下，你不出來做皇帝，咱們中國人民可怎麼辦啊？」一邊哭，一邊對康有爲拳打腳踢。

康有爲被打得吱哇慘叫：「陛下，你快答應這個瘋子吧！你不答應他，我的老命可就沒了……」

沒辦法，溥儀只好說道：「既然全國各族人民對朕寄以如此厚望，朕也不好推卸責任，那什麼，咱們這就登基吧！」

於是宣統復辟，溥儀再次登基做了皇帝，並封了前大總統黎元洪爲國公。黎元洪卻一溜煙逃進了日本使館，發佈檄文，號召全國各族人民共討溥儀。

「受國民之託付，當茲重任，當與民國相始終，此外他非所知。」

檄令傳出，段祺瑞那廝第一個回應，派了飛機嗡嗡飛到了紫禁城上空，嚇得宮女太監們嗷嗷慘叫，到處亂鑽亂躲。只有聖上溥儀臨危不俱，反而衝到庭院當中，對著空中的飛機大叫曰：「快出來吧！完了完了……」

正嚷嚷著，隆裕太后奔了出來，不由分說，照溥儀臉上啪的就是一個響亮耳光，打得聖上目瞪口呆。

「大膽！竟然敢毆打朕！」

「你個混帳東西！」隆裕太后大罵：「你小時候登基，就跟死了親爹一樣，哭個不停。你爹安慰你說快完了，結果怎麼樣？大清果然就這麼完了。現在咱們好不容易恢復了帝位，你他媽的又一口一個完了完了……完了你不去死，還當什麼皇帝？」

聖上聞知此言，沉默不語。

果不其然，未及幾日，段祺瑞驅軍殺入北京城，與張勳大戰一場。張勳不支，撇下聖上與皇太后不顧，自顧逃之夭夭。

一眾軍人湧入宮來，吵吵嚷嚷，強迫溥儀立即下台。

溥儀很是鬱悶，「下台就下台，嚷嚷這麼大聲幹啥呢？」

這是他第二次當皇帝，不過是眨眼工夫，但好歹又過了一次癮。

7 誰也別想攔我

溥儀正在皇宮裡賞菊設宴，馮玉祥的部下殺氣騰騰地衝了進來，把這個消息通知給了大家。距離開炮的時間，根本不足兩個小時了。

此後，北洋的兄弟們繼續在北京城裡打來打去。忽然有一位曹錕兄弟勝出。這位老曹，是一個憨厚的人，自己本事雖然不大，但是眼力超強，善於識人，找到了吳佩孚當幫手。老吳端的厲害，打得北洋眾兄弟稀哩嘩啦，狼狽不堪。

老曹兄弟想弄個總統幹幹，可是議員們都躲了起來。他也有辦法，就派手下兄弟們滿北京城去逮人，逮到一個，塞上大大的一筆錢，用轎子抬到國會去。去了後你樂意選老曹，老曹歡迎；你不樂意選老曹，老曹也不生氣，反正要你就是湊個人頭。

就這樣，老曹幸福地被選上大總統。

正當心花怒放的時候，出事了……

話說北京城中，衛戍京師的，叫馮玉祥。馮玉祥原本和吳佩孚關係挺鐵，吳佩孚為此還保舉了老馮出任河南督軍。可後來因為老馮的脾氣太倔，兩人就弄僵了。

正僵之間，東北王張作霖偷偷溜了來，暗中拉扯老馮說：「你腦子不是有毛病吧？這麼大本事，幹嘛跟在曹錕他們屁股後面轉？」

馮玉祥一聽，對啊！我這麼大本事，幹嘛要聽曹老頭的吆喝？

其後，張作霖殺氣騰騰組建了鎮威軍，要來聲討曹錕與吳佩孚。

其時吳佩孚正在洛陽練兵，聽到這個消息，笑曰：「丫張作霖你個土匪，這下子你死定了。」趕緊回到中南海點將，命令最猛的馮玉祥為先鋒。

馮玉祥得令，轉而與張作霖兩股合為一股，不由分說，便向著吳佩孚殺將過來。吳佩孚大駭，忙不迭跳上一條小船，小舟從此去，江海寄餘生。單只撇下一個可憐的大總統曹錕，叫天天不靈，叫地地不應，被馮玉祥不由分說，弄只鐵籠子囚禁了起來。

馮玉祥和張作霖親兄弟一樣相互摟著對方的腰，抱著對方的脖子，以勝利者的姿態入主北京。進去後，哥倆兒找地方各自坐好，然後吩咐手下人：「去找個有本事的刺客來，替老子幹掉剛才摟我脖子的那傢伙！」

馮玉祥、張作霖兩人先後派出刺客，想要幹掉對方，可老兄弟都是槍口上滾過來的人，豈是區區一介刺客能夠拿下的？沒辦法，哥倆只好再坐下來商量：「要不然，咱們再找點刺激的活來幹幹。炮轟紫禁城，趕走溥儀個狗日的，如何？」

西元一九二四年十一月四日，民國政府國務會議討論並通過了馮玉祥關於驅逐溥儀出宮的議案。會議決定，如果溥儀死賴在宮中不走，就立即開炮，轟死個丫的！

上頭賞菊正傳班，瑪璃盤承御膳頒。
玉膾銀酥餐不得，新謠唱徹紇千山。

這首詩，單道國務院決議通過之時，溥儀正和師父世續等在皇宮裡賞菊設宴，吟賞煙霞，現場氣氛和諧而融洽。

融洽之間，馮玉祥的部下殺氣騰騰地衝了進來，把這個消息通知給了大家。

當時溥儀就驚得呆了，再一看錶，我靠！距離開炮的時間，根本不足兩個小時了。不得已，只好跟大傢伙商量：破家值萬貫，兩個小時搬家，時間不夠啊！咱們能不能等一會兒再開炮？

國務院重新開會，臨時通過了修正案，將開炮的時間延遲二十分鐘。

二十分鐘之後，又有詩云：

秋來宮柳不勝鴉，神武門邊落日斜。
六駕駝車風雪裡，鐵輪和淚輾黃沙。

這首詩單道倒楣的溥儀連飯也沒得吃，只好行色匆匆出宮，以駝車六輛，載著老婆婉容和文繡，浩浩蕩蕩奔出宮門。

時農曆九月，京師已寒，北風甚烈，有微雪矣。然而此時，溥儀的心，比之於寒風，更要冰冷。又有詩云：

譙周降表不堪論，慚愧中朝有舊臣。

天子本非劉後主，似雲安樂實酸辛。

這首詩，單道溥儀出宮之後，居住於醇王府。國民軍每日裡拋磚擲瓦，必欲得之而甘心。諸遺老勸溥儀逃往青島，他慘笑曰：「我今一平民，何處不可棲身？」

實際上，溥儀說這句話，是為了隱瞞未死的勃勃野心。顛沛流離的日子是過夠了，這個皇上，他是非要再當當不可的！

誰也甭想攔住我！末代皇帝在心裡大聲喊著。

8

日本皇道派大暴亂

財政大臣藏相高橋執意削減巨額軍費，引起了皇道派將士們的極大憤慨。那天夜裡，叛軍湧入藏相高橋的臥室，砰砰砰照著肚皮就是幾槍。

正當溥儀坐在家裡生悶氣的時候，日本東京發生了震驚朝野的大暴亂。該次暴亂主要由職務較低的下級軍官發起，這些年輕軍官渴望著軍事獨裁，獨裁多好啊！獨裁了，想幹啥就幹啥。可是首相岡田啓介認為，日本還不具備征服整個地球的實力，一旦發動戰爭，結果殊難預料。這個結論讓皇道派的青年軍官們憤恨不滿，決意幹掉他。

一九三六年二月二十六日，皇道派的粟原中尉和一名憲兵衝入了首相官邸的正門，不由分說，先將負責首相人身安全的員警從床上拖起來，一頓暴打之後捆了起來。然後士兵們殺進大廳，亂槍齊射，把廳內的吊燈統統打碎，以達到先聲奪人的目的。

首相的秘書急忙忙從床上爬起來，打電話向警視廳求援。警視廳回答說：「你丫少扎刺，再咋唬滅了你！」原來叛軍已經搶先一步，佔領了警視廳。

這時候首相岡田啓介醒了，爬起來想瞧瞧是怎麼一回事，剛一露頭，就被妹夫松尾傳藏揪住。松尾傳藏將首相強行拖到一間密室門前，不由分說推了進去，命他待在裡邊，千萬不要聲張。剛剛扭過頭，叛亂士兵已經闖進來，瞧見松尾傳藏穿著華麗的睡衣，以爲他就是首相，不由分說，一通亂槍，打得當場喪命。

隨後，陸軍大臣川島義之被叛軍從熱被窩中拖了出來，強迫他立即面見天皇，要求對中國發動戰爭。

天皇的侍從長鈴木比較倒楣，正好端端地在屋子裡睡覺，叛軍狂湧而入，不由分說，子彈如雨點般打過去，打得整個人猶如狂風中的一片葉，讓子彈掀得滿天亂飛。奇怪的是，等他落地之後，仍然活著，硬是不死。

死得最慘的，是財政大臣藏相高橋。只因爲他反對對中國發動戰爭，執意削減巨額軍費，引起了皇道派將士們的極大憤慨。那天夜裡，當叛軍湧入藏相高橋的臥室之時，藏相正笑笑地打著呼嚕。一名中尉上前一腳踢飛了被子，不由分說，砰砰砰照著肚皮就是幾槍。

藏相痛得醒轉過來，大喊大叫：「幹啥？你們要幹啥？」

「我們要殺人！」吼聲中，又一名青年軍官跳了上去，掄起軍刀，一刀剁下。只聽藏相一聲慘叫，一條手臂被砍下。叛軍又把軍刀捅入肚皮裡，藏相高橋就此斃命。

教育總監渡邊錠太郎遭槍殺，腦袋被砍下。

前首相齋藤斃命。只有天皇的心腹顧問牧野伸顯夠機靈，趁夜逃上了山。皇道派的青年軍官們狂追不捨，終是沒能追上。

皇道派的青年軍官隨後佔領了一家旅館，打出了旗號：尊王義軍。

不出多久，各路正規軍殺將過來，將滿腦門子殺人放火的年輕人全都拖了出來，蒙上眼睛，統統槍決。皇道派的叛亂被鎮壓了，但是，這些青年軍官們的行動，引起了日本人民的極大同情，「看這些可憐的孩子們，都急成這樣了，再不對中國發動戰爭，未免也太不像話了吧？」

於是，以東條英機爲首的統制派迅速浮出水面，在日本軍隊中佔據了絕對優勢。統制派認爲：暴亂與刺殺都是小兒科，沒意思。要玩咱們就玩大的，那什麼……先征服中國，然後再征服整個地球。

就這麼決定了！

但，如何才能征服中國？

日本人的目光，落在了黯然神傷的退休皇帝溥儀身上。

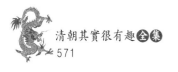

9 傀儡皇帝與出牆皇后

婉容正值三十歲的盛季年華，只因為溥儀受制於日本人，悒鬱無歡，按捺不住，先後與近侍通姦，並珠胎暗結，生下一個女兒。

來找溥儀的，據說是川島芳子，一個美麗的日本女間諜。

「皇上，你最近怎麼不上早朝了？」

「我是想上，可沒人來衝我磕頭。」

「爲什麼別人都不來磕頭呢？」

「明知故問，人家這不是驅逐韃虜嗎？」

川島芳子笑了，「皇上，這我就要說你了，人家都在驅逐你，你幹嘛還待在這兒討人嫌？」

溥儀反問：「我不待在這兒，還能待在哪兒？」

「當然是回你的老家東北。別忘了，你的家在東北的松花江上，那裡有滿山遍野的大豆高粱……」

溥儀聽得怦然心動，「這事，我倒是跟東北王張作霖聊過，可是他的表現……嗯，不太積極。」

「張作霖不積極，有別人積極。」

「誰？」溥儀很狐疑。

「日本人。」

溥儀霎時色變，「那我豈不是成了……漢奸？」

「胡說！東北是你的家，你樂意請誰過去，就請誰過去，誰能管得著你？」

「這個……好像有點道理耶……」

由是溥儀秘密北上，到了東北，先當了滿洲國執政，然後升任皇帝。

他興奮地對妻子婉容說：「老婆，我好開心！妳現在是皇后了！」

婉容回說：「皇后不皇后的，我倒是不放在心上，我只是想和你……那個……」

「不行！」溥儀斷然拒絕，「現在我這個皇上，是日本人的傀儡，日本人沒有允許的事情，咱們不可以胡來的。妳要是真的想那個，我去請示請示。」

這廂，溥儀回到自己的辦公室，向日本人打報告，申請與皇后享受夫妻生活。那廂，婉容氣得花容失色，忽然看到有兩個傢伙，一個姓祈，一個姓李，正在外邊沒事瞎轉，就招呼兩位兄弟，「過來過來！你們忙不忙？要是不忙的話，進來咱們那個……」

兩個傢伙面面相覷，「這個……」

「這個怎麼了？」婉容怒了。

「這個，當然沒問題！」倆傢伙迅速衝進屋子裡，不忘關上門。

等啊等，溥儀好不容易等到日本人把報告批覆下來，塌著鼻子來見婉容，「皇后，人家皇軍說了……咱們這麼搞法……不文明……咦！妳的肚皮好大，這是怎麼回事？」

有分教，帝王起落古今無，皇后通姦此時有。話說那皇后婉容，正值三十歲的盛季年華，只因為溥儀受制於日本人，悒鬱無歡，按捺不住，先後與近侍祈某人與李某人通姦，並珠胎暗結，生下一個女兒。溥儀氣急敗壞，孩子出生僅半小時，就秘令人將其殺死。婉容受此刺激，從此患上精神疾病。

皇后婉容的不幸遭遇，讓我們明確了這樣一件事：在這個莫名其妙的偽滿洲國裡，無論是皇帝溥儀，還是皇后婉容，都過得不快樂。

幸好到了這時候，第二次世界大戰就要接近尾聲了，小小的日本已經被戰爭拖得徹底破了產。

10 無奈的句號

溥儀補的襪子針腳細密，有著不世帝王之雄風。再以後，改行當上了作家，主要撰寫《我的前半生》這樣一部波瀾不驚的奇書。

就在美軍投擲原子彈的前幾天，日本舉辦了規模盛大的閱兵儀式，到場的清一色漁家大媽與陪酒小妹，排成方隊，衝著新組成內閣的鈴木貫太郎大喊大叫：「首戰用我，用我必勝！」

鈴木大驚失色，「怎麼都是娘們兒？男人哪去了？」

沒辦法，男人們不是死了，就是當俘虜去了。

於是日本組成了數量多達兩千八百萬的娘們兒縱隊，要跟美國佬拚個你死我活。美國佬也不傻，才不會和這麼多的女人動手，乾脆丟兩枚原子彈。

說到原子彈，這筆帳首先應該算在蘇聯人身上。蘇聯太狡猾了，戰爭打了好多年，始終不肯向日本宣戰，由著日本人在中國領土上燒殺劫掠。但等美國人將原子彈丟下來，瞧出來便宜，立即忙不迭地向日本宣戰，跑來抄日本人的老底。如果蘇聯早一點對日宣戰，美國人未必有必要往日本丟原子彈，溥儀的傀儡日子也會早一點結束。

原子彈丟下兩天之後，蘇聯人氣勢洶洶地衝入中國東北。當時的溥儀，肯定有一種如釋重負的感覺。丫的！傀儡這種日子，人不人鬼不鬼，現在終於結束了……

結束歸結束，逃跑總歸是要的。

逃到瀋陽機場，被蘇聯士兵截住，請往伯力勞改營做客。

此後，溥儀又被移交給中國，在撫順戰犯管理所縫補襪子。他補的襪子針腳細密，均勻細緻，果然有著不世帝王之雄風。

再以後，這位空前絕後，三次橫遭廢黜並三次登上帝位的皇帝，改行當上了作家，主要撰寫《我的前半生》這樣一部波瀾不驚的奇書。此書承襲了娓娓道來的敘事風格，無論你怎麼樣讀，都無法窺破在那驚濤駭浪的時代中，一波又一波激盪的風雲究竟對這位末代帝王造成了怎樣的心理衝擊。

但我們知道，這衝擊是相當強烈的。一如我們在這裡看到的。

• 全書完

群星會

204

清朝其實很有趣全集

（全新精修典藏版）

作　　者　霧滿攔江
社　　長　陳維都
美術總監　黃聖文
編輯總監　王郡凌
出 版 者　普天出版社
新北市汐止區忠二街 6 巷 15 號
TEL / (02) 26435033 (代表號)
FAX / (02) 26486465
E-mail：asia.books@msa.hinet.net
http://www.popu.com.tw/
郵政劃撥 19091443 陳維都帳戶
總 經 銷　旭昇圖書有限公司
新北市中和區中山路二段 352 號 2F
TEL / (02) 22451480 (代表號)
FAX / (02) 22451479
E-mail：s1686688@ms31.hinet.net
法律顧問　西華律師事務所・黃憲男律師
電腦排版　巨新電腦排版有限公司
印製裝訂　久裕印刷事業有限公司
出 版 日　2023 年 1 月第 2 版
ISBN◉978-986-389-855-9　條碼 9789863898559

國家圖書館出版品預行編目資料

清朝其實很有趣全集（全新精修典藏版）
霧滿攔江著. —第 2 版. —：新北市, 普天
2023.1 面； 公分. - (群星會；204)
ISBN◉978-986-389-855-9 (平裝)

普天之下・盡是好書

普天出版家族
Popular Press Family

凌雲文創
A-Plus Creative Company